La storia. Temi

91

Ottavia Niccoli

Muta eloquenza

Gesti nel Rinascimento e dintorni

viella

Prima edizione: ottobre 2021
ISBN 978-88-3313-790-2

NICCOLI, Ottavia
Muta eloquenza : gesti nel Rinascimento e dintorni / Ottavia Niccoli. - Roma : Viella, 2021. - 201 p., [16] c. di tav. : ill. ; 21 cm. - (La storia. Temi ; 91)
Bibliografia: p. [173]-191
Indice dei nomi: p. [193]-201
ISBN 978-88-3313-790-2
1. Linguaggio dei gesti - Sec. 15.-16. 2. Corpo umano nella letteratura 3. Comunicazione non verbale - Sec. 15.-16.
302.222 (DDC 23.ed) Scheda bibliografica: Biblioteca Fondazione Bruno Kessler

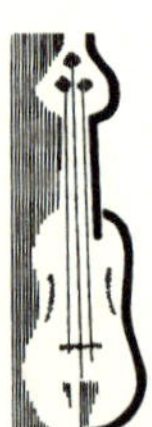

viella
libreria editrice
via delle Alpi, 32
I-00198 ROMA
tel. 06 84 17 758
fax 06 85 35 39 60
www.viella.it

Indice

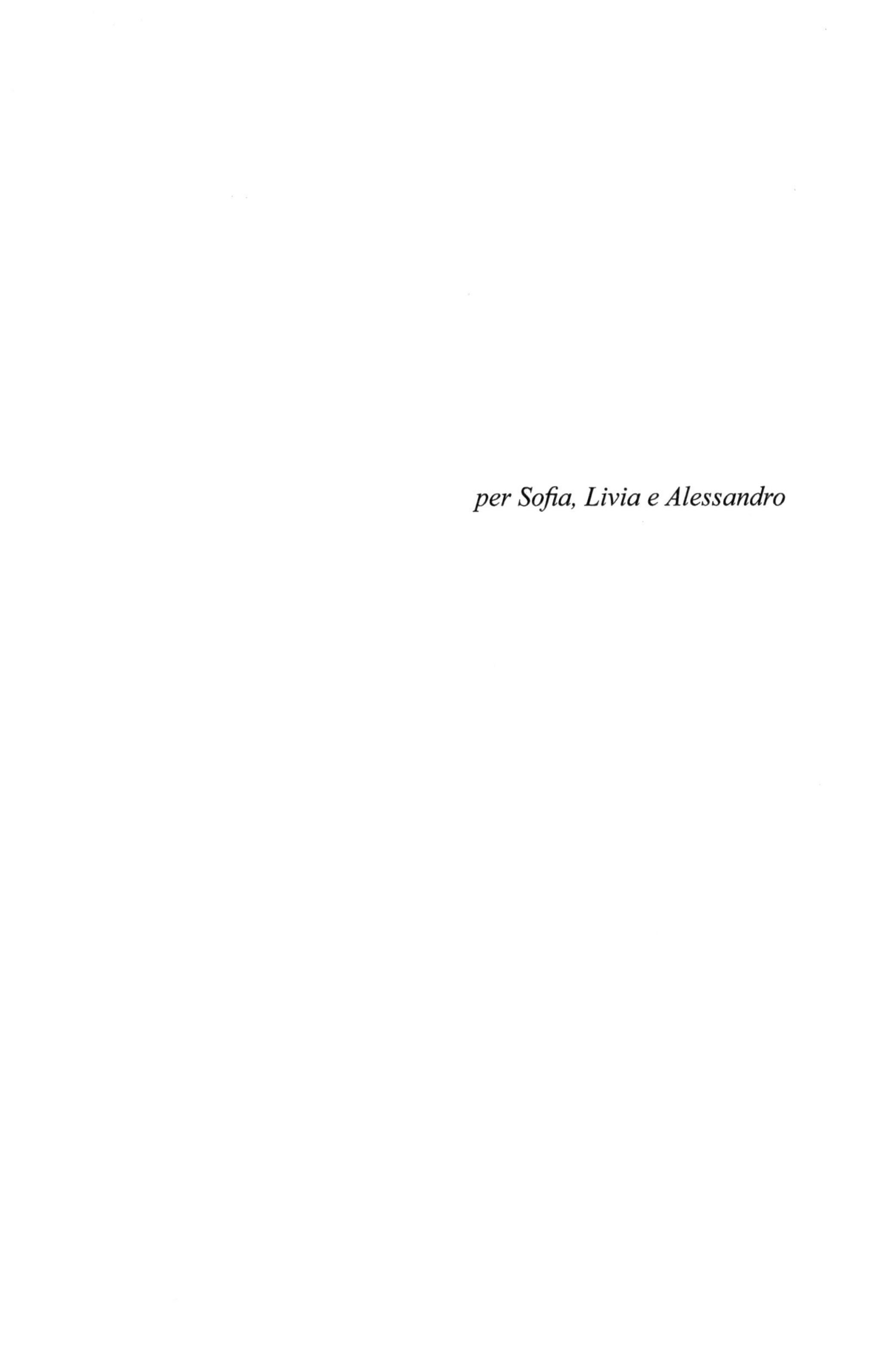

per Sofia, Livia e Alessandro

I gesti: natura o cultura?

E ciò che lingua esprimer ben non puote
muta eloquenza ne' suoi gesti espresse.

Gerusalemme liberata, IV, 85

Conoscere fino in fondo il Rinascimento e l'arco di tempo che lo contiene richiede molta attenzione e uno sforzo costante. Sappiamo che i dibattiti e le interpretazioni in proposito sono infiniti, ma in queste pagine non sarà certo il caso di perdersi in una discussione in argomento. Possiamo in ogni caso partire dalla inevitabile, banale consapevolezza che l'epoca e il movimento che la caratterizza vedono una straordinaria esplosione culturale. Il periodo al quale farò riferimento è però più ampio, e corrisponde, con qualche sbavatura, ai duecento anni tra il 1400 e il 1600; è un periodo di molte continuità ma, soprattutto, di moltissime straordinarie trasformazioni. Un periodo di avanzamenti e conquiste, e anche di crisi e di ripiegamenti.

Inoltre, non dobbiamo dimenticare che si tratta di una fase della civiltà europea ancora intensamente legata alla tradizione medievale, e che, nello stesso tempo, l'alfabetizzazione era all'epoca molto ridotta. Per entrambi questi motivi gli uomini e le donne vissuti nel periodo che definiamo Rinascimento, e, allargando il quadro, nella prima età moderna, non si esprimono soltanto con le parole, ma comunicano molto largamente attraverso una molteplicità di simboli e segni che vanno individuati e decifrati, e che cambiano progressivamente nel corso dei due secoli che abbiamo individuato. Questo vale in parte anche oggi, ma per quel tempo lontano è da questa ipotesi che dobbiamo partire.

A parlarci sono le forme del linguaggio, ma anche immagini, strutture, rituali; i corpi stessi hanno un linguaggio potente che lo storico deve apprendere a osservare e a capire del suo meglio. Essi sono "sistemi di segni" socialmente costruiti e socialmente espressivi, anzi veri e propri "costrutti di simboli" che devono essere osservati storicamente e interpretati, collocandoli nella cultura e nella struttura sociale di cui sono parte. Questo è particolarmente evidente per quell'espressione corporea che è l'abbigliamento: in antico regime, e dunque anche durante il Rinascimento e agli inizi dell'età moderna, è l'abito che fa il monaco. Il velo giallo delle prostitute, il segno o il berretto giallo degli ebrei, il cappello verde dei debitori, la croce gialla dei «crocesegnati» dall'Inquisizione, sono altrettanti "segni espressivi" obbligati della condizione di chi li indossa. Dato che le divisioni politiche continuano ad avere nomi tradizionali anche nella prima età moderna, portare il cappello girato in un modo o nell'altro indica la propria parte, e chiarisce a tutti in modo lampante se si è «guelfi» o «ghibellini» nel Bolognese o a Milano («avevano tante portature de penne nella beretta, chi a una parte guelf, chi all'altra gibellin»); ovvero a favore o contro il Patriarca di Aquileia in Friuli.[1]

Tutto ciò è ben noto. Ma oltre al vestiario anche i gesti e le posture del corpo ci dicono molto sulla società all'interno della quale sono utilizzati. In effetti, essi, esattamente come l'abbigliamento, non costituiscono solo una realtà biologica o un fatto casuale, ma molto spesso rappresentano un linguaggio sociale e anche politico. Potremmo forse dire che dopo la primissima infanzia il corpo umano recupera la sua nuda essenza biologica solo nella fredda e totale immobilità della morte; per perderla subito dopo, peraltro, nella ricca significanza dei riti funerari, anch'essi, del resto, fatti di gesti socialmente riconosciuti.[2]

Ma il corpo vivo, che si muove, si atteggia, comunica con gesti, è un corpo rivestito di significati come da un abito, e quindi per conoscere a fondo ciò che ci dice dobbiamo imparare a sondarne la gestualità. Infatti gli uomini e le donne che vivevano nel medioevo e nella prima età moderna

1. Giovan Marco Burigozzo (Burigozzo Merzaro), *Cronica milanese [...] dal 1500 al 1544*, in «Archivio Storico Italiano», 3 (1842), p. 432; Archivio di Stato di Bologna (d'ora in poi ASB), *Tribunale del Torrone* (d'ora in poi *Torrone*), 2259, c. 199r: «lui tiene dalla parte Ghibellina et io dalla Ghelfa, che me vedde il cappello rivoltato dall'altra banda di quella che la portava lui»; Furio Bianco, *La crudel zobia grassa. Rivolte contadine e faide nobiliari in Friuli tra '400 e '500*, Udine, Biblioteca del Messaggero veneto, 2004, pp. 50-51.

2. Ernesto De Martino, *Morte e pianto rituale dal lamento funebre antico al pianto di Maria*, Torino, Boringhieri, 1983[3]; cfr. anche, per quanto attiene il mondo etrusco, Costanza Pastore, *Di alcuni riti funebri nel mondo etrusco: l'esposizione del cadavere e il lamento*, in «Études Thanatologiques – Studi Tanatologici – Thanatological Studies», 1 (2005), pp. 177-204. Ma vedi oltre, cap. 11.

usavano per comunicare simboli e gesti con la stessa frequenza e naturalezza con cui impiegavano le parole.[3] I gesti possono infatti esprimere i contenuti più vari, e ritengo che scorrendo le loro variabili si riesca a cogliere in molti dei suoi aspetti l'essenza del Rinascimento, nelle sue valenze profane come in quelle religiose, nel suo essere proteso verso la modernità e anche nei suoi legami con il passato: certo con quello del mondo classico, ma anche con quello medievale. Per ottenere questo risultato dobbiamo però rifiutare le soluzioni più semplici. I movimenti e comportamenti corporei di cui le fonti dell'epoca ci danno notizia vanno indagati e catalogati seguendo piste molto diverse.

In un suo libro famoso che stabilisce in qualche modo una teoria dell'evoluzione non solo delle specie, ma anche delle emozioni umane e dei gesti tesi ad esprimerle, Charles Darwin ha affermato che i gesti e la mimica facciale sono atti comportamentali eco di pratiche preistoriche, e addirittura pertinenti al mondo animale prima che a quello umano.[4] Secondo questa ipotesi, nella preistoria le espressioni emotive erano legate ad azioni concrete, che nel tempo si sono esaurite lasciando dietro di sé solo le emozioni che si accompagnavano ad esse, e che sono manifestate in gesti visibili che ne rappresentano in qualche modo una debole eco. Per Darwin i gesti sono dunque un fatto universale, biologico e spontaneo, patrimonio di tutta l'umanità.

L'idea che i gesti costituissero in qualche modo un linguaggio universale si era peraltro diffusa con una prospettiva assai diversa già a fine Cinquecento, quando le conquiste di popoli altri avevano fatto sorgere la speranza di poter facilmente comunicare per loro mezzo e procedere quindi agevolmente ad una loro cristianizzazione.[5] Del resto, l'idea che la predicazione dovesse essere necessariamente accompagnata da una acconcia gestualità è presente sin dal XIV secolo, sulla scia degli «infuocati gesti e cenni» di san Francesco («igniti gestus et nutus»);[6] così si riteneva che la menzione del passo evangelico «Venite, benedetti del Padre mio...»

3. Geoffrey Koziol, *Begging Pardon and Favor. Ritual and Political Order in Early Medieval France*, Ithaca-London, Cornell UP, 1992, p. 297.

4. Charles Darwin, *L'espressione delle emozioni nell'uomo e negli animali*, Torino, Boringhieri, 1982.

5. Dilwyn Knox, *Ideas on gesture and universal languages c. 1550-1650*, in *New Perspectives on Renaissance Thought*, a cura di John Henry e Sarah Hutton, London, Duckworth, 1990, pp. 126-133 (101-136). Vedi oltre, p. 129.

6. Tommaso da Celano, *Legenda secunda*, LXXIII.

(Mt 25, 34) dovesse essere necessariamente accompagnata dal gesto di innalzare mani e braccia, usato su tempi lunghi, come vedremo, per indicare devozione e preghiera, ma qui con il significato di invito gioioso.[7] A metà Cinquecento incontriamo precise teorizzazioni in proposito: Luca Baglione insisteva nella sua *Arte del predicare* sul fatto che i gesti del corpo in una predica non sono meno importanti delle parole, a cui bisogna saperli accordare «significando quel tanto che la lingua esplica, cioè se minaccia, minacciando con le mani, se promette, allargando le braccia porgendo fuora il corpo dal pulpito». In genere, a seconda del caso occorre alzare o abbassare, avanzare o ritrarre le braccia; e «nel pregare Christo bisogna voce humile, gesti simili, braccia stese in croce, overo gionte al petto».[8] Come su un palcoscenico, parole, gesti, toni di voce dovevano accordarsi per imprimere più fortemente il loro contenuto negli ascoltatori.

Quella dell'universalità dei gesti è una teoria che ha una lunga storia, e venne condivisa anche da Benedetto Croce, che si occupò del tema riprendendo fra l'altro un informatore napoletano (Andrea de Jorio, che ne aveva scritto nel 1832).[9] Infatti Croce ne sottolineava per l'appunto «i riscontri che egli fa di certi gesti napoletani con quelli di diversi e lontanissimi popoli, nuova prova della comunanza del sentire e dell'immaginare umano pur tra le differenze storiche».[10] Una ventina di anni fa, l'opera di de Jorio è stata tradotta in inglese e ampiamente introdotta dallo psicologo sperimentale inglese Adam Kendon,[11] che è partito per le sue ricerche sui gesti dal linguaggio dei segni degli aborigeni australiani, e ha posto in più sedi il problema di una lettura semeiotica comparata del linguaggio corporeo e di quello verbale.[12]

Anche etologi come Irenäus Eibl-Eibesfeldt o Desmond Morris hanno messo in evidenza i rapporti fra i gesti e gli atti espressivi di alcuni animali

7. Michael Baxandall, *Pittura ed esperienze sociali nell'Italia del Quattrocento*, Torino, Einaudi, 1978, p. 70.

8. Luca Baglione, *L'arte del predicare contenuta in tre libri*, Venezia, Andrea Torrentino, 1562, pp. 110v-112r-v.

9. Andrea de Jorio, La *mimica degli antichi investigata nel gestire napoletano*, Napoli, Stamperia del Fibreno, 1832.

10. Benedetto Croce, *Il linguaggio dei gesti*, in «La Critica», 29 (1931), pp. 223-228.

11. Adam Kendon, *Andrea de Jorio and His Work on Gesture*, in Andrea de Jorio, *Gesture in Neaples and Gesture in Classical Antiquity*, a cura di Adam Kendon, Bloomington-Indianapolis, Indiana UP, 2000, pp. XVII-CVII.

12. Cfr. in particolare Adam Kendon, *Gesture: visible action as utterance*, Cambridge, Cambridge UP, 2004.

e quelli di vari popoli, basandosi su estese ricerche sul campo. Ma Eibl-Eibesfeldt ha ricordato anche che, benché il repertorio espressivo umano sia sostanzialmente innato, tuttavia molti suoi aspetti sono tramandati per via culturale e sono quindi differenti in diverse etnie e culture.[13] Cresce dunque il dubbio che le cose non stiano proprio come Darwin o Croce pensavano.

Il tema è affascinante, perché ci riporta al grande problema del dualismo fra natura e cultura, e dunque alle caratteristiche del lavoro antropologico di Claude Lévi-Strauss. Ma se vogliamo restare nei confini di un discorso storico, che è quello che qui ci interessa, dovremo mantenerci all'interno dell'ipotesi che la gestualità umana si sia evoluta rapidamente dai suoi fondamenti biologici, e abbia acquisito in buona parte un forte valore culturale, nel senso ampio che diamo oggi a questo termine. Della socialità delle espressioni corporee, dunque dei gesti, ci hanno parlato, tra molti altri storici, Jean-Claude Schmitt e Peter Burke,[14] ed essa è riconosciuta inoltre da studiosi legati alla tematiche antropologiche e sociologiche.[15] Anche Norbert Elias apre la sua grande ricerca *Über den Prozess der Zivilisation* sottolineando come in una «lenta trasformazione globale delle società» mutino «tutte le espressioni umane»,[16] e dunque anche i gesti. Sarà allora possibile organizzarne le variabili, sia pure in modo non ordinato, all'interno di un profilo di storia sociale. Il gesto è significante, e pur avendo spesso una lunga storia, è fortemente radicato nella società in cui è riscontrabile e che gli attribuisce un senso specifico, che varia nel tempo

13. Irenäus Eibl-Eibesfeldt, *Amore e odio. Per una storia naturale dei comportamenti elementari*, Milano, Adelphi, 1971, p. 73. Cfr. anche Desmond Morris, *L'uomo e i suoi gesti*, Milano, Mondadori, 1982.

14. La bibliografia sul tema è sconfinata. Mi limito qui a ricordare Peter Burke, *Il linguaggio dei gesti in Italia all'inizio dell'età moderna*, in Id., *Sogni, gesti, beffe. Saggi di storia culturale* (1987), Bologna, il Mulino, 2000, pp. 79-98; Jean-Claude Schmitt, *Il gesto nel Medioevo*, Roma-Bari, Laterza, 1990; *A Cultural History of Gesture*, a cura di Jan Bremmer e Herman Roodenburg, London, Polity Press, 1991; *Il gesto nel rito e nel cerimoniale dal mondo antico ad oggi*, a cura di Sergio Bertelli e Monica Centanni, Firenze, Ponte alle Grazie, 1995 (con un'ampia bibliografia sul tema fino a quella data, curata da Luca Dal Poggetto: pp. 315-339). Altre indicazioni verranno date via via.

15. Rudolf Hertz, *La preminenza della mano destra. Studio sulla polarità religiosa*, in *La preminenza della destra e altri saggi* (1928), a cura di Adriano Prosperi, Torino, Einaudi, 1994, pp. 137-163; Marcel Mauss, *Le tecniche del corpo*, in *Teoria generale della magia e altri saggi* (1950), Torino, Einaudi, 1965, pp. 383-409; Ervin Goffman, *Il comportamento in pubblico. L'interazione sociale nei luoghi di riunione* (1963), Torino, Einaudi, 1971; Catherine Bell, *Ritual Theory, Ritual Practice*, New York - Oxford, Oxford UP, 1992.

16. Norbert Elias, *La civiltà delle buone maniere*, Bologna, il Mulino, 1982, p. 7.

e nello spazio; come ha scritto a suo tempo Marcel Mauss, ogni società ha abitudini proprie circa gli atteggiamenti del corpo.[17] È stato anche osservato che persino il linguaggio dei segni di muti e sordomuti di nazionalità diverse risente delle diversità culturali dell'ambiente di ciascuno.[18] Del resto, per fare solo un altro esempio, lo stesso Darwin era costretto a riconoscere che l'atto di stringersi nelle spalle per significare incapacità o impotenza, comunemente praticato in Francia, non era in uso in Inghilterra;[19] e a suo tempo, Quintiliano aveva considerato lo stesso gesto inopportuno: «Umerorum raro decens adlevatio atque contractio est»[20] (alzar le spalle o stringersi nella spalle è atto di rado decoroso).

Insomma, in società diverse riscontriamo un uso diverso e una diversa valutazione dello stesso atto corporeo; come ha scritto Erving Goffman, «un'azione può essere corretta o scorretta soltanto in rapporto al giudizio ce ne dà un particolare gruppo sociale».[21] Esemplare in questo senso il caso del nobile genovese Andrea Spinola, che nel 1619 venne incarcerato solo perché, convocato in tribunale, «ebbe ardir metter piede su l'ultimo grado di esso», e inoltre, ascoltando il cancelliere, «stava col corpo e col capo storto»[22]: atti che gli furono imputati come segno di alterigia e di insolenza. Insomma, all'interno di un particolare contesto giudicante, gesti di per sé del tutto indifferenti potevano essere considerati gravemente scorretti, e quindi utilizzati per deprezzare e rinchiudere un avversario politico.

Quindi, se i gesti rappresentano un dato in netta prevalenza culturale, e come tali li dobbiamo studiare, ciò però non significa che un dato gesto non venga utilizzato in ambiti diversi. In tal caso, esso va analizzato non solo di per sé, ma anche e soprattutto all'interno del contesto specifico in cui è agito e del tipo di fonte che ce ne dà relazione;[23] solo così esso potrà rivelare pienamente il suo significato culturale (come vedremo in particolare parlando dei gesti infamanti).

17. Mauss, *Le tecniche del corpo*, p. 387.

18. Sergio Bertelli, Monica Centanni, *Il gesto. Analisi di una fonte storica di comunicazione non verbale*, in *Il gesto nel rito e nel cerimoniale*, p. 9.

19. Darwin, *L'espressione delle emozioni*, p. 334.

20. *Institutio oratoria*, XI, 3, 83.

21. Goffman, *Il comportamento in pubblico*, p. 7.

22. Andrea Spinola, *Scritti scelti*, a cura di Carlo Bitossi, Genova, Sagep, 1981, p. 150.

23. Cfr. le osservazioni in proposito di Miri Rubin, *Gesture of Pain, Implications of Guilt: Mary and the Jews*, in *The Politics of Gesture. Historical Perspectives*, a cura di Michael J. Braddick, Oxford, Oxford UP, 2009, p. 94.

Per lo storico la ricerca sui gesti, in particolare sui gesti nel Rinascimento e nella prima età moderna resta comunque non semplice, perché coinvolge una serie di questioni assai complesse: in primo luogo il rapporto tra natura e cultura, cui si è accennato sopra; poi, fondamentale, quello tra gesti emotivi e gesti stereotipi e retorici. È una distinzione che emerge assai chiaramente da un passo del *Cannocchiale aristotelico* di Emanuele Tesauro; l'opera esce di qualche decennio dall'ambito cronologico preso in esame, ma i concetti espressi sono certamente utili per la nostra riflessione:

> Ma né meno ingegnose talvolta son le mutole argutie de' cenni; i quali dal nostro autore [Aristotele] non son chiamati imagini delle voci esteriori come gli scritti caratteri, ma interpreti immediati dell'anima [...]. Hora siccome delle parole degli oratori altre son proprie e piene, altre metaforiche e figurate, così dei cenni, altri son naturali e vulgari, altri artificiosi, e avvivati da figurati sali e ingegnose argutezze.[24]

Il riferimento di Tesauro ad Aristotele è in realtà fittizio, in quanto è basato sulla sua libera interpretazione di una traduzione latina che a sua volta distorce il senso del passo originale, quella di Isaac Casaubon, poi ripresa dal filosofo Guillaume Duval.[25] Ma ciò che conta è la presenza del tema del gesto nella sua cultura e nella sua epoca, qui correlato alla variabile tradizione della retorica classica. E a quest'ultimo proposito va tenuto presente che la tipologia gestuale di derivazione ciceroniana e quintilianea non mancava di trovare apprezzamento nella cultura rinascimentale, e in particolare in quella del secondo Cinquecento. Lo dimostrano queste parole del *Lamberto, ovvero del parlare* del filosofo e matematico Francesco Patrizi:

> Quando altri, parlando atteggia con le mani, che ve n'ha le migliaia, non si dice egli per dettato ricevuto Colui parla con le mani? *Patritio*. Si dice. *Strozzi*. Et come adunque è, che non sia ricevuto a dire, parlar co' gesti? *Patritio*. Questo è parlar non vero, et da volgo. *Strozzi*. O, et Cicerone non disse egli, che l'attione, et i gesti, sono una corporale eloquenza? [...] e Demostene, non disse ei tre volte l'attione essere la più eccellente parte, che s'habbia l'orato-

24. Emanuele Tesauro, *Il cannocchiale aristotelico, o sia idea delle argutezze heroiche vulgarmente chiamate Imprese*, Venezia, Paolo Baglioni, 1655, pp. 24-25.

25. Manlio Pastore Stocchi, *Forme e figure: retorica e poetica dal Cinquecento all'Ottocento*, Firenze, Cesati, 2008, p. 200. La traduzione in questione: *Aristotelis opera omnia quae extant, graece et latine*, Lutetiae Parisiorum, Typis regiis, 1619.

re? *Patritio*. Disse per certo. *Strozzi*. E adunque l'attione, et l'atteggiamento della persona, parlare, et eloquenza, et migliore assai, di quella delle parole.[26]

A questa affermazione della nobiltà del linguaggio gestuale dovremo anche accostare le permanenze della retorica antica nel linguaggio pittorico dei secoli XVI e XVII,[27] e dunque l'alternanza e l'intreccio tra gesti strettamente formali, potremmo dire topici, e gesti emotivi, e, più approfonditamente, tra gesti retorici e gesti efficaci e sacrali da essi derivati.[28] Non solo: se parliamo del rapporto fra gesti espressi nella retorica e nell'arte antica e nell'arte rinascimentale, ecco affacciarsi un nuovo aspetto del problema dell'interpretazione dei gesti nelle espressioni figurate. Che, come sappiamo, ha trovato un punto focale nella ricerca del grande storico dell'arte tedesco Aby Warburg.

Durante un soggiorno a Firenze, in una sala della Biblioteca nazionale Warburg poté leggere il libro di Darwin. Scorrendo quelle pagine, gli si aprì davanti agli occhi della mente il problema del significato antropologico del gesto, che gli apparve come una sorta di fossile che custodiva l'eredità di un passato lontano. «Finalmente un libro che mi aiuta», annotò nel suo diario.[29] Così, riflettendo sul tema delle radici arcaiche della gestualità, Warburg aveva identificato nell'arte antica delle formule figurative esemplari che a suo parere pur nella loro stereotipia esprimevano un contenuto fortemente emotivo, tanto che parlava per esse del «migrare [nell'arte del Rinascimento] di antichi superlativi del linguaggio dei gesti»:[30] gesti superlativi, dunque esagerati. Li definì «Pathosformeln», formule di emozioni. In questa prospettiva i gesti dell'arte non hanno dunque, se non re-

26. Francesco Patrizi, *Della Retorica dieci dialoghi*, Venezia, Francesco Senese, 1562, c. 4r.

27. Stefania Macioce, *Quando la pittura parla. Retoriche gestuali e sonore nell'arte*, Roma, Gangemi, 2018.

28. Cfr. Bruno Paradisi, *Rito e retorica in un gesto della mano*, in *Raccolta di scritti in onore di A.C. Jemolo*, IV, Milano, Giuffré, 1963, pp. 333-360.

29. Ernst H. Gombrich, *Aby Warburg. Una biografia intellettuale*, Milano, Feltrinelli, 1983, p. 71. Cfr. anche le considerazioni di Georges Didi-Huberman, *L'image survivante. Histoire de l'art et temps des fantômes selon Aby Warburg*, Paris, Éditions de Minuit, 2002, pp. 224-248.

30. Aby Warburg, *Ausgewählte Schriften und Würdigungen*, a cura di Dieter Wuttke, Baden Baden, Valentin Koerner, 1980, p. 130: «die wandernden antike Superlative der Gebärdensprache», tradotto in forma manchevole «peregrinanti superlativi antichi» in Aby Warburg, *La rinascita del paganesimo antico*, a cura di Gertrud Bing, Firenze, La Nuova Italia, 1966, p. 199.

lativamente, un significato realistico, ma piuttosto hanno un fine retorico. Potremmo dire che in qualche modo sono analoghi a quelli che fanno parte del bagaglio gestuale di un attore sulla scena. Per essi, o almeno per quelli raffigurati in opere d'arte, possiamo usare la stessa terminologia utilizzata da Gertrud Bing, che di Warburg era una discepola, per definire le formule figurative di cui parlava il suo maestro: esse fanno parte di una «categoria di espedienti espressivi della quale possono servirsi tanto la letteratura quanto le arti visive. In retorica una forma divenuta convenzionale, usata correntemente per comunicare un significato o uno stato d'animo è detta *topos*».[31] Dunque le forme figurative convenzionali non sono necessariamente deprivate di un senso e un contenuto emotivo, ma lo esprimono in modo più o meno latamente stereotipo.

Anche Ernst Gombrich, già collaboratore e dal 1951 al 1976 direttore del Warburg Institute, ha affrontato il tema della relazione mutevole tra l'emozione e l'atto che la esprime, figurativamente e nella realtà: «nessuno studioso», egli osserva, «dovrebbe trascurare il complesso rapporto che, nella società umana, sussiste tra l'emozione e la sua espressione».[32] È una considerazione particolarmente interessante, soprattutto se la mettiamo in rapporto con l'attuale ampliarsi dell'attenzione storica alle emozioni. Già sant'Agostino affermava che gli esseri viventi si scambiano segni intenzionali per indicare, per quanto è loro consentito, i moti del loro animo,[33] segnalando così il rapporto esistente fra emozioni e gestualità. Leonardo sosteneva che «la più importante cosa che ne' discorsi della pittura trovar si possa, sono i movimenti appropriati agli accidenti mentali di ciascun animale, come desiderio, sprezzamento, ira, pietà e simili».[34] E spostandosi avanti nel tempo e scendendo largamente di livello, nel 1754 l'abate Joseph Antoine Toussaint Dinouart scriverà che «i moti del corpo ritraggono i moti dell'anima».[35] La stretta connessione tra queste due problematiche

31. Gertrud Bing, *Introduzione*, ivi, p. XX.

32. Ernst H. Gombrich, *L'immagine e l'occhio. Altri studi sulla psicologia della rappresentazione pittorica*, Torino, Einaudi, 1983, pp. 76-77. Cfr. anche ivi, pp. 90-94.

33. *De doctrina christiana*, II, 3.

34. Mauro Novelli, *Trattato della Pittura di Leonardo da Vinci (condotto sul Cod. Vaticano Urbinate 1270)*, n. 119, p. 66 (http://www.mauronovelli.it/Leonardo%20Trattato%20della%20pittura.pdf).

35. «Le mouvement du corps est une peinture du mouvement de l'âme», in [Joseph Antoine Toussaint] Dinouart, *L'Éloquence du corps dans le ministère de la chaire ou l'action du prédicateur*, Paris, Desprez, 1761², p. 236, cit. in Jean-Yves Tilliette, *Les mains de*

culturali – emozioni e gesti – è stata rilevata anche a proposito dell'autore della teoria dell'evoluzione delle specie; infatti, come è stato detto, «la teoria delle emozioni di Darwin è una teoria dei gesti».[36]

Sono ovvietà, ma vale la pena di ricordarle. Certo l'attenzione al significato espressivo ed emotivo dei gesti non manca in chi li ha studiati; ma viceversa la storiografia sulle emozioni non ha forse considerato in modo adeguato i gesti che esprimono i moti dell'animo (anche se il tema del rapporto tra emozioni e gestualità rituale appare affrontato in un saggio di James Amelang su cui torneremo nel capitolo 11).[37] Eppure la valenza sociale e culturale della gestualità, sulla quale credo dobbiamo scommettere, dipende strettamente da una costruzione sociale e culturale delle emozioni, che ne è il presupposto. Si conferma in tal modo un necessario approccio sociocostruttivista al tema; un approccio universalista, legato principalmente al mondo delle neuroscienze, ci costringerebbe viceversa a tornare a una teoria universale e biologica della gestualità.[38] In ogni caso, questi due ambiti di ricerca sono strettamente legati, ma non sono stati sufficientemente evidenziati. Per esempio, di recente la gestualità delle emozioni è stata sottolineata con energia da Camille Carnaille, che però nel suo articolo si limita a insistere su aspetti molto specifici e particolari del tema, e cioè sui gesti che nei romanzi della tradizione arturiana lasciano pericolosamente trasparire sentimenti inopportuni.[39] Sarebbe invece assai

l'orateur, in *Les Gestes de l'art*, a cura di Guillemette Bolens, Camille Carnaille, Yasmina Foehr-Janssens, Laurent Jenny e Jean-Yves Tilliette, Paris, Garnier, 2020, p. 14.

36. «Darwin's theory of emotions, then, is a theory of gesture», Arlie Russel Hochschild, *The Managed Heart: Commercialization of Human Feeling*, Berkeley, University of California Press, 1983, p. 217.

37. James S. Amelang, *La viuda alegre: Miedo y luto en el llanto ritual*, in *Accídentes del Alma. Las emociones en la Etad Moderna*, a cura di María Tausiet e James S. Amelang, Madrid, Abada Editores, 2009, pp. 203-226. Tocca questo aspetto solo con un rapido accenno Barbara H. Rosenwein, *Generazioni di sentimenti. Una storia delle emozioni, 600-1700*, Roma, Viella, 2016, p. 18.

38. Damien Boquet, Piroska Nagy, *Una storia diversa delle emozioni*, in «Rivista storica italiana», 128 (2016), pp. 481-520 (nonché, degli stessi, *Une histoire des émotions incarnées*, in «Médiévales», 61 [2011], pp. 5-24); Jan Plamper, *Storia delle emozioni*, Bologna, il Mulino, 2018; *A History of Emotions*, 1200-1800, a cura di Jonas Liliequist, London-New York, Routledge, 2012. Non ho potuto vedere *The Routledge History of Emotions in Europe 1100-1700,* a cura di Andrew Lynch, Susan Broomhal, London, Routledge, 2020.

39. «La considération du geste en tant que traduction d'une intériorité s'avère évidemment indispensable à l'approche du geste émotionnel», in Camille Carnaille, *L'art du geste entre esthétique et émotion*, in *Les Gestes de l'art*, pp. 29-37. La citazione a p. 30.

interessante, proprio da un punto di vista di storia delle emozioni, insistere sulla relazione tra queste e i gesti; un tale procedimento potrebbe essere utile per una miglior comprensione delle immagini, e, soprattutto, potrebbe mettere in evidenza i rapporti fra emozioni, sentimenti e modalità di manifestare gli uni e le altre all'interno dei diversi contesti sociali, precisando così utilmente alcuni aspetti del tema storiografico. Dobbiamo infatti tenere presente che spesso le forme in cui i sentimenti vengono internamente costruiti, e sono quindi espressi attraverso la gestualità, non sono strettamente personali e frutto di un impulso intimo, ma sono in qualche modo socialmente obbligate; a questo proposito occorre ricordare le parole di Antonio Hespanha a proposito della modalità "ritualizzata" di vivere i sentimenti agli inizi dell'età moderna:

> Si supponeva che la vita emozionale avesse una architettura rigida. I sentimenti e le emozioni non dipendevano dagli stati d'animo personali. Al contrario, dovevano essere disposizioni interiori, una sorta di luogo comune psicologico, che doveva seguire la loro identificazione e valutazione operata dai teologi morali [...]. Gli affetti opportuni dovevano essere espressi in comportamenti esteriori, iscritti da schemi oggettivi radicati nella natura delle cose.[40]

Potremmo aggiungere in argomento le parole scritte da Erich Auerbach a proposito dei drammi elisabettiani, in cui, nella maggioranza dei casi, non troviamo descritto «il carattere puramente naturale [dei personaggi], ma quello già preformato dalla nascita, dalle condizioni di vita, dagli antefatti».[41] Dunque secondo questa lettura nella prima età moderna le emozioni sono obbligatoriamente legate a schemi previsti e prescritti, e quindi a gesti prefissati, legati alle convenzioni sociali del periodo: un rapporto complesso, ma sempre importante, comunque lo si intenda.

Se insistiamo su questa ipotesi, constatiamo che le fonti ci dicono anche che i gesti possono essere privi di qualsiasi significato emotivo, e

40. «Emotional life was supposed to have a rigid architecture. Feeling and emotions were not to be dependent on individual mood. On the contrary, they should be inner dispositions, a kind of psycological commonplace, as they had been identified and evaluated by moral theologians [...]. Due affections were to be paid with external behaviors, prescribed by objective patterns which were inscribed in the nature of things», in António M. Hespanha, *Early Modern Law and the Anthropological Imagination of Old European Culture*, in *Early Modern History and the Social Sciences. Testing the Limits of Braudel's Mediterranean*, a cura di John A. Marino, Kirkville (Missouri), Truman State UP, 2002, p. 195.

41. Erich Auerbach, *Mimesis. Il realismo nella cultura occidentale*, Torino, Einaudi, 1956, vol. II, p. 72.

avere invece un valore e quindi una efficacia giuridica. Recensendo il libro di Moshe Baraschm *Gestes of Despair in Medieval and Early Renaissance Art* (1976), Gombrich ha sottolineato l'errore commesso dall'autore nel non differenziare comportamento emotivo e gesti convenzionali, e ha concluso che «in genere dall'arte non si possono trarre conclusioni valide sulla vita e viceversa».[42] Successivamente, Barasch ha corretto il suo punto di vista, e ha distinto i gesti da lui definiti «sintomatici», cioè sintomi involontari di una emozione, da quelli «convenzionali»,[43] in particolare quelli formati in ambito giudiziario oppure liturgico; inoltre, come vedremo, l'affermazione di Gombrich è forse troppo netta. Ma senza dubbio i gesti si inseriscono talora in una sequenza complessa di atti e di parole che possiamo definire come rituale, la cui ripetizione, completamente priva di contenuti emotivi, ha un significato e uno scopo del tutto previsti e prefissati; è «un genere di azione ripetitiva formalizzato, collettivo, istituzionale».[44] Si tratta di un punto rilevante, come si vedrà anche più avanti; Catherine Bell ha osservato che per lo storico è possibile utilizzare il rituale come una "finestra" sulle dinamiche culturali attraverso le quali gli uomini costruiscono e decostruiscono il loro mondo, e che il termine è di particolare utilità nell'ambito della storia delle religioni; infatti può sostituire, o almeno integrare, la coppia liturgia/magia, che implicava una distinzione a priori fra religione e superstizione, ovvero «*our* rituals from *theirs*»[45] (contrapposizione che possiamo utilizzare anche con valenze differenti).

I gesti del rituale utilizzato hanno poi un valore speciale nelle cerimonie politiche. Queste connessioni sembrano importanti in quanto giovano a sottolineare un significato storico dei gesti che deve essere tenuto in particolare considerazione, e sul quale hanno soprattutto insistito già molti anni fa Sergio Bertelli e Monica Centanni, che hanno segnalato in particolare come ad alcuni gesti debba essere attribuito storicamente «un alto tasso di densità semantica».[46] Ciò in quanto essi non hanno un valore semplicemen-

42. Ernst Gombrich, *Espressioni di disperazione*, in Id., *Riflessioni sulla storia dell'arte*, Torino, Einaudi, 1991, pp. 46-47.

43. Moshe Barasch, *Giotto and the Language of Gesture*, Cambridge, Cambridge UP, 1987, pp. 4-5.

44. «A formalized, collective, istituzionalized kind of repetitive action»: Edward Muir, *Ritual in Early Modern Europe*, Cambridge, Cambridge UP, 2005, p. 3.

45. Bell, *Ritual Theory, Ritual Practice*, p. 6.

46. Bertelli, Centanni, *Il gesto*, p. 11.

te comportamentale o sociale, ma vengono considerati «efficaci», e quindi in grado di modificare la realtà, da chi li compie e da chi vi assiste. Si tratta di atti «intenzionali, formali, stilizzati», e dunque mai affidati al caso o ad un comportamento dettato dall'istintualità o dal dato biologico. Sono i gesti aventi valore sacro, giuridico, magico, in grado insomma di dominare la natura e la sopranatura e anche di farsi atti di governo: consentono a un sovrano di guarire un ammalato, rendono definitiva l'elezione di un pontefice, sanzionano la validità di un contratto, permettono che una pratica magica abbia l'effetto richiesto. La prima età moderna ne fa un largo uso, spesso proprio allo scopo di costruire e confermare aspetti del potere e della gestione della cosa pubblica.

In conclusione. Il primo problema che dovremo affrontare è probabilmente quello dei legami (esistenti o meno? e se esistenti, quali?) fra la realtà e una immagine che la raffigura, o che viene evocata oralmente o per scritto. Quindi occorrerà sempre distinguere i gesti che ritroviamo nelle immagini o che sono agiti in particolari situazioni, come quella oratoria o quella attiva in contesti rituali sacri o profani da quelli della quotidianità, desunti da fonti di tipo diverso, e talora, non sempre, aventi un contenuto emotivo. Siamo ora al problema del rapporto tra gesti ed emozioni e tra gesti emotivi e gesti rituali, sempre tenendo presente la questione posta da Hespanha sulla rigidità delle emozioni agli inizi dell'età moderna, da considerare «quasi luoghi comuni psicologici».[47]

Arriviamo infine a quello che considero il problema fondamentale, e cioè alla necessità di analizzare ognuno di questi atti in rapporto al contesto nel quale è agito, e che ne modifica o amplifica il senso, e contemporaneamente ne è spiegato e chiarito. Infatti gesto e contesto si illuminano a vicenda, e questo vale anche quando la contestualizzazione è necessariamente geografica: ricordiamo che il periodo che definisce e contiene in sé il Rinascimento, considerato come un grande movimento di trasformazione e di rinnovamento artistico, culturale, religioso, scientifico, politico, lo è anche dal punto di vista geografico. Terre nuove e popoli nuovi si presentano agli occhi del viaggiatore europeo, che deve imparare a conoscere e interpretare nuove lingue, nuovi comportamenti, e anche gesti diversi da quelli a cui è avvezzo (diversamente da quanto supponeva Darwin). Oppure gesti simili ai suoi, ma aventi un significato diverso, o almeno non del tutto sovrapponibile.

47. Cfr. sopra, nota 40.

La serie di questioni indicata sopra coinvolge, necessariamente, anche le forme della scrittura di queste pagine, che dipendono largamente dalla tipologia delle fonti utilizzate, figurate, narrative o documentarie. Devo anche segnalare che numerosi passi di questo testo modificano, ampliano o riprendono parti o frammenti di miei precedenti lavori:[48] scelta inevitabile, dato che il tema dei gesti mi è sempre stato presente, anche se solo ora ho tentato di dare una cornice complessiva alle mie riflessioni. S'intende, comunque, che non ho preteso in alcun modo di dare un quadro completo dell'infinita tipologia di gesti che possono essere individuati, ma solo una loro ridotta selezione, che spero possa essere considerata significativa. Perciò nei capitoli che seguono tenterò di discutere alcuni aspetti dei problemi a cui ho accennato nelle pagine precedenti, verificandone il significato all'interno di un quadro di storia culturale, attraverso una serie di possibili esemplificazioni: una sorta di carotaggio nel grande e multiforme problema del gesto e dei gesti.

Il libro potrà avere quindi in più punti una scrittura percepibile come rapsodica. Me ne rendo conto, e devo segnalare a questo proposito che esso risente fortemente dalle condizioni in cui è stato scritto, cioè in tempo di Covid19, e quindi, purtroppo, avendo scarsissimo adito alle biblioteche bolognesi (dato anche che nella presente situazione a lungo l'Ateneo non ha consentito l'accesso alle proprie a chi non fosse suo docente o suo studente), per non parlare di quelle di altre città, e men che meno di quelle di Londra, Parigi o Cambridge, a cui ho ricorso abitualmente per le mie precedenti ricerche.

Debbo perciò ringraziare, e molto calorosamente, gli amici che mi hanno aiutato ad affrontare il problema, prestandomi libri o prendendoli a prestito per me alle biblioteche a cui non avevo accesso, trovandomi articoli o dandomi comunque indicazioni e suggerimenti: fra gli altri, Jim Amelang, Stefano Barbieri, Lucio Biasiori, Angela De Benedictis, Serena Luzzi. Marina Roggero mi ha letto integralmente e mi ha aiutato a cogliere i punti deboli di questo lavoro: debbo a

48. In particolare: *Gesti e posture del corpo in Italia fra Rinascimento e Controriforma*, in *Le corps et sa parure*, num. monogr. di «Micrologus. Natura, Scienze e Società Medievali», 15 (2007), pp. 379-398; *Pregare con la bocca, con gli occhi e col cuore nell'Italia della prima Età Moderna*, in «The Italianist», 34/3 (2014), pp. 418-436; *Gesti devoti, gesti sacri in Italia tra tardo medioevo e prima età moderna: una discussione*, in «Riforma e Movimenti Religiosi», 10 (2021), pp. 7-34.

lei se mi sono decisa ad affrontarli. Sono poi particolarmente grata a Vincenzo Lavenia, che ha letto con pazienza e amicizia questo testo capitolo per capitolo, offrendomi suggerimenti e osservazioni e procurandomi libri e articoli; e naturalmente a mio marito Alessandro Pastore, compagno di vita e di lavoro ormai da quasi cinquant'anni.

Il libro è dedicato ai miei nipotini Sofia, Livia e Alessandro, come incoraggiamento a imparare a guardare le figure.

1. La disciplina di un corpo indisciplinato

Parlando dei gesti, dobbiamo ricordare in primo luogo che non tutti hanno la stessa dignità nel pensiero medievale e rinascimentale. Vi era infatti una modalità di atti corporei che nell'ottica dell'epoca era posta all'ultimo, inferiore gradino nella scala della pregnanza e della ricchezza di significato che essi potevano rivestire, e cioè la *gesticulatio*, il moto incoerente e insensato del corpo e delle mani che i contemporanei accostavano al comportamento delle scimmie. Come ha scritto Jacques Le Goff,

> il gesto coinvolge infatti l'intero corpo e l'essere nella sua totalità: l'espressione esteriore dell'uomo (*foris*) comunica le disposizioni e i moti interni (*intus*) dell'anima. Ma occorre distinguere tra gesti (*gestus*) e gesticolazione (*gesticulatio*), cioè agitazione gestuale e altri contorcimenti che fanno pensare al diavolo. La tensione è qui ancora una volta percepibile. Per un verso il gesto esprime l'interiorità, la fedeltà, la fede. Per l'altro, il gesticolare è segno di perfidia, di possessione, di peccato.[1]

Dunque vi poteva essere qualche significato drammaticamente negativo in una gestualità totalmente disorganica, in quanto fin dalla tarda antichità essa poteva essere un segno dell'invasamento diabolico. Sono allora «gesti disarticolati [...] versi animaleschi [...] inversione del capo [...] piegamento dorsale [...] sospensione per i piedi»,[2] insomma la gestualità dell'invasamento orgiastico che viene attribuita agli indemoniati in alcune

1. Jacques Le Goff, *Il corpo nel Medioevo*, Roma-Bari, Laterza, 2005, p. 130.

2. Luigi Canetti, *Posseduti e sognatori. Assonanze notturne nei ricordi e negli studi di uno scolaro bolognese*, in *Streghe, sciamani, visionari. In margine a "Storia notturna" di Carlo Ginzburg*, a cura di Cora Presezzi, Roma, Viella, 2019, pp. 199-218 (p. 207).

fonti cristiane[3] (e che ci appare, nella descrizione, tanto simile ai corpi arcuati e stravolti delle grandi isteriche ritratte da Charcot). L'irregolarità dei gesti è insomma un segno della presenza del demonio. Mantenendosi su un piano meno rischioso, anche Jean-Claude Schmitt, trattando del gesto all'interno della cultura religiosa e letteraria medievale, ha sottolineato il dualismo oppositivo fra la nobiltà del *gestus* e la spregevole e pericolosa *gesticulatio*; così il gesticolare dei giullari e degli istrioni appare un indizio della peccaminosità del loro mestiere, che li rende, appunto, simili a scimmie.[4] Il paragone era comune: anche Stefano Guazzo deplora che nel portamento si mostri «l'instabilità delle simie».[5] E l'insipienza dell'affetto materno, che veniva considerato tale «sì per li vezzi incomposti, sì per la ineptia della vita»[6] delle madri, può essere descritta paragonandolo alla stretta forsennata con cui la scimmia abbraccia il suo piccolo fino a soffocarlo.[7] Insomma, anche la tipologia dei gesti contribuisce a costruire una scala sociale, che vede al suo culmine il nobile e pacato *gestus* dell'oratore, del cortigiano, dell'uomo conscio di sé, e agli ultimi gradini l'amore quasi animalesco delle madri di bassa condizione e la *gesticulatio* casuale e disorganica del giullare.

Riflettere su quest'ultimo tipo di gestualità non efficace e neppure intenzionale è assai utile, sia perché per contrasto essa ci consente di cogliere la variegata ricchezza di significati e di implicazioni dei tanti gesti consapevoli che descriveremo di seguito, sia in quanto permette di cogliere, sempre per contrasto, il senso religioso e sociale del gesto composto, disciplinato, gradito alla società e ricco talora di significati spirituali, che viene definito come «creanza cristiana».[8] Sappiamo infatti che nel periodo che ci

3. Ivi, pp. 208-210.

4. Schmitt, *Il gesto nel Medioevo*, pp. 18, 110-113, 133; Id., *The rationale of gestures in the West: third to thirteenth century*, in *A Cultural History of Gestures*, pp. 59-70.

5. Stefano Guazzo, *La civil conversatione*, Venezia, Domenico Imberti, 1600 (1574), p. 80.

6. *Il novo corteggiano de vita cauta e morale*, s.l. s.d. [Venezia, Tacuino, 1530?], c. 41r.

7. *Opera nuova dove si contiene le piacevoli et morali sentenze sopra la vita dell'huomo et per corregger gli suoi figliuoli* [...], Trino, Bernardo Grasso, 1594, c. 1v.

8. Dilwyn Knox, *Disciplina: le origini monastiche e clericali del buon comportamento nell'Europa cattolica del Cinquecento e del primo Seicento*, in *Disciplina dell'anima, disciplina del corpo e disciplina della società tra Medioevo ed età moderna*, Bologna, il Mulino, 1994, p. 69. Cfr. anche Giovanni Pozzi, *«Occhi bassi»*, in *Thematologie des Kleinen. Petits thèmes littéraires* a cura di Edgar Marsch, Giovanni Pozzi, Fribourg, Éditions Universitaires Fribourg, 1986, pp. 161-211, e in *Alternatim,* Milano, Adelphi, 1996, pp. 93-142.

interessa vigevano regole ben precise sulla gestualità, che doveva essere disciplinata e modesta. Ormai trent'anni fa Dilwyn Knox e Giovanni Pozzi hanno identificato le fonti, antecedenti anche a quelle utilizzate da Elias, che ci consentono di analizzare a fondo i concetti essenziali di "disciplina" e di "modestia", provenienti dalla Scrittura ma anche dal mondo classico. Disciplina e modestia appaiono radicate nel pensiero e nella pratica religiosa medievali e tardo medievali, e si suppone debbano modellare in primo luogo il comportamento corporeo dei monaci. Ma come si vedrà, progressivamente anche i laici dovranno adeguarsi alla loro gestualità controllata e "modesta".

Partiamo dalla disciplina: essa, spiega Ugo di San Vittore nel XII secolo, scrivendo per i novizi, «è un moto ordinato di tutte le membra [...] infatti dall'incostanza della mente nasce un disordinato movimento del corpo».[9] Dunque una gestualità composta è il frutto di un animo equilibrato; al contrario, una mente volubile e incostante genera movimenti disordinati, possibile segno di follia, di bestialità, di pericolosa prossimità al demonio. Altra virtù basilare, considerata indispensabile nel mondo monastico, era la modestia. «Modestia vestra nota sit omnibus hominibus», sonava un passo della lettera di Paolo ai Filippesi (4,5) ripetutamente citato. Ma che cosa si intendeva per modestia? Come ha osservato Giovanni Pozzi, «Modestia namque dicta est a modo», aveva scritto Agostino, e dunque essa «è sinonimo di contegno e riservatezza quando indica quella forza interiore che regola l'agire umano».[10] Ne seguiva che ogni gesto doveva esprimere agli occhi altrui l'evidenza del rapporto fra corpo e anima, e quindi la virtù del fedele, una virtù fatta soprattutto di umiltà, di compostezza e di moderazione. Il concetto aveva anche una ascendenza nel mondo classico; così sant'Antonino ricorda verso metà Quattrocento nella sua *Summa* che «Tullio considera la modestia una parte della temperanza», riferendosi con queste parole a un passo del *De Inventione rhetorica*.[11] Da ciò l'insistenza, soprattutto nella seconda metà del secolo XV, sull'esigenza di un tratto che serbi sempre quella «modestia» che già Ugo di San Vittore proponeva ai novizi nel XII secolo, e che poi rimarrà costantemente presente nel genere letterario delle

9. «Est membrorum omnium motus ordinatus [...] enim de inconstantia mentis nascitur inordinata motio corporis», cit. in Dilwyn Knox, *Civility, Courtesy and Women in the Italian Renaissance*, in *Women in Italian Renaissance Culture*, a cura di Letizia Panizza, Oxford, European Humanities Research Center, 2000, p. 10.

10. Pozzi, *«Occhi bassi»*, p. 193.

11. Cit. in Knox, *Civility, Courtesy and Women*, p. 8.

regole monastiche sino alle *Regulae modestiae* di Ignazio di Loyola,[12] ma che progressivamente dovrà essere estesa anche al giovane laico.

Infatti, contenendo la propria gestualità, «mettendo a freno le manifestazioni fisiche esteriori degli impulsi e dei pensieri peccaminosi, anche l'anima poteva imparare a resistere e, col tempo, a vincere quegli impulsi e quei pensieri».[13] Di più: certi atti del corpo possono avere un effetto (benefico o malefico) sullo stato dell'anima. Perciò a fine Cinquecento Luis de Granada poteva scrivere nei suoi *Discorsi spirituali e civili* che «se il corpo è scomposto, ancora lo spirito gli diventa simile [...] epperò la modestia esteriore aiuta molto la modestia interiore».[14]

Dunque i gesti dissennati non solo manifestano, ma anche creano il disordine interiore. «Perversus [...] digito loquitur», l'uomo malvagio parla con le dita: così Ugo di San Vittore cita, modificandolo, un versetto dei Proverbi nel suo *De institutione novitiorum*,[15] che è stato lungo tutto il medioevo, e anche in seguito, una *auctoritas* importante per la disciplina dei gesti. Insomma, se vi sono gesti che formano l'anima, ve ne sono anche altri che la rendono difforme, e che quindi vanno evitati.

È un punto di vista che con altra finalità traspare anche in un passo del *Trattato della pittura* di Leonardo, là dove l'artista illustra il particolare genere di uso che si può fare in pittura dei movimenti «insensati overo disensati: si metteranno nel capitulo della pazzia, o de' buffoni nelle loro moresche».[16] Dunque i gesti insensati o scomposti si addicono solo ai pazzi e ai buffoni, e denunciano una mente non bene ordinata, o addirittura alienata. Perciò i

12. *Regulae Societatis Jesu (1540-1556)*, a cura di Dionysius Fernández Zapico, Roma, Monumenta Historica Societatis Jesu, 1948, pp. 522-523. Sulle regole per i novizi e sul loro influsso sulla norma del gestire vedi Pozzi, *«Occhi bassi»*, pp. 185-191; Knox, *Disciplina*, pp. 107-135; Id., *Erasmus' De Civilitate and the Religious Origins of Civility in Protestant Europe*, in «Archiv für Reformationsgeschichte», 86 (1995), pp. 7-55.

13. Knox, *Disciplina*, p. 69; cfr. anche Pozzi, *«Occhi bassi»*.

14. *Discorsi spirituali e civili secondo il catechismo per instruzzione de' giovani desiderosi far profitto nella vita spirituale e civile*, Firenze, Giorgio Marescotti, 1583, p. 182, cit. in Pozzi, *«Occhi bassi»*, p. 107.

15. Come ha rilevato Jean-Claude Schmitt *(Il gesto nel Medioevo*, p. 358), Ugo utilizza in questa forma il versetto ben quattro volte: *Patrologia Latina* 176, coll. 935C, 938C, 940C, 942D. Sull'uso di questo versetto cfr. anche Dilwyn Knox, *Disciplina. The Monastic and Clerical Origins of European Civility*, in *Renaissance Society and Culture. Essays in Honor of Eugene F. Rice Jr.*, a cura di John Monfasani e Ronald G. Musto, New York, Italica press, 1991, pp. 112-113.

16. Novelli, *Trattato della Pittura di Leonardo*, n. 366, p. 127.

numerosissimi trattati rinascimentali sull'educazione dei fanciulli insistono sulla necessità che il bambino mantenga una sua dignità e non sciupi la sua grazia con movimenti goffi e inconsulti.[17] In essi accanto all'influenza della teorica per i novizi si coglie anche quella dell' *Institutio Oratoria* di Quintiliano; ce lo mostra chiaramente una pagina di Enea Silvio Piccolomini, scritta agli inizi del Quattrocento, che raccomanda al bambino compostezza e decoro, evitando gesti e atti che non possono piacere. Non si devono fare smorfie e scherzi sciocchi, bisogna tenere la testa diritta e le mani a posto, occorre evitare di guardar per terra e sedere composti:

> Bisogna fare in modo che i gesti corrispondano al sembiante, perché l'aspetto sia privo di difetti non storcere le labbra, non succhiare la lingua, non fingere di essere ubriaco, non imitare la parlata dei servi; la faccia non sia rovesciata, né gli occhi fissi a terra; la nuca non sia eccessivamente chinata, né le mani siano tenute goffamente; non si deve star dritti in modo sconveniente, né seduti in maniera scomposta; il movimento delle palpebre sia controllato.[18]

Sono parole che almeno in parte riprendono le raccomandazioni di Quintiliano all'oratore:

> Bisogna badare, perché l'aspetto sia privo di difetti, di non storcere le labbra, di non spalancare eccessivamente la bocca; la faccia non sia rovesciata, né gli occhi fissi a terra; la nuca non sia chinata, le sopracciglia né alzate né abbassate. Leccarsi o mordere le labbra è bruttissimo.[19]

È una proposta di comportamento che giungerà fino a Erasmo, che pubblicò tra il 1529 e il 1530 due libri sull'educazione dei fanciulli, *De pueris statim et liberaliter instituendis* e *De civilitate morum puerilium*, il secondo dei quali ebbe infinite edizioni e traduzioni, e apparve, ma anoni-

17. Ottavia Niccoli, *Il seme della violenza. Putti, fanciulli e mammoli nell'Italia tra Cinque e Seicento*, Roma-Bari, Laterza, 1995, pp. 94-97.

18. «Studendum est ut gestus formae respondeant, ut recta sit facies, ne labia detorqueas, ne linguam sugas, ne vitium ebrietatis effingas, ne servilem imiteris vernalitatem, ne supinus sit vultus, ne deiecti in terram oculi, ne inclinata utralibet cervix, ne inducte rustice manus, ne status indecorus, ne sessio irridenda; ciliorum motus apte retinendus»: Enea Silvio Piccolomini, *Tractatus de liberorum educatione*, in *Il pensiero pedagogico dell'umanesimo*, a cura di Eugenio Garin, Firenze, Coedizioni Giuntine Sansoni, 1958, p. 208.

19. «Necessarie observandum est, ut recta sit facies, ne labra detorqueantur, ne immodicus hiatus rictus distendat, ne supinus vultus, ne deiecti in terram oculi, ne inclinata cervix, neque elata aut depressa supercilia [...]. Labra lambere vel mordere deforme est»: *Institutio oratoria*, I, XV, 9.

mo, anche in italiano.[20] Anche Erasmo insiste sul rapporto imprescindibile tra l'interiorità e l'atteggiarsi del corpo, e si unisce alla diffusa deplorazione per il bambino che si esprima non con la parola, ma con tutto il corpo, faccia di sì e di no con la testa, oscilli le braccia di qua e di là, si dondoli sui piedi anziché star dritto, si abbandoni insomma a una vana *gesticulatio*:

> Crollando il capo negare cosa o chinandolo chiamare alcuno et accioché ogni particularità raccontando non vada con atti et con cenni favellare [...]. È costume non lodevole il debattere le braccia, fare atti con le dita, dimenare i piedi et brevemente parlare non con la lingua ma con tutto il corpo.[21]

Pochissimi anni dopo, anche Iacopo Sadoleto – all'epoca non ancora cardinale – compose un trattato *De pueris recte instituendis*, in cui sottolineava che il padre di famiglia avrebbe dovuto essere di esempio ai figli maschi non solo nell'ambito morale, ma anche nella gestualità, sopprimendo dal suo comportamento ogni inopportuna «celeritas», in favore di una studiata «gravitas», in modo che questa compostezza un po' severa degli atti del corpo, questo atteggiarsi «con una certa qual dignità»[22] si imprimesse nell'animo del bambino. Si trattava dunque di un principio saldamente radicato nel pensiero di chi aveva a cura il comportamento dei fanciulli, ma era previsto anche per quello degli adulti. Anche la Chiesa, infatti, soprattutto a partire dal tardo Cinquecento cercò di rimuovere dall'uso dei fedeli una gestualità giudicata scomposta, ma non senza difficoltà e fallimenti (ne parleremo ancora nel capitolo 12). Apprendiamo così dal trattato settecentesco sulle processioni del barnabita milanese Giuseppe Omobono Boni, per esempio, quanto fosse stato difficile eliminare dalle occasioni festive «choreas [...], incompositos [...] saltus, aliasque ludicras corporis gesticulationes» (balli, danze scomposte, e altre

20. Elias, *La civiltà delle buone maniere*, pp. 148-155; Silvana Seidel Menchi, *Erasmo in Italia. 1520-1580*, Torino, Bollati-Boringhieri, 1987, pp. 238-239, 431; Niccoli, *Il seme della violenza*, pp. 99-101 e 109-111.

21. «Rotato capite negare, aut reducto accersere, et ne persequar omnia, gestibus ac nutibus loqui [...] puerum minime decet. Illiberale est iactare brachia, gesticulari digitis, vacillare pedibus, breviter non lingua, sed toto corpore loqui», in Desiderio Erasmo, *De civilitate morum puerilium*, Anversa, apud Michaelem Hillenium, 1536, p. 45. La citazione nel testo è tratta dalla traduzione italiana anonima *Operetta utile del costumare i fanciulli portata di latino in volgare*, Modena, Antonio Gadaldino, s.d., c. 14v (non numerata).

22. Iacopo Sadoleto, *De pueris recte instituendis*, Parigi, Simon de Colines, 1534, c. 13r-v.

gesticolazioni ridicole del corpo).[23] Erano comportamenti che erano stati ben presenti nella pratica processionale nella primissima età moderna, ma che dopo il 1540, con l'affermarsi di una nuova idea di disciplina, vennero progressivamente censurati e repressi, sia pure a fatica, e non sempre con successo. Il secondo Cinquecento è particolarmente severo a questo proposito, e insiste con anche maggior forza sulla necessità per gli educatori – genitori, maestri, insegnanti di dottrina cristiana – di controllare e moderare in ogni circostanza la gestualità dei fanciulli; così un opuscolo anonimo pubblicato a Milano nel 1572 ad uso delle scuole di catechismo ammonisce i bambini che «quando si va alle processioni [...] vadino divotamente con gli occhi bassi per le strade, che non guardino né in qua né in là, né andar fora dell'ordine della compagnia, né cianciare, né rebutarsi l'uno all'altro».[24] Le parole «occhi bassi», che non a caso sono state scelte da Giovanni Pozzi come titolo per il suo saggio sulla formazione e l'attitudine del giovane monaco, ci dicono ancora una volta che a questa data una gestualità contenuta e composta è opportuna per tutti i fanciulli, non solo per i novizi.

Nello stesso anno l'agostiniano Andrea Ghetti da Volterra pubblicò un *Discorso sopra la cura et diligenza che debbono havere i Padri et le Madri verso i loro figliuoli* nel quale, ricalcando e ampliando la pagina citata sopra di Enea Silvio Piccolomini, insisteva anch'egli sulla compostezza che si deve insegnare ai bambini:

> Stiano dunque con la faccia dritta, non vadano storcendo le labbra, non facciano vedere la loro lingua mobile [...], non sia l'esser loro senza modesta gravità, né sia il seder loro con rozo costume et modo. Attendino ad un certo decoro nel movere le braccia et anco i piedi. Movino temperatamente gli occhi et il viso.[25]

La «modesta gravità» che, come suggeriva Andrea da Volterra, deve essere inculcata nei bambini è, da questo punto di vista, il frutto di un connubio straordinariamente significativo tra uno stile ecclesiastico e un contegno sociale radicato nella contingenza storica e nella tradizione

23. Giuseppe Omobono Boni, *De processionibus ecclesiasticis opus historico-theologico-canonicum*, Milano, Giovan Battista Bianchi, 1773, p. 56.

24. *Il modo e forma di far Orationi nelle Scuole de Putti, così delli huomini come delle donne. E d'andare alle Processioni* [...], Milano, Pacifico Pontio, 1572, c. A3r.

25. Andrea [Ghetti] da Volterra, *Discorso sopra la cura et diligenza che debbono havere i Padri et le Madri verso i loro figliuoli*, Bologna, Alessandro Benacci, 1572, c. 9r.

classica, finalizzato a costruire un modello ideale di modestia e compostezza. In termini non molto diversi, e amplificando a sua volta Erasmo, il senese Orazio Lombardelli descriveva minuziosamente pochi anni dopo la corretta gestualità del giovane bene educato, alla quale dedicava all'interno di un suo trattato sull'educazione dei fanciulli un intero capitolo, intitolato appunto *Come i giovani debbiano osservare il decoro ne' gesti e movimenti della persona.*[26] Per dare un'idea della puntigliosità delle istruzioni in proposito, scegliamo il passo che tratta del come ci si debba sedere:

> Sedersi con le mani sotto è bruttissimo, con le gambe sospese è nocivo; col battere i piedi è da paralitici o da infreddati, o da chi vuole accennar qualche persona; mettersi sopra in sedendo l'un piè sopra l'altro o sopr'un ginocchio non conviene, se non per infermità o necessità di far qualche lavoro di qualche arte; seder con le gambe larghe o incavicchiate, o col percuotere i piedi insieme è modo sconcio; il dimenarsi mentre si siede è disonesto; il volgersi in qua e in là senza posa è da fanciulli male avvezzi.[27]

Peter Burke, appuntando la sua attenzione sull'Italia della prima età moderna, ha rilevato come l'età della Controriforma abbia prodotto un accentuato contenimento della gestualità, almeno di quella non significante;[28] di questo contenimento il passo che abbiamo citato del Lombardelli, come pure del resto tutto il suo scritto, è un esempio clamoroso.

Insomma, abbiamo visto, e vedremo anche nelle pagine che seguono, che in ognuno degli ambiti toccati è percepibile un maggior controllo sui gesti, sin dal Rinascimento ma soprattutto a partire dalla metà del Cinquecento. Finora abbiamo ricordato, parlando del controllo dei gesti, dell'influenza della ideologia monastica e della tradizione classica e umanistica, con variabili significative tra gli inizi del XV e gli ultimi anni del XVI secolo; ma ora dovremo fare riferimento anche alla situazione politica italiana. Questo fenomeno, infatti, si è verificato nel tempo non solo per la pressione dell'ideologia della Controriforma, ma anche per la vittoria

26. Orazio Lombardelli, *Degli uffizi e costume de' giovani libri III*, Firenze, G. Marescotti, 1579, pp. 170-175.

27. Ivi, p. 170. Sui prelievi del Lombardelli da Erasmo cfr. Ottavia Niccoli, *Orazio Lombardelli*: '*Degli uffizi e costumi de' giovani*'. *Sopravvivenze erasmiane*, in *Erasmo, Venezia e la cultura padana nel '500,* a cura di Achille Olivieri, Rovigo, Minelliana, 1995, pp. 241-247.

28. Burke, *Il linguaggio dei gesti*, pp. 91-92.

della «gravità» spagnola sulla «leggerezza» francese,[29] dunque di una gestualità contenuta rispetto ad una più vivace. Che peraltro veniva viceversa considerata dall'editore e umanista francese Henri Estienne non nativa, ma frutto dell'influsso dei comportamenti gestuali dei cortigiani italiani al seguito di Caterina de' Medici. A causa di ciò i francesi «non hanno solo cambiato il modo di vestire, ma anche i gesti e il contegno» («n'ont pas seulement changé d'habits [...] mais aussi de gestes et de contenance»).[30] Questo singolare rovesciamento di prospettive ci fa comprendere come le modifiche comportamentali che vengono segnalate siano come un fiume che nel corso del Cinquecento straripa e dilaga per tutta l'Europa, sia pure con resistenze sensibili e frequenti, di cui le norme stesse ci danno indirettamente conto.

In ogni caso, sia in Italia che in Francia il mutare della gestualità risulta essere l'esito di un processo non solo letterario o del gusto, ma politico ed ecclesiastico. Dalla metà del Cinquecento lo sforzo della Chiesa di controllare rigorosamente il comportamento del cristiano in tutti i suoi aspetti (certo, senza necessariamente riuscirci) è ormai un fatto stabilito, e lo è anche l'influenza spagnola in Italia. In questo senso una prescrizione formale tendente a sopprimere una gestualità eccessiva, nei fanciulli come negli adulti, ci interessa in quanto è manifestamente l'esito di una acculturazione non solo ecclesiastica, ma anche politica, che vedendo prevalere la presenza e il potere degli spagnoli in Italia causa anche la diffusione della loro sobrietà nei moti del corpo e dei colori scuri negli abiti (l'abito nero di Carlo V impone il suo esempio). Del resto già Baldassar Castiglione contrapponeva favorevolmente nel *Cortegiano* la «gravità riposata peculiar dei spagnoli» alla «pronta vivacità, la qual nella nazion francese quasi in ogni movimento si conosce»,[31] che egli riteneva inadatta alla maniera italiana; e qualche pagina prima aveva fatto pronunziare a Federico Fregoso un'amara considerazione sulla smania degli italiani di accogliere le fogge straniere del vestire:

29. Cfr. Gian Luigi Beccaria, *Spagnolo e spagnoli in Italia. Riflessi ispanici sulla lingua italiana del Cinque e del Seicento*, Torino, Giappichelli, 1968, pp. 167-168; José Guidi, *'Vivacità' française et 'gravità' espagnole: la casuistique du comportement et son évolution dans le livre du Courtisan*, in *Problèmes interculturels en Europe (XVe-XVIIe siècles)*, Paris, Presses de la Sorbonne Nouvelle, 1998, pp. 105-114.

30. [Henri Estienne], *Deux Dialogues du nouveau Language François Italianizé...*, Ginevra, 1578, p. 187. Ma sul tema vedi anche, in generale, ivi, pp. 407-409.

31. Baldassarre Castiglione, *Il libro del Cortegiano*, a cura di Amedeo Quondam, Milano, Garzanti, 1981, p. 175.

> e chi si veste alla franzese, chi alla spagnola, chi vol parer tedesco [...] non so per qual fato intervenga che la Italia non abbia, come soleva avere, abito che sia conosciuto per italiano; che benché lo aver posto in usanza questi novi faccia parer quelli primi goffissimi, pur quelli forse erano segno di libertà, come questi son stati augurio di servitù, il quale ormai parmi assai chiaramente adempiuto.[32]

Insomma la presentazione corporea, nel suo duplice aspetto di abbigliamento e gestualità, non solo segnala l'origine nazionale e l'estrazione sociale, ma consente di cogliere anche l'orizzonte politico di un popolo e addirittura la perdita della sua indipendenza spirituale e politica. In realtà la moda di vestire alla spagnola era antecedente all'affermazione della potenza iberica in Italia: già il 19 novembre 1497 Marin Sanudo segnala con curiosità nei suoi *Diarii* l'arrivo del duca di Ferrara Ercole d'Este con gli uomini del suo seguito, «vestiti non chome prima a la francese, ma la più parte a la spagnola».[33] Ma certamente le modalità del buon comportamento che richiedevano un contegno e una postura gravi e posate furono anche il frutto dell'affermazione di un potere politico che ne suggeriva l'imitazione in ogni atto della vita quotidiana. Già nell'autunno 1515 lo percepiva bene, con acume ma anche con il suo consueto malumore, il cronista modenese Tommasino Lancellotti:

> Nota el vestire che uxa al presente tempo li soldati da pede e da cavale [...] questo vestire se domanda spagnolo, et siamo stati cusì bene tratati da' Francexi per li tempi pasati, che alora portavano le soe vestimente, che con le vestimente spagnole habiamo fato vignire li Spagnoli li quali se hano dato el nostro resto, e se Dio non ge provede siamo stati mal tratati da Francexi, Todeschi e Spagnoli e pegio siamo al presente da li Taliani vestiti ala spagnola, et [...] la Italia è tanto corota da questa gente barbara che in tute le cità de Italia la magior parte dele genti, et maxime li governi, tuti sono vestiti a quela fogia che il non se cognosi li Taliani dale gente barbare.[34]

Nel tempo, la vittoria della gravità spagnola sarebbe divenuta sempre più evidente nei trattati per l'educazione dei fanciulli e nelle regole di buona creanza che essi dovevano apprendere, ma venne associata alla virtù

32. Ivi, pp. 157-158.

33. Marino Sanuto, *Diarii*, I, Venezia, Visentini, 1879, col. 820. Cfr. Corinne Lucas, *Parure française et parure espagnole à la cour de Ferrare dans la première moitié du XVI*[e] *siècle*, in *Problèmes interculturels*, pp. 81-97.

34. Tommasino Lancellotti, *Cronaca modenese*, I, Parma, Fiaccadori, 1862, p. 186.

della modestia; la «modesta gravità», come abbiamo visto, rappresentava all'epoca il modello costante proposto ai ragazzi. Così l'influenza dell'età spagnola e quella dell'età tridentina si combinavano insieme, segnando di sé non solo le anime, ma anche i corpi, gli abiti e i gesti.

2. Riti e gesti del potere: qualche esempio

Come è stato scritto da un grande studioso, nel medioevo e in età moderna ogni storia del potere non può essere separata dalle sue basi rituali. È una affermazione che necessariamente coinvolge anche i rapporti fra il potere e i gesti; è impossibile qui trattare il tema tendendo ad una sia pur relativa completezza, mi limiterò quindi a qualche esemplificazione. Inoltre a questo punto si aggiunge una nuova questione a quelle menzionate in precedenza, che è il problema del rapporto tra gesti e rituale. Infatti queste due realtà, pur essendo legate tra loro, non possono essere appiattite l'una sull'altra: i rituali sono per loro natura eterodiretti e organizzati socialmente, seguono per così dire un copione, mentre questo non avviene per i gesti, esito spesso (non sempre) spontaneo di scelte personali, tranne quando fanno parte, appunto, di un rituale. Infatti ogni rituale è composto da molti elementi, e talora appunto da una serie ordinata di gesti,[1] che però nel presente contesto a noi interessano ciascuno per sé, nella sua specificità. In un rituale, invece, essi sono commisti e collegati a parole e comportamenti multiformi, in insiemi spesso di straordinaria complessità che richiedono un tipo di analisi diversa da quella qui tentata. Se paragoniamo il gesto a una nota musicale, il rituale è una melodia o addirittura, se particolarmente complesso, una sinfonia, in quanto spesso composto, come si diceva, di una molteplicità di gesti, di azioni, di parole, variamente articolati e che si sottraggono comunque alla spontaneità e sono spesso (anche se non necessariamente) avvolti da un'aura sacra.

1. «Body motion is a learned form of communication, which is patterned within a culture and which can be broken down into an ordered system of isolable elements»: Ray L. Birdwhistell, *Kinesics and Context. Essays on Body-Motion Communication*, Hardmondsworth, Penguins Books, 1973, p. XI.

Il rapporto comunque sussiste, in particolare per quanto attiene ai rituali che costruiscono e confermano un potere. Perciò per iniziare ad affrontare il problema dei gesti dobbiamo ricordare, sia pure in modo cursorio, le caratteristiche del linguaggio del rituale: esso – per usare le parole di David Kertzer – è «un comportamento simbolico ripetitivo e altamente standardizzato»;[2] è un elemento essenziale della vita del corpo sociale, creatore di realtà e di comunicazione,[3] ed è tale – per citare invece Edward Muir – da trasmettere messaggi assai più potenti ed efficaci di quelli verbali, perché i rituali evocano risposte emozionali.[4] Negli ultimi anni il tema è stato approfondito in particolare nella cultura storica, antropologica e sociologica tedesca, con un accentuato sforzo di teorizzazione e di categorizzazione. Peraltro, Barbara Stollberg-Rilinger, alla quale si deve il più recente contributo in quest'ambito, ha tentato di porsi su un piano differente rispetto agli antropologi sociali, rilevando che un unico rituale può avere diversi e molteplici significati a seconda della situazione, e quindi può essere collocato entro schemi molto differenti fra loro; perciò di necessità ogni classificazione in quest'ambito è puramente pragmatica.[5]

Queste osservazioni, pur non mettendolo in particolare evidenza, alludono ad un fatto fondamentale, ossia all'importanza dei singoli e peculiari contesti per comprendere a fondo le specificità e il significato di un rituale. Dobbiamo infatti ricordare che quello rituale è un linguaggio che ha una propria terminologia, una propria sintassi, proprie metafore; ma, come accade per ogni linguaggio, può esprimere contenuti di volta in volta diversi, che quindi vanno analizzati senza mai perdere di vista non solo le modalità con cui sono espressi, ma neppure le concrete situazioni in cui si pongono. Valgono in proposito le analisi di grande finezza e complessità di

2. David I. Kertzer, *Riti e simboli del potere*, Roma-Bari, Laterza, 1989, p. 18. Dell'amplissima bibliografia in argomento mi limito qui a ricordare i classici Bruce Lincoln, *Discourse and the Construction of Society. Comparative Studies of Myth, Ritual, and Classification*, Oxford, Oxford UP, 1989; Bell, *Ritual Theory, Ritual Practice*, e Muir, *Ritual in Early Modern Europe*.

3. Ilaria Taddei, Gilles Bertrand, *Introduction* a *Le destin des rituels. Faire corps dans l'espace urbain, Italie-France-Allemagne*, a cura di Gilles Bertrand e Ilaria Taddei, Roma, École Française de Rome, 2008, p. 4.

4. «Because rituals conjure emotional responses»: Muir, *Ritual in Early Modern Europe*, p. 2.

5. Barbara Stollberg-Rilinger, *Rituale*, Frankfurt, Campus, 2019, p. 44.

Maria Antonietta Visceglia, pubblicate ormai quasi vent'anni fa ma sempre attuali, e approfondite anche in seguito, lungo quasi un quarto di secolo, in una serie di lavori imperniati soprattutto (ma non solo) sui riti legati alla persona del pontefice.[6] Aprendo un libro importante sui rituali romani, Visceglia aveva appunto sottolineato la necessità primaria di «puntare sulla ricostruzione nei singoli contesti del carattere comunicativo del rituale», che dobbiamo ogni volta leggere come «un tentativo, peraltro non sempre efficace, di armonizzare le competizioni tra segmenti diversi del corpo politico, in una dinamica di scambi e in una realtà di permeabilità tra rituali urbani e di stato».[7]

Queste osservazioni sono particolarmente pertinenti al soggetto del libro citato, ma valgono in generale. Infatti l'azione rituale, che è ripetitiva e fortemente simbolica, tende a superare le differenze fra le diverse prospettive individuali per consolidare una identità collettiva;[8] quindi in ambito urbano tenta (non sempre con successo!) di riflettere il sistema sociale esistente contribuendo a rafforzarlo, anche grazie alle emozioni che provoca; all'interno di una realtà politica tende a creare solidarietà, pur senza produrre necessariamente consenso. Nei rapporti fra il sovrano e i sudditi vuole esprimere e costruire devozione, obbedienza, sottomissione; è essenziale nella gestione e nel rafforzamento dei legami politici, e in particolare, ma non solo, nella ricostruzione o nell'invenzione di tradizioni tese a sostenere o a creare una vera o presunta identità nazionale o locale.[9]

6. Maria Antonietta Visceglia, *Riti di corte e simboli della regalità. I regni d'Europa e del Mediterraneo dal Medioevo all'Età moderna*, Roma, Salerno, 2009; Ead., *Morte e elezione del papa. Norme, riti e conflitti. L'Età moderna*, Roma, Viella, 2013; Ead., *La Roma dei papi. La corte e la politica internazionale (secoli XV-XVII)*, a cura di Elena Valeri e Paola Volpini, Roma, Viella, 2018; Agostino Paravicini Bagliani, Maria Antonietta Visceglia, *Il Conclave; continuità e mutamenti dal Medioevo a oggi*, Roma, Viella, 2018. A queste ricerche si possono aggiungere almeno le due curatele *Cérémonial et Rituel à Rome (XVIe-XIXe siècle)*, a cura di Maria Antonietta Visceglia e Catherine Brice, Roma, École Française de Rome, 1997, e *Papato e politica internazionale nella prima età moderna*, Roma, Viella, 2013.

7. Maria Antonietta Visceglia, *La città rituale. Roma e le sue cerimonie in età moderna,* Roma, Viella, 2002, pp. 10, 20.

8. Jeffrey C. Alexander, Jason L. Mast, *Introduction: symbolic action in theory and practice: the cultural pragmatics of symbolic action*, in *Social Performance. Symbolic Action, Cultural Pragmatics, and Ritual*, a cura di Jeffrey C. Alexander, Bernhard Giesen e Jason L. Mast, Cambridge, Cambridge UP, 2006, p. 17.

9. Bell, *Ritual Theory, Ritual Practice*; Eric Hobsbawm, *Introduzione. Come si inventa una tradizione*, in *L'invenzione della tradizione* (1983), a cura di Eric J. Hobsbawm e Terence Ranger, Torino, Einaudi, 2002; Kertzer, *Riti e simboli del potere*, pp. 9-10.

Inoltre, all'interno della complessità dei rituali è possibile isolare alcuni gesti aventi un significato particolare; sono, con molti altri, «gesti efficaci», secondo la prospettiva discussa da Sergio Bertelli e Monica Centanni, in quanto ciascuno di essi rappresenta un atto costitutivo di realtà.[10] Basti pensare all'unzione con il sacro crisma dei re francesi e inglesi, di natura episcopale, che consentiva loro di praticare il tocco terapeutico delle scrofole oggetto dello straordinario e ancora, dopo quasi cent'anni, vivissimo libro di Marc Bloch.[11] Due gesti, l'unzione e il tocco, interni ai rituali della regalità francese e inglese e percepiti entrambi come *efficaci,* in grado di modificare la realtà, costitutivo il primo di una regalità a contenuto sacrale, espressione il secondo dei suoi effetti taumaturgici. Di come compiva il gesto Luigi XIV con il conseguente «consuetudinario prodigio», abbiamo una descrizione puntuale nel trattatello di Johann Jacob Zentgraff:[12] il re, steso un poco il braccio destro, toccava lievemente il volto che gli si offriva con un segno di croce, dicendo le parole «il re ti tocca, Dio ti guarisca». È una variante, rispetto al tradizionale «il re ti tocca, Dio ti guarisce», che con l'uso del congiuntivo sembra indicare un auspicio, una preghiera, più che una certezza: segno probabile di un attenuarsi della fiducia assoluta nel potere terapeutico della mano sacra del re.

Della credenza nella efficacia di questo gesto, di questa «fausse nouvelle» che si prolunga in Francia da Carlo VIII sino forse a Carlo X, Marc Bloch

> si è servito, con estrema abilità, come di un filo conduttore, o se si vuole di un sismografo sensibilissimo in grado di registrare con precisione ed eleganza un fenomeno capitale della storia europea come le vicissitudini del potere monarchico e delle ideologie ad esso connesse, dal medioevo all'età moderna.[13]

Non si potrebbero trovare parole più chiare ed efficaci per illustrare l'importanza dello studio di un gesto per seguire, attraverso di esso, un tema di fondamentale importanza per la storia europea. In questo caso, il carattere soprannaturale della potenza regale, dunque un elemento fondante dell'istituto monarchico, presente e vivo fino almeno al XVIII secolo.

10. Bertelli, Centanni, *Il gesto*, pp. 9-28.

11. Marc Bloch, *I re taumaturghi. Studi sul carattere sovrannaturale attribuito alla potenza dei re particolarmente in Francia e in Inghilterra* (1924), Torino, Einaudi, 1975.

12. Johann Jacob Zentgraff, *Disputatio prior de Tactu Regis Franciae quo Strumis laborantes restituuntur*, Wittenberg, Schrödter, 1675. pp. a4v-b1r.

13. Carlo Ginzburg, *Prefazione* a Bloch, *I re taumaturghi*, p. XIV.

La forza dei gesti e del rituale emerge anche dall'uso che ne fanno le rappresentazioni figurate, che ne evidenziano fasi e atti specifici: dunque gesti. Molti di essi all'inizio dell'età moderna vengono considerati tali da costruire, consolidare, erodere un potere di per sé; qui si tenterà di ricordarne solo alcuni, che si possono enucleare più chiaramente dai rituali di cui fanno parte. Ernst Gombrich ha ricordato che la raffigurazione artistica dei gesti è frequentemente basata sul ricordo di un rituale: dato che i rituali sono, in quanto tali, schematici e ripetitivi, si radicano facilmente nella memoria e nella consuetudine, finendo con il suscitare una sorta di eco concentrata in singoli atti. Lo storico austriaco ha esemplificato questa constatazione con tre casi peraltro strettamente legati tra loro e alla costruzione e conseguente esibizione del potere: il trionfo, la sottomissione e il giuramento feudale.[14] La formula convenzionale del trionfo vedeva il sovrano vittorioso calpestare il nemico sconfitto; ne cogliamo una eco già nel salmo 110, 1: «Siedi alla mia destra, finché io ponga i tuoi nemici a sgabello dei tuoi piedi». Una ulteriore traccia può essere colta nel cosiddetto *Avorio Barberini* conservato nel museo del Louvre (inizi del VI secolo; fig. 1): si tratta di una placca d'avorio che presenta al centro, scolpita in altorilievo, l'immagine di un imperatore a cavallo (probabilmente Giustiniano), incoronato dalla Vittoria. Tra le gambe del cavallo una piccola figura di donna simboleggia Gea, la Terra, come mostra il suo grembo ricolmo di messi, e con la mano destra sostiene il piede dell'imperatore, in segno di totale sottomissione. Ma tutta la placca è ricchissima di gesti assai espressivi: due angeli, in alto, presentano il Cristo che leva la mano benedicente; di lato, a sinistra, un soldato fa il gesto di indicare l'imperatore in trionfo; in basso, il genio della Vittoria presenta a sua volta i doni che i popoli vinti offrono all'imperatore. Fra essi, una corona, una zanna d'elefante, belve di paesi lontani.

Il gesto del trionfo sul nemico abbattuto si è perpetuato per mezzo delle immagini, ed è presente in modo esplicito ancora nell'arte rinascimentale: nella chiesa romana di Santa Maria sopra Minerva Filippino Lippi dipinse ad affresco una immagine di san Tommaso vincitore sull'eresia che calpesta il filosofo Averroè vinto e prostrato a terra (fig. 2). A questo gesto Gombrich collega per contrasto quello del vinto, che leva le mani per arrendersi e chiedere la misericordia del vincitore: è un gesto che ci è noto anche figurativamente, ed è l'atto della supplica e della preghiera in tutta l'antichità: in Assiria, a Babilonia, in Grecia, nel mondo ebraico, e, soprattutto nei primi secoli,

14. Gombrich, *L'immagine e l'occhio*, pp. 71-75.

anche in quello cristiano, perpetuato del resto fino ad oggi nella liturgia della messa.[15] Infine, l'atto di pregare a mani giunte deriva con ogni probabilità dal rituale feudale, nel quale il vassallo giurava fedeltà al suo signore ponendo le proprie mani tra le sue, e, prima ancora, dall'atto del vinto che porge al vincitore le mani perché siano legate. Una catena di rituali legati ai temi della vittoria, della sconfitta, della sottomissione ha dunque generato a sua volta una catena di gesti che, altamente spiritualizzati, arrivano sino a noi. Partirò da qui per ricordare altri gesti, risalenti all'antichità o al mondo medievale, ma fortemente radicati anche nel periodo che ci interessa e dotati, come quelli menzionati da Gombrich, di una forte esemplarità. Si tratta di alcuni gesti rituali collegati in varia forma anch'essi alla presa del potere, alla sua esibizione, alla lotta per mantenerlo, alla sua perdita.

Innanzitutto ricordiamo rapidamente alcuni elementi del cerimoniale dell'ingresso papale ereditati dal medioevo; infatti nella complessità dei rituali che venivano agiti tra la morte del pontefice e la intronizzazione del suo successore è possibile identificare alcuni gesti definibili come tali in senso proprio. Sono gesti ancora ben vivi nel Rinascimento e in parte anche in seguito, seppure con qualche modifica; hanno inoltre una loro specificità, in quanto coinvolgono il triplice potere del pontefice, vescovo di Roma, capo della Chiesa universale, e sovrano dei suoi stati.[16] Si tratta del bacio al piede del papa, del lancio di monete durante il corteo d'ingresso, e infine dell'atto di lasciar cadere la Torah durante l'incontro con la comunità ebraica. Tre gesti fortemente significanti, che nel loro insieme sanzionano il ruolo sacrale del pontefice e quello di sovrano terreno nei suoi rapporti con le diverse fasce dei suoi sudditi. Si potrebbe supporre una loro immobilità, ma in realtà essi si evolvono.[17] Quindi nelle loro sfumature seguono le variabili esigenze dei rapporti tra il papa e le varie figure del mondo ecclesiastico romano, in principal modo il collegio cardinalizio; e, soprattutto nella seconda metà del Cinquecento, si adattano alle prospettive della della politica estera pontificia.

15. Franz Cumont, *Il Sole vindice dei delitti ed il simbolo delle mani alzate*, Città del Vaticano, Tip. poliglotta Vaticana, 1923; Giuseppe Cocchiara, *Il linguaggio del gesto* (1932), Palermo, Sellerio, 1977, p. 54; Richard Brilliant, *Gesture and Rank in Roman Art. The Use of Gestures to Denote Status in Roman Sculture and Coinage*, New Haven, Connecticut Academy of Arts and Sciences, 1963, pp. 15, 67; Barasch, *Giotto and the Language of Gesture*, p. 56.

16. Visceglia, *La città rituale*; Paravicini Bagliani, Visceglia, *Il Conclave*.

17. Marina Caffiero, *La maestà del papa. Trasformazioni dei rituali del potere a Roma tra XVIII e XIX secolo*, in *Cérémonial et Rituel à Rome*, pp. 295-302.

Conosciamo la complessa gestualità per l'intronizzazione del pontefice prevista già nel XII secolo, che richiedeva da parte dei cardinali la *proskynesis* di derivazione bizantina e il bacio del piede del neoeletto, segno di venerazione, ma anche di piena e totale sottomissione.[18] Secondo la tradizione, l'atto sarebbe iniziato con Costantino, ed è sancito nel 1075 dal IX *Dictatus Papae* di Gregorio VII («Quod solius papae pedes deosculentur»: che solo i piedi del papa vengano baciati), volendo dunque affermare la superiorità del pontefice rispetto a qualsiasi altra potenza terrena.[19] Nel volgere del tempo la cerimonia si fece più complessa, e al bacio del piede si aggiunsero quelli della mano e del volto, utilizzati anche nei riti di accoglienza dei nuovi cardinali;[20] si tenga presente che nel secondo Cinquecento il gesto del baciamano si era particolarmente affermato in Spagna come segno di subordinazione (Filippo III al suo ingresso in Madrid nel 1598 lo ricevette da tutti gli ufficiali della città), e si è supposto fosse di significato vassallatico o di origine musulmana.[21] Teoricamente la cerimonia del bacio del piede era intesa a onorare Cristo, di cui il papa era vicario, e che era considerato il reale destinatario dell'atto in luogo del corpo del pontefice (tanto che per esplicitare questo sottinteso dalla fine del Trecento la pantofola papale venne ornata da una croce).[22] La fama dell'atto si diffuse divenendo quasi un luogo comune di bassa adulazione; racconta Henri Estienne nel 1578 che in Francia c'era chi diceva «non *Vi bacio le mani*, ma *Vi bacio la scarpa*. Perché molti oggi dicono così, in modo tanto scorretto quanto sciocco e adulatorio».[23]

18. Paravicini Bagliani, Visceglia, *Il Conclave*, pp. 80-81. Cfr. anche Maria Antonietta Visceglia, *Guerre e riti di pacificazione: le spedizioni di Giulio II a Bologna nelle pagine del cerimoniere del papa (1506-1512)*, in *Città in guerra: Bologna nelle "Guerre d'Italia"*, a cura di Gian Mario Anselmi, Angela De Benedictis, Bologna, Minerva Edizioni, 2008, p. 96 e nota 39, p. 104 e nota 64.

19. Teodoro De Giorgio, *Il piede del papa. Il bacio della sacra pantofola tra Medioevo ed età moderna: origine, significato e nuove prospettive d'indagine iconografica*, in «Annali della Scuola Normale Superiore di Pisa. Classe di Lettere e Filosofia», serie 5, 11/2 (2019), p. 583 (ma vedi tutto l'articolo, pp. 581-599).

20. Kristoffer Nyrop, *Storia del bacio*, Roma, Donzelli, 1995, pp. 73-76; Paravicini Bagliani, Visceglia, *Il Conclave*, p. 122; Visceglia, *La Roma dei papi*, pp. 46-49.

21. Visceglia, *Riti di corte,* pp. 111-112.

22. De Giorgio, *Il piede del papa*, p. 588.

23. «Non pas *Je vous baise la main* […], mais *Je vous baise l'escarpe*. Car plusieurs disent ainsi auiourdhuy, parlans aussi incorrectement que sottement et flateusement»: [Estienne], *Deux Dialogues*, p. 407.

S'intende perciò che nel corso del XVI secolo, e poi nel XVIII, si infittirono le critiche da parte riformata nei riguardi di un atto giudicato idolatrico, di origine orientale e pagana, e, in risposta, le difese degli eruditi di parte pontificia.[24] Alla fine dell'età moderna il gesto venne a complicarsi ulteriormente nella fase del rito che si svolgeva all'interno della chiesa di San Pietro, in quanto venne introdotta una serie di varianti che intendevano significare ritualmente l'obbedienza delle categorie che vi partecipavano. Così i cardinali baciavano la mano del papa, i patriarchi e i vescovi il piede, infine, i penitenzieri, i conservatori e i nobili romani la mano, il piede e il ginocchio. Atti tutti questi che esprimevano rispettivamente l'accettazione della regalità, la venerazione, e, per quel che attiene il bacio al ginocchio, una richiesta di clemenza.[25]

Anche al di fuori del rituale dell'ingresso papale, l'obbligo dei sovrani di baciare la pantofola papale poté divenire uno strumento della politica pontificia, in quanto variamente giocato. Così il suo significato di umiliazione del potere imperiale durante l'incontro di Bologna del 1530 poté essere fortemente attenuato e modificato in altro senso dalle parole di Clemente VII che ci sono giunte in una lettera di Lutero. Questi scrisse a Nikolaus von Amsdorf il 18 aprile 1530 di aver saputo da un testimone «mirabilia» sull'incontro tra il papa e l'imperatore; e fra l'altro, che

> dopo il bacio ai piedi, il papa disse: 'Mi perdoni la tua Maestà, contro la mia volontà ho sopportato che mi venissero baciati i piedi, ma il cerimoniale lo impone'. Allora Cesare si genuflesse al suo fianco, e il papa baciò di nuovo più volte Cesare sulla mascella.[26]

Benché si tratti di una fonte di seconda mano, riportata da Lutero con qualche ironia (che intuiamo in particolare a proposito di quella «mascella», che era notoriamente deforme), possiamo ritenere il suo racconto veridico

24. Caffiero, *La maestà del papa*, pp. 295-302; Ead., *Religione e modernità in Italia (secoli XVII-XIX)*, Pisa-Roma, ISPI, 2000, pp. 78-84; Paravicini Bagliani, Visceglia, *Il Conclave*, pp. 123-124; De Giorgio, *Il piede del papa*, p. 588.

25. Come ha dimostrato Mario Sbriccoli seguendo una intuizione di Sergio Bertelli: Mario Sbriccoli, *La benda della giustizia. Iconografia, diritto e leggi penali dal Medioevo all'età moderna*, in Id., *Storia del diritto penale e della giustizia. Scritti editi e inediti (1972-2007)*, II, Milano, Giuffré, 2009, pp. 205-207.

26. «Osculatis autem pedibus, dixit papa: 'Veniam det mihi Celsitudo Tua, invitus passus sum osculari pedes meos, sed lex ceremoniarum ita cogit'. Tunc Caesar genuflexit a latere eius, papa rursus Caesarem osculatus in maxilla saepius», in *Luthers Briefe*, a cura di Hanns Rückert, Berlin, Walter de Gruyter & Co, 1966, p. 246.

e assai interessante. Percepiamo nelle parole di Clemente VII il senso della cogenza non mercanteggiabile della «lex ceremoniarum», ma, nello stesso tempo, si può cogliere nel racconto di Lutero la possibilità che questi gesti formali fossero agiti in forma diversa e con diverse finalità. In questo caso il rito, spezzato da parole estranee al cerimoniale, si era trasformato in uno scambio di gesti amicali, funzionale alla necessità del buon accordo tra papa e imperatore, a sua volta motivata dalle reciproche richieste. Del tutto diverso quanto accadde quarant'anni dopo, il 5 marzo 1570, nei riti dell'incoronazione granducale di Cosimo I di Toscana; a lui venne imposto di portarsi al soglio pontificio a capo scoperto, di baciare il piede del papa Pio V, di giurargli obbedienza e devozione, e poi, dopo l'incoronazione, di baciargli nuovamente il piede e infine il volto.[27] Il rituale venne rigidamente osservato, e quindi questo complesso di gesti si confermava nel suo significato di stabilimento e conferma del potere pontificio: un potere costruito nella sua immagine, e di conseguenza anche nella sua realtà. Rispetto alle forme in cui si manifestava questo potere supremo, l'incoronazione di Cosimo rischiava di presentarsi come un investimento vassallatico; e d'altra parte le sue modalità, che comportavano scelte nelle precedenze fra Francia e Spagna, costituivano un elemento importante della politica estera papale.[28]

Le modifiche del contesto culturale ed ecclesiastico nella Roma dei papi emergono nel primo Cinquecento dalla evoluzione in senso trionfale della cerimonia dell'entrata papale, e, nella seconda metà del secolo, dal suo voluto contenimento in segno di austerità. Un altro dei gesti previsti dal rituale medievale era il lancio per tre volte, sulla folla degli astanti, di una manciata di monete; per ricordare che il denaro ricevuto non era per sé, il papa neoeletto diceva «Argentum et aurum non est mihi ad delectationem, quod autem habeo, hoc tibi do» (l'argento e l'oro non li ho per il mio piacere, ma quel che ho te lo do). Si trattava di una citazione non solo interpolata, ma anche fortemente modificata nel significato, di *Atti*, 3, 6: «Non possiedo né argento né oro, ma quel che ho te lo do: nel nome di Gesù Cristo il Nazareno, cammina!». Dove ciò che Pietro offriva allo storpio della Porta Bella non era il denaro che non aveva, ma la guarigione in nome di Cristo, dunque, sostanzialmente, la fede. Il gesto pontificio aveva ovviamente un senso tutto diverso: nell'intenzione, voleva affermare la propria condizione di rifiuto spirituale di una ricchezza comunque pos-

27. Visceglia, *La città rituale,* pp. 120-121.
28. Ivi, pp. 218-219.

seduta. Ma vide nel tempo sbiadire fino a cancellarsi questo significato, che apparve addirittura capovolto per l'ingresso di Leone X. In quell'occasione non più tre manciate di monete, ma «due sportoni pieni di denari» vennero sparsi «hora in qua, hora in là a tutto il populo» da un chierico a cavallo che seguiva il baldacchino papale.[29] L'antico significato del gesto di povertà spirituale si era completamente dissolto, trasformandosi in una esibizione di magnificenza che proprio per la sua larghezza ne capovolgeva il senso originario.

Come si può immaginare, la possibilità di raccogliere le monete che venivano lanciate suscitava tafferugli, anche violenti; pare che nel 1555 quaranta persone siano rimaste uccise nella ressa.[30] Anche per questo, e per dare una tonalità più austera all'ingresso pontificio, il rito fu abolito da Pio V nel 1566, e i papi della Controriforma preferirono offrire quel denaro alle istituzioni caritative romane (nel 1572 Gregorio XIII diede 15.000 scudi in elemosine).[31] Era una scelta che non diminuiva, anzi accentuava il ruolo sovrano del pontefice, ma con una tonalità differente che risentiva delle radicali trasformazioni della politica e della vita religiosa europea dei precedenti cinquant'anni.

Un altro momento importante del rito del possesso, compiuto dal papa neoeletto a cavallo o in portantina, si aveva quando al nuovo sovrano veniva reso omaggio dalle diverse categorie della popolazione con il canto delle *Laudes*, che acclamavano, insieme al Cristo vincitore, anche il suo vicario, secondo una pratica già presente nella liturgia carolingia per onorare un sovrano. Si intendeva così sottolineare le strette correlazioni esistenti fra il mondo trascendente e quello terreno.[32] Dunque a partire dal XII secolo troviamo che tra le altre categorie anche gli ebrei cantano i loro omaggi al pontefice neoeletto,[33] e li vediamo all'ingresso di Callisto II unire le loro

29. Giovanni Giacomo Penni, *Chronica delle magnifiche et honorate pompe fatte in Roma per la creatione et incoronatione di papa Leone X. Pont. Opt. Max.*, Roma, Marcello Silber, 1513, p. 394, cit. in Visceglia, *La città rituale*, p. 69.

30. Martine Boiteux, *Parcours rituels romains à l'époque moderne*, in *Cérémonial et rituel*, p. 35 (in generale sulla ritualità processionale romana cfr. tutto il saggio, pp. 27-87).

31. Ivi, p. 35.

32. Ernst H. Kantorowicz, *Laudes Regiae. A Study in Liturgical Acclamations and Mediaeval Ruler Worship*, Berkeley-Los Angeles, California UP, 1958, p. 14.

33. Cfr. Adriano Prosperi, *Incontri rituali: il papa e gli ebrei*, in *Gli ebrei in Italia*, a cura di Corrado Vivanti, Torino, Einaudi, 1997, I, pp. 497-520; Paravicini Bagliani, Visceglia, *Il Conclave*, pp. 94-96 e 139-140.

voci a quelle dei latini e dei greci, in mezzo a schiere di bambini che agitano rami d'olivo.[34] C'era anche un incontro dei loro rappresentanti con il corteo papale, che a partire dal possesso di Sisto IV (1471) sappiamo avveniva al ponte di Castel Sant'Angelo, dove era stato spostato dal precedente sito di Monte Giordano «propter insolentiam quae a Romanis et aliis fiebat Judaeis», per le offese che i romani e altri presenti alla scena facevano agli ebrei.[35] Questa volontà di protezione almeno formale del popolo giudaico verrà largamente ad attenuarsi dalla metà del Cinquecento; e a partire dal 1664 la scena dell'omaggio degli ebrei al papa si svolgerà invece presso l'arco di Tito, con ovvio significato di umiliazione per l'amaro ricordo della conquista di Gerusalemme, che veniva imposto dalle immagini degli ebrei prigionieri e della Menorah strappata al tempio distrutto e portata in trionfo nel corteo imperiale.[36]

Nel corso dell'incontro gli ebrei porgevano al papa un rotolo della Torah, spesso splendidamente decorato (la versione offerta nel 1405 a Gregorio XII si presentava in rotoli dorati avvolti in un velo),[37] chiedendogli che volesse confermare e approvare la loro legge. La risposta era rigidamente formalizzata: sappiamo che Giulio II rispose com'era sul libretto («respondit, prout in libello»), e anche Leone X la lesse sul libro che gli veniva porto dall'aiutante del cerimoniere Paride Grassi.[38] In essa il papa approvava la legge mosaica, ma ne condannava l'interpretazione, perché il Messia atteso dagli ebrei era già venuto nella persona del Cristo.

Della scena abbiamo una precisa rappresentazione che, pur riguardando l'ingresso trionfale in Roma dell'imperatore Enrico VII nel 1312, possiamo considerare una raffigurazione adeguata anche dell'incontro degli ebrei con il papa. Nell'immagine presente in un codice di poco posteriore all'evento, vediamo che l'imperatore a cavallo si protende a cogliere l'estremità di un rotolo il cui capo è fra le mani di un ebreo: è la Torah che gli viene offerta e che egli accetta.[39] Esattamente lo stesso rituale avveniva nel

34. Francesco Cancellieri, *Storia de' solenni possessi de' Sommi Pontefici*, Roma, Luigi Lazzerini, 1802, pp. 9-10.

35. Ivi, p. 49.

36. Boiteux, *Parcours rituels*, pp. 40-41.

37. *Iacobi Angeli de Scarperia Epistola ad Eman. Crisoloram*, Firenze, 1743, p. 87, riportato in Cancellieri, *Storia de' solenni possessi*, p. 36.

38. Ivi, pp. 58 e 64.

39. Martine Boiteaux, *Violences rituelles: Juifs et Chrétiens dans la Rome Pontificale*, in *Le destin des rituels*, pp. 194-195 e tav. 1.

corso del possesso papale; ma la sua conclusione appariva contraddittoria rispetto alle parole di almeno parziale accettazione del pontefice. Sappiamo infatti che Innocenzo VII, dopo aver risposto come da prassi, prese il rotolo della Torah e se lo gettò dietro la spalla sinistra; e anche Sisto IV «tunc se buttò dreto alle spalle la dicta loro bibia, et passò oltre». Analogamente, il cronista Giovanni Giacomo Penni, che assisté all'incontro di Leone X con gli ebrei, scrisse che il papa, dopo aver pronunziato le parole rituali «lassandosi caschare il libro in terra sequitò il suo camino».[40] Un gesto di grande disprezzo, apparentemente; peraltro Adriano Prosperi osserva che in esso l'atto di rifiuto si associava alla pratica del saccheggio rituale di oggetti preziosi da parte degli astanti, proprio della circostanza,[41] e Martine Boiteux rileva che la Torah – il Pentateuco – è in realtà sacra anche per i cristiani, e si potrebbe quindi supporre che il gesto non intendesse significare cancellazione, ma collocazione nel passato dell'antica Legge per lasciar posto alla nuova.[42] In effetti, "gettarsi qualcosa dietro le spalle" significa considerarlo superato, e questo era appunto il senso delle parole del pontefice. Non è improbabile che il gesto unisse in sé questi diversi significati; certo per gli ebrei presenti aveva una valenza forte di umiliazione.

In tutto il rito del possesso lo stretto collegamento originario tra liturgia e politica si andò progressivamente risolvendo in una presa di potere che marcava il ruolo supremo dei papi e la diversa condizione dei loro sudditi. Ma un altro rito, agito non dal pontefice, ma contro di lui e da parte della popolazione, poteva rovesciare simbolicamente questa affermazione di potere sovrano. Era la distruzione delle statue raffiguranti i papi, che si verificò ripetutamente dopo la loro morte, in periodo dunque di sede vacante: i casi attestati sono diversi, ma vale la pena ricordare in particolare lo scempio della statua dell'odiato Paolo IV (1559), e soprattutto due gesti compiuti su di essa. La statua venne decapitata, strascinata per la città, insozzata di immondizie e di sterco, gettata nel Tevere; alla testa – tuttora conservata nel museo di Palazzo Venezia – venne imposto dagli ebrei un berretto giallo e le vennero troncati il naso e le orecchie (fig. 3).[43] I due

40. Paravicini Bagliani, Visceglia, *Il Conclave*, pp. 94-96; Prosperi, *Incontri rituali*, pp. 500-501, 505, 509.

41. Ivi, p. 503.

42. Boiteaux, *Violences rituelles*, p. 195.

43. Ottavia Niccoli, *Rinascimento anticlericale. Infamia, propaganda e satira tra Quattro e Cinquecento*, Roma-Bari, Laterza, 2005, p. 133; Visceglia, *Morte e elezione del papa*, pp. 71-73.

gesti, l'imposizione del berretto giallo e il troncamento del naso, avevano un preciso significato di infamia: il giallo era per antonomasia colore infamante, utilizzato spesso per i segni imposti agli ebrei e alle prostitute, e che fossero gli ebrei stessi a imporlo al pontefice morto (poiché l'immagine si identificava con la persona) costituiva un evidente rituale di rovesciamento, rispetto alla reclusione e alle tante altre vessazioni che il papa aveva imposto loro, a partire dalla bolla *Cum nimis absurdum* del 12 luglio 1555. Quanto poi al troncamento del naso, era un atto che intendeva significare che l'offeso aveva così "perduto la faccia" e dunque l'onore:[44] era attraverso i gesti che i sudditi del papa, ebrei e cristiani, tentavano di ristabilire un sia pur relativo equilibrio nei loro rapporti con un potere giudicato iniquo.

Usciamo ora dagli stati della Chiesa e portiamoci nei territori della Repubblica di Venezia, cambiando completamente prospettiva per considerare un gesto di tutt'altra sorta, che peraltro rientra anch'esso nelle dinamiche del potere. Il 23 dicembre 1517 Bartolomeo Martinengo, conte di Villachiara grazie alle sue benemerenze d'armi per Venezia nella guerra della Lega santa, scrisse al letterato veronese Onofrio Bonnunzio che da otto giorni apparivano nella campagna presso Verdello, nel Bergamasco, bande di fantasmi armati che avrebbero cominciato a battersi dopo che il re che capeggiava una delle due schiere era stato visto «cavarsi el guanto di ferro, e gitarlo a l'aera», dando così inizio a una violentissima battaglia. Il luogo delle presunte apparizioni era non lontano dal sito in cui si era svolta nel 1509 la battaglia di Agnadello, perduta dai veneziani; la vicenda, assai complessa, può essere messa in relazione in primo tempo con la diffusione nell'Italia settentrionale del mito dell'esercito furioso, che prevedeva appunto il ritorno dei soldati morti in battaglia sul terreno in cui avevano perduto la vita; in una seconda fase, il racconto della vicenda ebbe una utilizzazione politica ai fini della lotta contro il Turco.[45] Ma ciò che ora ci interessa è quest'unico gesto del gettare il guanto per dare inizio a una battaglia, sia pure una battaglia di spettri. Nel racconto di queste fantastiche apparizioni – che a quanto raccontavano i testimoni si prolungarono per molti giorni, suscitando l'attenzione di Francesco Guicciardini e del papa

44. Sul taglio infamante del naso cfr. Valentin Gröbner, *Losing Face, Saving Face: Noses and Honour in the Late Medieval Town*, in «History Workshop Journal», 40 (1995), pp. 1-15.

45. Cfr. Ottavia Niccoli, *Profeti e popolo nell'Italia del Rinascimento*, Laterza, Roma-Bari 1987, pp. 89-121.

Leone X – filtrava infatti un elemento agli inizi del Cinquecento ancora rispondente a realtà, cioè la consuetudine di dichiarar battaglia con il gesto di gettare o porgere un guanto, spesso insanguinato.

Possiamo supporre che l'uso dipendesse dalla tecnica procedurale del duello ordalico normata nel 1306 da Filippo il Bello, per la quale l'accusatore doveva esporre al giudice le sue ragioni, dichiarando che per provarle non aveva che il suo corpo. Quindi gettava il guanto – simbolo del corpo dello sfidante, e forse della mano che colpiva con uno schiaffo infamante il volto dello sfidato – e attendeva che l'avversario lo raccogliesse; seguiva lo scontro.[46] Le testimonianze italiane in proposito fra il XIV e l'inizio del XVI secolo sono molto numerose in relazione alle guerre fra signorie locali e capitani di ventura; mi limiterò a ricordarne alcune. Il 24 luglio 1343 i signori collegati dell'Emilia si muovono contro le truppe di Filippino Gonzaga, «e giunti in campo [...] mandaronsi reciprocamente il guanto insanguinato a segnale di battaglia», che peraltro non si fece;[47] nel 1417 Braccio da Montone, che assediava Castel Sant'Angelo in cui era rinchiuso il vicario pontificio Jacopo Isolani, fu sfidato a battaglia da Francesco Sforza che gli inviò «sopra una lancia il guanto insanguinato».[48] Nell'ottobre 1452, e poi ancora nel novembre 1453, Francesco Sforza sfidò a battaglia campale Gentile da Leonessa, governatore di Brescia, e lo fece inviando con un araldo e un trombettiere un guanto insanguinato in punta di lancia.[49]

L'uso si mantenne, a quanto pare, sino ai primi del Cinquecento. Nell'aprile 1509 Luigi da Porto descrive in una lettera ad Antonio Savorgnan la dichiarazione di guerra a Venezia da parte del re di Francia: un araldo come «segno della disfida [...] gettò ai piedi del duce un guanto insanguinato»;[50] e nel 1512 lo stesso da Porto informa il suo corrispondente che prima della battaglia di Ravenna «mandò monsignor Foix a don Rai-

46. Marco Cavina, *Il duello giudiziario per punto d'onore. Genesi, apogeo e crisi nell'elaborazione dottrinale italiana (sec. XIV-XVI)*, Torino, Giappichelli, 2003, pp. 51-52.

47. Salvatore Muzzi, *Annali della città di Bologna dalla sua origine al 1796*, vol. III, Bologna, pe' tipi di S. Tommaso d'Aquino, 1840, pp. 206-207; cfr. anche ivi, pp. 533, 542.

48. August von Platen, *Storia del Reame di Napoli dal 1414 al 1443*, Napoli, A. Detken, 1864, p. 49.

49. Bernardino Corio, *Storia di Milano*, III, Milano, F. Colombo, 1857, pp. 239-240, e inoltre, per un altro caso, p. 250; Sandro Bassetti, *Erasmo Gathamelata. 1370-1443*, Cologno Monzese, Lampi di stampa, 2012, pp. 250-253.

50. Luigi da Porto, *Lettere storiche [...] dall'anno 1509 al 1528*, a cura di Bartolommeo Bressan, Firenze, Le Monnier, 1857, p. 35.

mondo di Cardona lo insanguinato guanto della battaglia».[51] La battaglia di Ravenna, come sappiamo, fu l'ultima battaglia combattuta in Italia con pretese cavalleresche; e anche per questo si concluse con una spaventosa carneficina di fanti e cavalieri: «Murì la nubilitado de França», scrisse il cronista modenese Andrea Todesco.[52] Il massacro era stato in parte causato dai colpi dell'artiglieria di Alfonso d'Este diretti sui saioni scintillanti d'oro della nobiltà francese, mentre lo stesso Alfonso con maggior prudenza «era vestito di bianco non da signor, però scapoloe».[53] La pericolosa magnificenza dei nobili uccisi, che aveva significato per essi una morte più facilmente incontrata, era legata ad una immagine cavalleresca dell'arte delle armi, che possiamo cogliere nel presentarsi sul campo di battaglia con abbigliamenti più adatti a un torneo, e anche in quella modalità tradizionale di sfidare l'avversario con il getto del guanto insanguinato. La storia di questo gesto, e del suo successivo tramonto al di fuori del duello per punto d'onore, lascia trasparire così un aspetto delle forme della guerra nel Rinascimento e la loro radicale trasformazione. Nello stesso tempo, grazie ai trattatisti che mettono a punto le regole del duello menzionando l'uso antico di sfidare l'avversario con un guanto e non con un cartello, entriamo nel mondo delle leggi cavalleresche e dell'ideologia nobiliare del tardo Cinquecento.[54] Il gesto, se scrutato con attenzione, ci dice molto di più di quel che potremmo supporre.

È quanto possiamo verificare anche allontanandoci dall'Europa. Spostiamoci ora nel mondo americano della Conquista spagnola per cogliere un altro gesto legato all'idea del trionfo sul vinto, e che anzi per così dire ne è la metafora e la sintetizza brutalmente. Come hanno scritto Carmen Bernard e Serge Gruzinski, sottolineando l'importanza della considerazione che segue,

> questa esperienza americana fu all'origine di una gigantesca opera di duplicazione che consistette nel riprodurre sul suolo americano istituzioni, leggi,

51. Ivi, p. 302.

52. Andrea Todesco, *Annali della città di Modena 1501-1547*, Modena, Panini, 1979, p. 5; cfr. Ottavia Niccoli, *Voci, scritture, stampe per la battaglia di Ravenna*, in *1512. La battaglia di Ravenna, l'Italia, l'Europa*, a cura di Dante Bolognesi, Ravenna, Longo editore, 2014, p. 232.

53. Marino Sanuto, *I diarii*, XIV, Venezia, Visentini, 1886, col. 122.

54. Cfr. Girolamo Muzio, *Il duello del Mutio iustinopolitano, con le risposte caualleresche*, Venezia, Gabriele Giolito de' Ferrari, 1563, c. 27v; Fausto da Longiano, *Duello* [...] *regolato à le leggi de l'honore*, Venezia, Valgrisi, 1551, p. 151.

> credenze e pratiche dell'Europa medievale e moderna, non senza adattamenti e rimaneggiamenti talvolta anche di rilievo [...]. Questo laboratorio della modernità che fu l'America ispanica ci offre uno specchio della nostra storia, uno specchio che, proprio in quanto deformante, può veramente illuminarci.[55]

Particolarmente rilevante fu il trapianto del rituale ecclesiastico, e specialmente di quello processionale, nell'America meridionale, e in particolar modo nel Messico e nel Vicereame del Perù, in cui ormai si mescolavano indios, spagnoli e meticci: erano gli «autos de fé» dell'Inquisizione, prontamente introdotta nelle colonie, e soprattutto le grandi processioni del Corpus Domini, espressione di una religiosità collettiva e plurietnica.[56] Sappiamo che nelle città europee della prima età moderna questi riti, insieme religiosi e civili, avevano una importanza dominante; i due aspetti erano strettamente uniti e come tali dobbiamo considerarli.[57] Infatti le processioni del Corpus Domini riprendevano la simbologia paolina della Chiesa come corpo formato di molte membra, e quindi esibivano le varie componenti della vita cittadina secondo un ordine e una gerarchia spesso soggetti a discussione, ma altrettanto spesso ampiamente condivisi. Di conseguenza, quella processionale era probabilmente la modalità privilegiata di espressione pubblica tra tardo medioevo e prima età moderna, almeno sino al XVII secolo;[58] e che venisse trapiantata in ogni territorio oggetto di attività missionaria rispondeva ai criteri di cristianizzazione che valorizzavano in primo luogo quella dei gesti e dei moti del corpo.[59]

Inoltre la connotazione ideologica nella Spagna della Controriforma della processione del Corpus Domini come vittoria sull'eresia rende ben comprensibile che questa ritualità venisse importata nei territori d'oltremare,

55. Carmen Bernard, Serge Gruzinski, *Dell'idolatria. Un'archeologia delle scienze religiose*, Torino, Einaudi, 1995, p. 4.

56. Serge Gruzinski, *La colonizzazione dell'immaginario. Società indigena e occidentalizzazione nel Messico spagnolo*, Torino, Einaudi, 1994, p. 247.

57. Cfr. Ottavia Niccoli, *Processioni: ritualità pubblica nelle città italiane della prima età moderna*, in *Una nuova Santa Rosa. Il recupero del culto fra Quattro e Cinquecento*, a cura di Eleonora Rava, Viterbo, Sette città, 2021, pp. 169-186.

58. Kathleen Ashley, *Introduction: the Moving Subjects of Processional Performance*, in *Moving Subjects. Processional Performance in the Middle Ages and the Renaissance*, a cura di Kathleen Ashley e Wim Hüsken, Amsterdam-Atlanta, Rodopi, 2001, p. 10.

59. Così anche nel Giappone di fine Cinquecento: Carla Tronu, *The post-Tridentine parish in the port-city of Nagasaki*, in *Catholic Missionaries in Early Modern Asia. Patterns of Localisation*, a cura di Nadine Amsler, Andreea Badea, Christian Windler, Bernard Heyberger, Abingdon - New York, Routledge, 2020, p. 84.

dove poté essere promossa non solo per le sue valenze religiose, ma anche e soprattutto per la sua capacità di trasmettere l'ordine e le gerarchie dello spazio pubblico europeo, e anche le relative possibili conflittualità.[60] Appariva quindi particolarmente utile trasportarla nei territori della Nuova Spagna: e già Colombo, e poi Cortés, credettero di verificare che "anche uomini nudi" sapevano usare le processioni per rappresentare l'ordine della società.[61] La festa ebbe grande fortuna in Perù anche presso gli indigeni, perché coincideva cronologicamente con il solstizio d'estate, favorendo l'identificazione dell'ostia con il sole che gli inca celebravano in quell'occasione.[62]

Così la memoria del contrasto tutto ispanico tra cristiano di "sangre limpio" e "moro infidel" venne tradotta in danze rituali, inserite anche nel rito processionale, che mimavano un combattimento fra questi due personaggi, e che sottintendevano in qualche modo una allegoria della Conquista. Di una battaglia rituale fra giovani figli di *curaca* travestiti da arabi abbiamo anche una raffigurazione nella *Nueva Corónica y Buen Gobierno* di Guamán Poma de Ayala;[63] come abbiamo una magnifica documentazione figurativa dei riti processionali del Corpus Domini a Cuzco negli ultimi decenni del Seicento in una serie di sedici tele di grandi dimensioni dipinte nelle botteghe artigiane della città andina.[64] Non abbiamo invece immagini contemporanee di una processione del Corpus Domini tenuta sempre a Cuzco verso la metà del XVI secolo, presumibilmente il 6 giugno 1555, anche se uno studioso ha ritenuto di ritrovarne la memoria in una delle sedici tavole di cui sopra.[65]

60. Il riferimento è a Serge Gruzinski, *El Corpus Christi de Mexico en tiempo de la Nueva España*, in *Celebrando el cuerpo de Dios*, p. 152, cit. in Francesca Cantù, *Ideologia politica e simbolismo religioso: la Monarchia cattolica e la rappresentazione del potere nella Cuzco vicereale*, in *I linguaggi del potere nell'età barocca*, I, *Politica e religione*, a cura di Francesca Cantù, Roma, Viella, 2009, pp. 431-432. Ma vedi tutto il saggio, pp. 421-456.

61. Richard C. Trexler, *Aztec Priests for Christian Altars: the Theory and Practice of Reverence in New Spain*, in *Scienze, credenze occulte, livelli di culture*, Firenze, Olschki, 1982, p. 182.

62. Antoinette Molinié, *Introducción* a *Celebrando el Cuerpo de Diós*, a cura di Antoinette Molinié, Lima, Pontificia Universidad Católica del Perú, 1999, pp. 18, 20.

63. Cantù, *Ideologia politica e simbolismo religioso,* p. 432 e fig. 5 a p. 433.

64. Cfr. ivi, pp. 440-452, nonché le 17 figure fuori testo a colori presentate al termine del saggio.

65. Luis Arana Bustamante, *Un incidente en la vida de Francisco Chilche, kuraka del Valle de Yucai (1555)*, in «Investigaciones sociales», 13 (2009), pp. 171-186. Il riferimento è alla tavola 5 (*Il ritorno della processione alla cattedrale*) della serie menzionata alla nota

Ne abbiamo in ogni modo un racconto. Prima di partire per la Spagna, lo scrittore meticcio Garcilaso Inca de la Vega poté assistere al rito, e poté vedere il potente *curaca* della valle di Yucay, Francisco Chilche, salire con gli uomini dell'etnia *cañari*, alla quale apparteneva, verso il tabernacolo dell'eucarestia posto in posizione elevata. Scrive Garcilaso con sapiente uso del *suspense* che egli avanzava «muy disimulado, cubierto con su manta, y las manos debajo della» (molto circospetto, coperto con il mantello, tenendo le mani sotto di esso). Ma giunto in cima, davanti al tabernacolo, Chilche rialzò improvvisamente il mantello e sollevò con la mano, tenendola per i capelli, una «cabeça de indio contrahecha»,[66] una testa d'indio deformata e rimpicciolita. Il gesto suscitò l'orrore e l'indignazione di alcuni nobili inca presenti e il rimprovero e la minaccia di severi castighi da parte del *corregidor*.

Francisco Chilche è un personaggio di qualche rilievo nella storia della conquista del Perù. Ne parla a lungo Nathan Wachtel nella *Visione dei vinti*,[67] sia pure senza fare riferimento a questo episodio, e ne fa un protagonista della destrutturazione economica e culturale del Perù sotto la dominazione di Francisco Pizarro. Entrato abusivamente in possesso di vastissimi territori grazie all'amicizia di Pizarro, Chilche aveva infatti sostituito l'antico sistema dell'*ayllu* e della reciprocità con quello della clientela. Il rapporto di favore che egli aveva mantenuto con gli spagnoli era stato facilitato dalla sua appartenenza all'etnia *cañari* già suddita degli inca e quindi ad essi avversa; questa inimicizia venne coltivata da Pizarro per rafforzare il potere spagnolo, e aveva avuto una occasione di esplodere già vent'anni prima, in un episodio dell'ottobre 1536 che vede ancora come protagonista Francisco Chilche, e che è la premessa di quello che abbiamo appena narrato.

Chilche infatti conservava quella testa dall'epoca dell'assedio condotto tra il 1536 e il 1537 contro gli spagnoli asserragliati in Cuzco dall'esercito dell'imperatore inca Manco Inca Yupanqui. Racconta Garcilaso che dopo cinque mesi di assedio, dunque nell'ottobre 1536, poiché la situazione non si risolveva, un nobile inca propose di affrontare in duello personale

precedente. Il caso è ricordato brevemente anche da Molinié, *Introducción* a *Celebrando el Cuerpo de Diós*, p. 16.

66. Garcilaso Inca de la Vega, *Historia Generál del Perù*, Madrid, Oficina réal, 1722, l, VIII, cap. 1, p. 464. Cfr. Arana Bustamante, *Un incidente*, pp. 178-179.

67. Nathan Wachtel, *La visione dei vinti. Gli indios del Perù di fronte alla conquista spagnola*, Torino, Einaudi, 1977, *ad indicem* e soprattutto pp. 184-187. Sulle prime fasi della vita di Chilche cfr. Arana Bustamante, *Un incidente*, p. 175.

qualcuno degli spagnoli. Ma nessuno di essi volle accettare, considerando l'avversario troppo inferiore per dignità e onore secondo le leggi della cavalleria, anzi, «por parecerles poquedad y bajeza» (per sembrargli gente bassa e dappoco). Allora Chilche chiese licenza di combattere per conto degli spagnoli come loro campione; e gli fu concesso. Scese dunque in campo con una lancia e un'ascia, e dopo un lungo combattimento «uccise l'altro con un colpo di lancia nel petto, e gli tagliò la testa, e, afferrandola per i capelli, andò dagli spagnoli; da cui fu ben ricevuto, come la sua vittoria meritava».[68] Quindi l'atto di tenere per i capelli il capo reciso del nemico ucciso era un gesto di trionfo e una richiesta di ricompensa ai nuovi padroni – poiché i vecchi padroni inca erano stati sconfitti, grazie anche al suo intervento.

Questa dunque la necessaria premessa del rituale del 1555, e anche della fortuna di Chilche. Ma allontaniamoci per un momento dal Perù coloniale, al quale potremo tornare fra breve. Il gesto del vincitore di afferrare per i capelli il capo del vinto, sottolineato ripetutamente da Garcilaso, è stato a suo tempo isolato da Aby Warburg che lo definì come *Griff nach dem Kopf* (afferrare dalla testa): questo il titolo che egli aveva assegnato appunto a un pannello dell'atlante figurativo *Mnemosyne* che intendeva costruire.[69] Il nodo interpretativo individuato da Warburg per questa tipologia di immagini era quello del trionfo antico e della sottesa superiorità del Lapita sul Centauro nelle metope del Partenone, del nobile soldato romano sul barbaro della Dacia nella colonna Traiana, della Virtù sul Vizio nelle illustrazioni della *Psicomachia* di Prudenzio, e, portandoci nell'Italia del Rinascimento, del soldato sul paggio che sta per uccidere nella *Battaglia di Eraclio e Cosroè* di Piero della Francesca; di Giuditta su Oloferne nella statua di Donatello; di Pallade sul Centauro nel quadro omonimo di Botticelli (fig. 4); di Perseo su Medusa nel bronzo di Cellini; infine, di Davide su Golia nella tela di Caravaggio (fig. 5). Erano immagini «espressione di un'ideologia di potere»[70]

68. «Mató al otro de una lançada que le dió por los pechos, y le cortó la cabeça, y, asiéndola por los cabellos, se fue a los españoles con ella, donde fue bien recibido, como su victoria lo merecía», in Garcilaso Inca de la Vega, *Historia Generál del Perù*, l, II, cap. 25, p. 100. Cfr. Arana Bustamante, *Un incidente*, p. 175.

69. Cfr. in argomento Claudia Cieri Via, *"Griff nach dem Kopf". Vincitori e vinti. Sopravvivenza di un* topos *antico nell'età moderna*, in *La storia e le immagini della storia. Prospettive, metodi, ricerche*, a cura di Matteo Provasi e Cecilia Vicentini, Roma, Viella, 2015, pp. 15-36.

70. Ivi, p. 21.

e anche, alcune di esse, della vittoria dello spirito sulla forza bruta. Chilche non poteva certo conoscere questa tradizione, ma dobbiamo ricordare che a farci questo racconto è Garcilaso, ormai bene addentro alla cultura umanistica europea. Abbiamo dunque due piani narrativi da tenere presenti: quello della relazione del poeta e scrittore meticcio Garcilaso e quello degli eventi di cui Chilche era stato protagonista. Paradossalmente, il primo piano ci dà maggiori certezze del secondo; ma in ogni modo possiamo considerare sicuro il nucleo del racconto e così pure l'indignazione dei nobili inca presenti prima al duello del 1536 e poi alla processione del 1555. Cogliamo nelle due parti della vicenda il gioco di ruolo svolto da Chilche come rappresentante dell'etnia *cañari* tra gli inca e gli spagnoli, e comprendiamo bene la funzione che ebbe nell'asservimento del Perù alla Spagna l'inimicizia fra le popolazioni locali ad esso preesistente.

Ma c'è ancora un punto che va a mio parere sottolineato. Mentre nel 1536 Chilche aveva esibito la testa dell'inca agli spagnoli, nel 1555 sembra offrirla come un tributo alla stessa divinità presente nell'eucarestia. Egli infatti la innalza come un trofeo davanti al tabernacolo. Con ciò rende onore al nuovo dio importato dagli spagnoli e pretende di farsi in qualche modo interprete della realtà peruviana sorta dalla Conquista e della nuova fede che vi era stata trasmessa. Il suo gesto anticipava in qualche modo, senza saperlo, quello di Filippo II che nell'antiporta dell'opera a lui dedicata da Luis Cabrera de Córdoba innalza la spada contro i nemici della sua fede, avendo accanto a sé la Fede che reca in mano il calice e l'ostia, e quindi collegando la vittoria sul nemico al culto eucaristico.[71] Non ci resta dunque che tornare alle parole citate sopra di Bernard e Gruzinski sull'America ispanica, che possiamo considerare come «uno specchio della nostra storia, uno specchio che, proprio in quanto deformante, può veramente illuminarci».

71. Cantù, *Ideologia politica e simbolismo religioso*, fig. 3 a p. 425.

3. Gesti iconici, gesti narrativi

Cambiamo ora totalmente prospettiva, e avviciniamoci a un altro ambito della vita sociale fra tardo medioevo e prima età moderna in cui la rilevanza dei gesti si può cogliere con grande evidenza: mi riferisco al loro ruolo nelle forme della vita religiosa. Qui ci aiuteranno sia le immagini che le parole, ma soprattutto le immagini. Dovremo essere ben consapevoli che le fonti figurate vanno utilizzate con criteri diversi rispetto a quelle letterarie e documentali, ma cercheremo, quando sarà possibile, di rapportare le une alle altre.

Come è stato detto, «il corpo religioso è un vasto campo di studio».[1] Si tratta di un ambito che certamente riguarda le norme fisiche dell'orazione liturgica, ma concerne anche le modalità della preghiera personale. L'uomo in preghiera, ha scritto Michel de Certeau volendo significare la ricchezza e la varietà possibile dei suoi atteggiamenti, è «un albero di gesti», un fitto intreccio di atti diversi del corpo.[2] Infatti la preghiera può essere non solo verbale o mentale, ma, come scriverà il giurista veronese Giovanni Bonifacio agli inizi del Seicento, gli uomini devono sapere che si può «con Dio ragionare non solo con le parole, ma ancho con religiosi cenni».[3] Numerose, scriveva più o meno negli stessi anni François de Sales, possono essere

1. «Le corps religieux est un vaste domaine d'étude», Jacques Gélis, *Le corps, l'Église et le sacré*, in *Histoire du corps*, I, *De la Renaissance aux Lumières*, a cura di Georges Vigarello, Paris, Seuil, 2005, p. 19 (il saggio peraltro non tocca gli aspetti corporei della preghiera); J.C. Lasagne, *Le corps dans la prière*, in *Dictionnaire de Spiritualité, Ascétique et Mystique*, XII/2, Paris, Beauchesne, 1986, coll. 2339-2347.

2. Michel de Certeau, *L'homme en prière, cet arbre de gestes*, in Id., *La faiblesse de croire*, Paris, Seuil, 1987, pp. 13-24.

3. Bonifacio, *L'arte de' cenni*, p. 500.

le modalità con cui si prega: tenendo le mani incrociate sul busto, oppure giunte, o anche sovrapposte; talvolta stando in piedi, talaltra in ginocchio, ora su un ginocchio, ora sull'altro.[4]

In ogni caso, si trattava di gesti importanti, basati più o meno consapevolmente sull'idea, di cui abbiamo già parlato, del rapporto strettissimo fra le posture del corpo e i sentimenti dell'anima. Non solo le prime sono un indizio dei secondi, ma i secondi, in base alla lunga tradizione monastica di cui si è parlato nel capitolo 1, possono essere un prodotto delle prime. Ciò significava che la gestualità e l'atteggiarsi del corpo divenivano molto importanti in ogni situazione di preghiera o di meditazione che prevedeva quindi un contatto intimo del fedele con il mondo soprannaturale, in quanto questo contatto poteva essere facilitato da una disposizione delle membra che favorisse l'allontanamento dai pensieri mondani e una maggiore concentrazione sul rapporto tra sé e il divino. Così nell'Italia e nell'Europa tra medioevo e Rinascimento l'idea era che il cammino verso Dio, concernendo l'uomo nella sua integrità, anima e corpo, fosse fatto anche di gesti e di prossimità fisica; infatti già nel XIII secolo Tommaso da Celano aveva scritto di san Francesco che «de toto corpore fecerat linguam», di tutto il suo corpo aveva fatto una lingua.[5] Nello specifico, il riferimento era alla predicazione del santo, ma denunciava comunque l'esigenza che la corporeità avesse una parte nella vita di fede. È un'esigenza, quella del rapporto tra il corpo e la devozione, che nel periodo preso in esame troviamo ripetutamente sottolineata, e che suscita molte domande, in quanto la gestualità e l'atteggiarsi del corpo divenivano molto importanti in ogni situazione di preghiera o di meditazione.

È stato quindi sottolineato l'aspetto pluridimensionale della preghiera, che prevede uno stretto collegamento tra la mente, la voce e i gesti.[6] Nell'Italia e nell'Europa tra Quattrocento e primo Cinquecento si ritiene che l'uomo nella sua interezza debba essere impegnato a lodare Dio, e dunque è bene che anche il suo corpo sia coinvolto in questo compito. Come scrive nel 1535 il domenicano Vincenzo Giaccaro, dovremo «dedicar qualche parte del tempo suo [della preghiera] nel quale anche corporalmente la vita

4. Cit. in de Certeau, *L'homme en prière*, p. 18.

5. *Vita prima sancti Francisci assisiensis*, 2, 4, 97, cit. in Pozzi, «*Occhi bassi*», p. 94.

6. Carlo Delcorno, *Pietà personale e di famiglia nella predicazione quattrocentesca*, in «Quaderni di storia religiosa», 8 (2001), pp. 117-146 (p. 122). Cfr. anche in proposito Nicole Bériou, *Introduction*, in *Prier au Moyen Âge. Pratiques et Expériences (v^e-xve siècles)*, a cura di Nicole Bériou, Jacques Berlioz e Jean Longère, Turnhout, Brepols, 1991, pp. 9-15.

nostra sia occupata nel servizio corporeo di Dio; poiché anche il nostro corpo è di Dio».[7] Ciò può avvenire per mezzo della voce, ed a questo si riferiscono le parole del Giaccaro – ma non soltanto. Infatti, aveva osservato un secolo prima Jean Gerson, si prega talvolta

> senza che si veda all'esterno; altre volte si manifesta con sospiri, gemiti, lamenti, lacrime, segni di rimorso, torcendosi le mani, alzando gli occhi al cielo, battendosi il petto, con suoni inarticolati e gridi senza parole, come fanno i bambini e le bestie quando hanno male; oppure si prega con orazioni composte da altri.[8]

I gesti stessi possono dunque essere considerati una preghiera, in quanto esprimono l'avvicinamento dell'anima a Dio anche di chi non si eleva al disopra delle condizioni, entrambe infime, dell'infante e dell'animale sofferente. Ovvero possono aiutare la preghiera, come suggeriva Ludovico Barbo, che raccomandava all'orante di giungere le mani per stimolare una devozione più intensa.[9] Certo, si trattava di comportamenti che potevano essere valutati negativamente, in quanto, avvertiva Savonarola, potevano avere significato non buono («torcere il collo [...], gridare, e gemere, e molti altri atti di ipocrisia»);[10] ma in ogni modo, l'insistenza ripetuta su di essi conferma l'attenzione che è necessario porgere, in questo come in altri casi, agli aspetti concreti, alle forme materiali, anche corporee, dell'espe-

7. Vincenzo Giaccaro, *Enchiridio christiano qual è specchio della sincera vita christiana et vero magisterio di riformar se stesso in ogni grado di persone al puro stato evangelico*, Venezia, Piero Nicolini da Sabio per Lucantonio Giunti, 1538, c. 80r. La prima edizione dell'operetta è del 1535; il suo significativo titolo erasmiano venne corretto prudentemente in alcune delle successive ristampe, che elidevano le parole «Enchiridio christiano». Sul personaggio cfr. Dagmar von Wille, *Giaccari (Giaccaro, Zaccari), Vincenzo* in *Dizionario Biografico degli Italiani*, Roma, Istituto dell'Enciclopedia italiana, vol. 54, 2000, pp. 89-91.

8. Jean Gerson, *La mendicité spirituelle*, in *Oeuvres complètes*, a cura di Palémon Glorieux, Paris, Desclée, VII, 1966, pp. 236-237.

9. Cit. in Paul Saenger, *Prier de bouche et prier de coeur. Les livres d'heures du manuscrit a l'imprimé*, in *Les usages de l'imprimé*, a cura di Roger Chartier, Paris, Fayard, 1987, p. 207.

10. Girolamo Savonarola, *Trattato in defensione e commendazione dell'orazione mentale*, in *Operette spirituali*, a cura di Mario Ferrara, Roma, Belardetti, 1976, I, p. 163. Cfr. Adriana Valerio, *Il "ruminare dell'anima": la preghiera in Girolamo Savonarola*, in *Savonarola e la mistica*, a cura di Gian Carlo Garfagnini, Firenze, Edizioni del Galluzzo, 1999, pp. 13-22.

rienza religiosa[11]. Paradossalmente, si potrebbe dunque dire che l'attività dell'orante rappresenta, per usare ad altro proposito una espressione di Robert Darnton, «a multimedia system»[12] di comunicazione con Dio, attraverso la voce, gli occhi, la mente, gli atti corporei; un sistema che prevede l'eventualità, ma non l'inevitabilità, di associare fra loro diverse di queste capacità e attitudini da parte di chi si propone di pregare. Chi prega può farlo con la mente e la voce, o con gli occhi e la mente, o solo con i gesti, o ancora in altri modi.

Consideriamo una tipologia di immagini esemplari a questo riguardo, le raffigurazioni di san Giovanni "recumbens" sul petto di Gesù. Le incontriamo sia nelle rappresentazioni dell'ultima cena, sia, soprattutto, come gruppo scultoreo a sé, assai frequente nel tardo medioevo soprattutto nel mondo monastico tedesco (fig. 6). Il loro significato originario, basato su un testo di sant'Ambrogio, intendeva sottolineare che il gesto aveva consentito all'apostolo di attingere i segreti del cuore del Signore: «giaceva sul petto di Cristo, il suo capo si colmava di un certo qual mistero di sapienza».[13] Successivamente questa immagine, nella sua fisicità, divenne un topos della letteratura mistica, in quanto voleva simboleggiare l'unione nuziale dell'anima con lo Sposo divino, dunque il raggiungimento dell'esperienza mistica.[14] Ed è quindi con una immagine intensamente fisica che veniva espresso il culmine della attività di preghiera.

La tipologia dei gesti di preghiera a cui possiamo fare riferimento è complessa. Come si è già ricordato, in ambito europeo (e non solo) il gesto prioritario e più antico di preghiera, in particolare nel mondo ebraico e nel cristianesimo primitivo, era quello delle braccia alzate a mani aperte,

11. William Keenan, Elisabeth Arweck, *Introduction: Material Varieties of Religious Expression*, in *Materializing Religion. Expression, Performance and Ritual*, a cura di Elisabeth Arweck e William Keenan, Aldershot, Ashgate, 2006, pp. 1-20; Jennifer Kolpacoff Deane, *Medieval Domestic Devotion*, in «History Compass», 11 (2013), pp. 65-76.

12. Robert Darnton, *An Early Information Society News and the Media in Eighteenth-Century Paris*, in «American Historical Review», 105 (2000), p. 30.

13. «In Christi pectore recumbebat [...] eius caput [...] arcano quodam sapientiae replebatur»: Ambrogio, *De incarnationis dominicae sacramento*, 4, 29 (Patrologia latina 16, col. 861).

14. Sebastian Merkle, *Die Ambrosianische Tituli*, in «Römische Quartalschrift für Christlische Christentumskunde und für Kirchengeschichte», 10 (1896), pp. 204-205, 214; Hans Belting, *Il culto delle immagini. Storia dell'icona dall'età imperiale al tardo Medioevo*, Roma, Carocci, 2001, pp. 508-510; Ottavia Niccoli, *Vedere con gli occhi del cuore. All'origine del potere delle immagini*, Roma-Bari, Laterza, 2011, pp. 101-103.

nell'atto del vinto che chiede misericordia (o, se vogliamo, dell'invocazione al sole levante),[15] che è stato poi formalizzato anche all'interno della liturgia della messa.[16] Ma a partire dal XII secolo vediamo profilarsi il ruolo onnipresente della mano[17] nell'espressione corporea e anche nella preghiera, che all'epoca e in seguito troviamo ampiamente sottolineato, nel mondo dell'orazione e anche al di fuori di esso. Come scriverà secoli dopo con grande efficacia Emanuele Tesauro:

> Parlano le mani tutto ciò che la lingua sa dire, e l'arte sa fare; tutte le dita sono alfabeti; tutto il corpo è una pagina sempre apparecchiata a ricever nuovi caratteri, e cancellarli.[18]

Ancora più avanti nel tempo Gotthold Lessing commenterà così la gestualità intensamente emotiva del gruppo scultoreo del Laocoonte, «nulla dà più espressione e vita del movimento delle mani; specialmente nella passione, il volto più eloquente è insignificante senza di esse».[19] Tornando al ruolo della mano nella preghiera, il suo emblema può essere esemplarmente colto nelle mani giunte disegnate da Dürer, che rappresentano in qualche modo la sigla dell'attività orante. Come abbiamo visto nel precedente capitolo, l'origine di questo gesto è stata spiegata come una eco del rituale feudale, nel quale il vassallo giurava fedeltà al suo signore ponendo le proprie mani tra le sue; ma probabilmente la sua fortuna è dovuta anche all'influsso dell'ordine francescano.[20] Il gesto nel tempo ha modificato il suo significato, divenendo segno di obbedienza e totale abbandono a Dio, e infine si è trasformato nell'adesione spontanea ad una ritualità ormai completamente interiorizzata.

In ogni caso la raffigurazione dei gesti di preghiera, in particolare nell'arte del Rinascimento, presenta fortemente il problema del rapporto tra immagine e realtà. Infatti possiamo chiederci se queste differenti posizioni e atti, se raffigurati, rappresentino «un espediente espressivo» avente un valore innanzitutto retorico, se sono meri *topoi*, come diceva Gertrud

15. Cocchiara, *Il linguaggio del gesto*, pp. 54-57.
16. Barasch, *Giotto and the Language of Gesture*, p. 56.
17. André Chastel, *Le geste dans l'art*, Paris, Liana Levi, 2001, p. 30.
18. Tesauro, *Il cannocchiale aristotelico*, p. 25.
19. Gotthold Ephraim Lessing, *Laocoonte*, a cura di Michele Cometa, Palermo, Aestetica, 1991, p. 44.
20. Gombrich, *L'immagine e l'occhio*, pp. 74-75; Chastel, *Le geste dans l'art*, p. 30; Barasch, *Giotto and the Language of Gesture*, pp. 57-61.

Bing, oppure se corrispondono a una consuetudine reale e se giovano a farci entrare nella temperatura emotiva della raffigurazione sacra. Proviamo a controllarne le diverse gradazioni utilizzando qualche esempio dell'arte del Rinascimento.

Per iniziare, possiamo immaginarci di salire le scale del convento di San Marco a Firenze, di percorrerne i corridoi e di entrare nelle celle un tempo abitate dai frati. Ciascuna di esse, come sappiamo, negli anni intorno al 1440 è stata arricchita nella sua nuda semplicità da un affresco di fra' Giovanni da Fiesole, che conosciamo con il nome di Beato Angelico. Con ogni evidenza, in molte di esse era intervenuta la collaborazione degli aiuti, e fra gli altri, probabilmente, quella di Benozzo Gozzoli; ma il progetto generale del ciclo e l'ideazione iconografica di ognuno di quegli affreschi erano certamente del maestro, che in essi aveva inteso proporre all'attenzione dei confratelli momenti della vita e soprattutto della passione di Cristo.[21]

Sappiamo che lo scopo di questa serie di immagini non era solo decorativo, ma eminentemente didattico e di avviamento alla preghiera, sia mentale che corporea. A quanto sembra, il pittore si muoveva sulla scia di un trattato illustrato di metà Duecento, intitolato *De modo orandi*, che mostra i nove diversi gesti di preghiera di san Domenico, costantemente raffigurato in orazione davanti a un crocifisso (figg. 7a, 7b).[22] Nel trattato il santo mostrava così di adeguarsi al principio già esposto sopra, secondo il quale la gestualità era intesa come un modo di pregare, potendo manifestare l'innalzamento dell'anima a Dio. Gli stessi gesti illustrati in alcuni codici del *De modo orandi* appaiono riprodotti negli affreschi dipinti in San Marco per i novizi, il cui carattere pedagogico emerge con particolare evidenza. In ognuna delle loro otto celle è infatti rappresentato san Domenico davanti al crocifisso, nell'atto di pregare in una delle posture illustrate nel trattato: inchinandosi profondamente, prostrato a terra, flagellandosi, genuflesso, in piedi, allargando le braccia o solo le mani, giungendole al

21. Magnolia Scudieri, *Il ciclo affrescato nel convento di San Marco a Firenze*, in *Beato Angelico. L'alba del Rinascimento*, a cura di Alessandro Zuccari, Giovanni Morello e Gerardo de Simone, Milano, Skira, 2009, pp. 109-123.

22. Jean-Claude Schmitt, *Between Text and Image: the Prayer Gestures of Saint Dominic*, in «History and Anthropology», 1 (1984), pp. 127-162; William Hood, *Fra Angelico at San Marco. Art and the Liturgy of the Cloistered Life*, in *Christianity at the Renaissance. Image and Religious Imagination in the Quattrocento*, a cura di Timothy Verdon e John Henderson, Syracuse - New York, Syracuse UP, 1990, pp. 108-131; Id., *Fra Angelico at San Marco*, New Haven-London, Yale UP, 1993.

petto, alzandole al cielo, infine, a sedere leggendo. Il nono gesto, quello di pregare camminando, non poteva ovviamente essere realizzato nel chiuso della cella. I giovani apprendisti della vita conventuale potevano così ispirarsi alla gestualità che veniva loro proposta per l'orazione, imitandola.

Ma anche gli affreschi destinati alle celle dei consacrati avevano uno scopo didattico e devoto. In ciascuna scena sacra, o almeno nella maggior parte di esse, era raffigurato anche un santo domenicano in vari atteggiamenti; la sua presenza valeva come esortazione e invito all'abitante della cella a riprodurne la gestualità e a unirsi a lui per partecipare al sacro evento raffigurato. Gli affreschi si offrivano così ai frati come apprendimento dei gesti dell'orazione e occasione di meditazione, suggerendo a chi soggiornava nella cella di sentirsi presente alla scena sacra, anzi figurandosi di parteciparvi attivamente, secondo una modalità di immaginazione devota che ha una lunga storia e che rimarrà viva sino agli *Esercizi spirituali* di Ignazio di Loyola. Le immagini, in questo caso come in genere nelle raffigurazioni a soggetto sacro, avevano il compito di consentire ai frati di compiere quell'«esercizio devozionale della memoria»[23] con il quale ogni fedele deve ripercorrere personalmente le tappe della storia della salvezza, e dunque in primo luogo quelle della vita e della passione di Cristo.

Infatti, in tutte le celle i gesti raffigurati hanno un valore che non può dirsi descrittivo, anche se il fatto di riferirsi a un episodio della vita del Salvatore li rende delle narrazioni, ma è piuttosto enunciativo e retorico, quasi di conferma di quanto è già noto per altre vie. Dunque l'espressione «Bibbia dei poveri» a proposito delle immagini è stata oggetto di un malinteso, e se i predicatori davano alle immagini uno scopo di insegnamento, era soprattutto per evitare l'accusa di favorirne l'adorazione: così Michele Carcano in un sermone pubblicato nel 1492.[24] In realtà, già un testo greco del VII secolo avvertiva che lo scopo delle immagini non è quello di informare, bensì di richiamare alla memoria dei fedeli gli episodi della vita di Cristo, che si suppongono già conosciuti, per proporli alla loro meditazione.[25]

23. Michele Bacci, *"Imaginariae repraesentationes": l'iconografia evangelica e il pio esercizio della memoria*, in *Iconografia evangelica a Siena dalle origini al Concilio di Trento*, a cura di Id., Siena, Monte dei Paschi, 2009, pp. 9-10. In argomento cfr. già Daniel Arasse, *Entre dévotion et culture: fonctions de l'image religieuse au XVe siècle*, in *Faire croire. Modalités de la diffusion et de la réception des messages religieux du XIIe au XVe siècle*, Roma, École Française de Rome, 1981, pp. 131-146.

24. Baxandall, *Pittura ed esperienze sociali*, pp. 52-53.

25. Bacci, *"Imaginariae repraesentationes"*, p. 9.

È appunto quanto cogliamo prendendo in esame alcune di queste scene, per esempio quella che raffigura il *Cristo deriso* (fig. 8). Quest'ultimo, benché bendato e offeso (non però da personaggi reali, ma dai loro simboli), è seduto in trono e avvolto dalla veste candida della resurrezione. Ai suoi piedi sono assisi la Vergine, con la mano alla guancia a significare una dolorosa meditazione, e san Domenico, intento alla lettura, secondo quello che nel *De modo orandi* è indicato come l'ottavo modo di pregare (fig. 7b). I gesti sono descritti in modo schematico, e intendono offrire non un resoconto emotivo della scena, ma piuttosto una puntuale e asciutta rievocazione a scopo didattico della narrazione evangelica. L'intensità dell'immagine non deriva dai gesti e dall'espressione dei personaggi, ma proviene da un altro elemento: filtra direttamente dal racconto di Marco e di Luca che non viene ripreso puntualmente, ma è solo pianamente rievocato, e offre così una indicazione utile per l'avanzamento della vita di devozione del fruitore. Anche l'affresco che mostra il dialogo della Maddalena con il Cristo risorto ha caratteristiche analoghe:[26] né il gesto di lei che allarga le mani invocandolo («Rabbunì!») né quello di Gesù che allunga la destra voltandosi e facendo l'atto di allontanarsi («Non mi trattenere»), sono comprensibili di per sé, ma solo da chi conosca già e rievochi, guardando, il passo del vangelo di Giovanni (20, 16-17).

Infine. Nel riquadro con la *Trasfigurazione* (fig. 9), il Cristo con le braccia spalancate e l'abito rifulgente di luce mima in qualche modo la posizione del suo corpo sulla croce e poi l'aspetto della resurrezione; Pietro e Giacomo, caduti a terra con le braccia levate o alzate davanti al viso, mostrano stupore o addirittura spavento, secondo quanto narrato da Marco (9, 8) e da Luca (9, 34). L'apostolo Giovanni, imitato da san Domenico, prega invece con le mani giunte, rivelando di non nutrire alcun timore; egli infatti, come abbiamo visto, è considerato dalla letteratura mistica il discepolo più vicino ai pensieri e al cuore del Cristo. Nell'affresco è raffigurata anche la Vergine, che fissa il figlio ritta in piedi, con le braccia incrociate sul petto: un atteggiamento in cui probabilmente possiamo cogliere gli echi del cerimoniale della corte bizantina, che lo utilizzava come espressione simbolica di sottomissione e adorazione. Nel tempo il gesto si era poi trasformato in atto di umile accettazione di una volontà superiore.[27] La sua presenza, come del resto quella di san Domenico, ritto anch'egli davanti a Maria, rappresenta una innovazione rispetto al racconto evangelico, e

26. Ivi, pp. 169-182.
27. Barasch, *Giotto and the Language of Gesture*, pp. 74-85.

sottintende un invito simbolico alla umile e adorante partecipazione alla scena sacra. Chi viveva in quella cella veniva dunque istruito a pregare il Cristo senza timore e con intenso affetto, insieme all'apostolo Giovanni e a san Domenico, e a adorarlo insieme a Maria. In questo, come negli altri affreschi, la gestualità è insomma puramente enunciativa; ha un valore retorico, e non pretende in alcun modo di descrivere una realtà, neppure una realtà immaginativa e visionaria. L'emozione che ci pervade osservandoli è sia estetica, sia trasmessa dalla nostra previa conoscenza del significato della scena rappresentata.

Insomma potremmo parlare, per molta parte dell'arte sacra di questo periodo, di un significato «iconico» dei gesti, che solo più avanti nel tempo acquisteranno invece una formulazione «narrativa», in un contesto parzialmente rinnovato della tipologia pittorica. Del passaggio dall'iconico al narrativo ha parlato ormai molti anni fa, ma con un significato un po' diverso e anche più complesso, lo storico dell'arte finlandese Sixten Ringbom,[28] volendo appunto illustrare la nascita nel secondo Quattrocento di una tipologia rinnovata della pittura devozionale e molto più coinvolgente, raffigurante gruppi di personaggi a mezzo busto rappresentati in primo piano. Questo passaggio può però essere verificato anche attraverso alcuni sondaggi sulla gestualità ritratta in opere d'arte cronologicamente spostate nel tempo.

Portiamoci in avanti di un quarto di secolo rispetto agli affreschi di San Marco, e proviamo a osservare la parte inferiore della *Crocefissione* di Antonello da Messina oggi conservata a Bucarest, e databile forse a metà degli anni Sessanta del Quattrocento (fig. 10).[29] Ai piedi della croce stanno, ritti in piedi, cinque personaggi; quattro di essi sono in atto di compiere gesti diversamente espressivi. Maria prega, con le dita intrecciate fortemente strette al petto, con un gesto che indica dolore profondo, e talora disperazione.[30] Giovanni ha le mani un poco aperte; forse anch'egli utilizzando, come Maria, uno dei gesti di preghiera segnalati

28. Sixten Ringbom, *Icon to Narrative. The Rise of the Dramatic Close-Up in Fifteenth-Century Devotional Painting* (1965), Doornspijk, Davaco, 1984.

29. Le datazioni che seguono sono basate su *Antonello da Messina. L'opera completa*, a cura di Mauro Lucco, Milano, Silvana Editoriale, 2006, e in particolare sulle schede di Mauro Lucco, che documentano ampiamente le discussioni in proposito: ivi, pp. 142-144, 198-200, 232-234, 236, 254.

30. Cfr. Gigetta Dalli Regoli, *Il gesto e la mano. Convenzione e invenzione nel linguaggio figurativo tra Medioevo e Rinascimento*, Firenze, Olschki, 2000, p. 26.

nel *De modo orandi.* Delle altre tre Marie presenti una non compie alcun gesto visibile; ma le altre due mostrano una gestualità straordinariamente intensa ed emotiva. La Maddalena distoglie lo sguardo dalla scena, protendendo in avanti le palme come a respingere con orrore ciò che vede. Allo stesso scopo, infine, l'ultima pia donna si copre il volto con le mani. Disperazione, angoscia, e gli stessi sentimenti risolti però in preghiera, sono immediatamente percepibili. C'è nel quadro una emotività descritta, non solo enunciata.

Qualche anno dopo (probabilmente nel 1475) Antonello si impegnò in una raffigurazione gestuale assai audace, che va valutata secondo criteri diversi da quelli usati finora. È il *Cristo benedicente* conservato alla National Gallery di Londra (fig. 11). Si trattava di una iconografia più che ampiamente diffusa, a partire dall'arte bizantina sino ai pittori fiamminghi ben noti ad Antonello; egli però la rinnovò, modificando la mano in atto di benedire in uno scorcio audace, che è il frutto non di una meditazione su opere devote, ma di una riflessione a contenuto meramente artistico. E forse, è stato supposto, per questa geniale innovazione poté valersi anche della conoscenza di un passo di Plinio su Alessandro Magno dipinto come Zeus («Le dita sembrano in rilievo e il fulmine par che esca dal quadro»).[31] Dunque un mirabile esperimento artistico, una innovazione prospettica che ebbe certamente echi di straordinaria rilevanza nell'arte del Rinascimento.

Più o meno nello stesso periodo (1475-1476) Antonello dipinse il *Cristo morto sostenuto da tre angeli* ora conservato nel Museo Correr (fig. 12). È un quadro di grandissima intensità emotiva, benché i volti dei quattro personaggi risultino quasi del tutto abrasi. Ma sono i gesti dei due piccoli angeli ai lati del Salvatore a ottenere questo esito, veri gesti parlanti. Osserviamo in particolare l'angelo a destra: sostiene il gomito del Cristo con una mano e con l'altra se ne porta la sinistra alla guancia, con un atto di ineffabile tenerezza. Non abbiamo bisogno dei tratti del suo volto per comprendere le sue emozioni.

Portiamoci ancora solo un poco più avanti nel tempo e proviamo ad affrontare alcune delle opere di Giovanni Bellini.[32] In esse, e in particolare

31. Cfr. Carlo Ginzburg, *Paura reverenza terrore. Cinque saggi di iconografia politica*, Milano, Adelphi, 2015, p. 137.

32. Ho utilizzato, per le datazioni e per altre indicazioni, *Giovanni Bellini*, a cura di Mauro Lucco, Giovanni Carlo Federico Villa, Cinisello Balsamo, Silvana Editoriale, 2008,

nelle varie versioni del *Compianto sul Cristo morto*, l'evoluzione dal gesto iconico al gesto narrativo ed emozionale è interamente compiuta. L'intenso coinvolgimento dell'osservatore è ottenuto sia dall'avvicinamento dell'evento a chi guarda, conseguito mediante il prevalente taglio a mezzo busto delle figure, sia dalla gestualità fortemente affettiva che viene descritta, e soprattutto dai gesti delle mani, che illustrano e raccontano una storia di cura e di dolore insieme. Nel *Compianto* di Brera, del 1470 circa (fig. 13), questo effetto è ottenuto mediante l'incastro dei due volti del Cristo e della madre,[33] ma anche grazie alla stretta presa della mano di lei su quella del figlio, in cui è ben visibile la tensione delle sue dita intrecciate al polso di lui. Nella versione della Gemäldegalerie di Berlino una mano di Maria è posata delicatamente sul ventre del Cristo, e l'altra lo sostiene cingendogli le spalle, mentre Giovanni fissando l'osservatore gli mostra il corpo del Maestro, stringendone un braccio con la sinistra e scostandogli i capelli dal volto con la destra. Il tema dell'ostensione del Cristo morto era già presente in un *Compianto* dipinto da Giovanni in gioventù, forse verso la metà degli anni Cinquanta, e ora conservato all'Accademia Carrara di Bergamo; i gesti erano in parte gli stessi dei quadri successivi (la mano destra del Cristo stretta saldamente da Maria, il suo braccio sinistro sostenuto da Giovanni), ma questi atti risultano ancora fissi e stereotipati a confronto con quelli tanto più liberi e sciolti dei compianti di Brera e di Berlino, che hanno acquistato una carica emotiva del tutto nuova.

Novità totale è quella che cogliamo nella cimasa della Pala Pesaro (1475), che rappresenta forse l'apice delle raffigurazioni di Bellini dell'iconografia del compianto (fig. 14). In essa il fulcro dell'immagine è costituito dal gesto della Maddalena che unge delicatamente la mano del Cristo morto sostenuto da Nicodemo, mentre Giuseppe d'Arimatea le porge il vasetto dell'unguento. L'emotività di tutti i personaggi è contenuta – non ci sono volti straziati, lacrime o grida – ed è tutta concentrata nel rapporto tra le mani della donna e quella del Salvatore. Ma proprio questa apparente chiusura delle espressioni dei personaggi raffigurati dà il massimo spicco espressivo all'atto della Maddalena e all'intreccio delle dita dei due protagonisti della scena. Il gesto, così intenso, dovette colpire fortemente

e *Giovanni Bellini. La nascita della pittura devozionale umanistica*, a cura di Emanuela Daffra, Milano, Skira, 2014.

33. Già presente in una icona greco-veneziana del XIV secolo ora al museo Horne di Firenze.

Albrecht Dürer, che aveva potuto vederlo durante il suo soggiorno a Venezia, e che lo riprese puntualmente verso il 1500 nel cosiddetto *Compianto Glimm*, oggi conservato nella Alte Pinakothek di Monaco.

A questi gesti legati ad immagini di morte se ne aggiungono altri nell'arte di Bellini che si ispirano invece a scene di maternità. Tra le infinite Madonne col bambino di questo pittore possiamo sceglierne alcune che mostrano una gestualità non solo intensa e artisticamente emotiva, ma anche – forse – legata alla quotidianità. Sorge insomma il sospetto di trovarci di fronte a gesti riscontrati o riscontrabili nella vita reale di ogni giorno. Esemplare in questo senso l'iconografia ripetuta puntualmente in tre Madonne, dipinte probabilmente verso il 1460 le prime due – conservate rispettivamente al Rijksmuseum di Amsterdam e alla Gemäldegalerie di Berlino – e la terza, ora al Museo di Castelvecchio di Verona, intorno al 1475. Al di là delle differenze formali e di maturità artistica che le distanziano cronologicamente, quello che rimane costante nelle tre versioni è l'intreccio, centrale nel quadro, delle manine del bambino con quelle di Maria. Mentre la Vergine sostiene con le due mani aperte il suo piccolo in piedi sul parapetto che divide il mondo degli uomini da quello soprannaturale, il bambino si aggrappa con le sue piccole dita alle dita della madre (soprattutto nelle prime due versioni, nell'ultima il gesto è meno definito), stringendo il pollice di lei con la sinistra e attaccandosi con tutta la destra al dorso della sua mano (fig. 15). Lo stesso gesto del piccolo Gesù che stringe con la manina due dita di Maria si ritrova in una tavola più o meno coeva alle prime due sopra indicate, ora al Metropolitan Museum di New York, e nella cosiddetta "Madonna degli alberetti" del 1487, ora alla Galleria dell'Accademia di Venezia. In altre due immagini dello stesso soggetto, una del 1478-80, ora a Leeds, e l'altra del 1510 conservata nella Galleria Borghese, Maria accarezza con una mano il piedino del Figlio, atto quest' ultimo che risale forse alla tradizione delle icone,[34] ben presente e conosciuta a Venezia.

In ogni caso si tratta di gestualità che vogliono avere anche un significato teologico, intendendo sottolineare l'umanità del Cristo; allo stesso scopo, e con maggiore evidenza, un altro quadro di Bellini dello stesso soggetto mostra Maria nell'atto di abbassare il camicino sul piccolo Gesù per nasconderne i genitali, ma in realtà lasciandoli intravvedere.[35] Pos-

34. Belting, *Il culto delle immagini*, p. 478.

35. Leo Steinberg, *The Sexuality of Christ in Renaissance Art and in Modern Oblivion*, Chicago, Chicago UP, 1996.

siamo considerare questi atti come «parte di una più generale tendenza del pieno Rinascimento [...] a far entrare lo spettatore in confidenza con l'artista»,[36] e del resto osservando i gesti presenti nei quadri dovremo sempre chiederci se essi esauriscono il loro significato all'interno del quadro stesso o sono a beneficio dell'osservatore esterno. Ma in ogni caso queste immagini, come pure le precedenti, lasciano anche trapelare l'eco di gesti affettuosi tra mamma e bambino, presenti nella realtà prima che nella raffigurazione pittorica.

L'arte del Rinascimento poteva dunque usare una gestualità meramente iconica, ovvero costruirne una fortemente emotiva; oppure, infine, poteva riprendere le tracce di gesti affettivi reali, presenti nella vita quotidiana. Non dovremo mai dimenticare l'avvertimento di Ernst Gombrich secondo il quale ogni quadro deve più a un altro quadro che alla realtà,[37] ma neppure rinunciare completamente – certo, mantenendo la cautela del caso – a ritrovare le tracce del rapporto mai ovvio, e comunque non facile da ricostruire, tra immagini e realtà. Paradossalmente, setacciare i gesti nelle immagini è più complicato che non raccoglierli da descrizioni o documenti; in qualche caso, infatti, le immagini sono più propense a ingannare delle parole.

36. John Shearman, *Arte e spettatore nel Rinascimento italiano*, Milano, Jaca Book, 1995, p. 225.

37. Ernst H. Gombrich, *Arte e illusione. Studio sulla psicologia della rappresentazione pittorica*, Torino, Einaudi, 1962.

4. L’angelo e Maria: i gesti dell’Annunciazione

L’iconografia dell’Annunciazione – necessariamente sostanziata di gesti – è stata oggetto di riflessioni molteplici, connesse agli aspetti teologici dell’evento raffigurato, ma anche alle modalità tecniche della sua rappresentazione. Daniel Arasse ha sottolineato il significato teologico dell’uso fortemente ellittico del dialogo tra l’angelo e Maria nel racconto evangelico del loro incontro. «Questo dialogo – osserva lo studioso – si conclude con un avvenimento fondamentale, l’Incarnazione, ma non è esplicitamente enunciato nel racconto»,[1] che dopo l’accettazione di Maria termina con le parole «e l’angelo partì da lei». Secondo Arasse questa ellissi sottintende l’inesplicabilità e l’indicibilità dell’evento, dunque la sua non raffigurabilità, ma il problema sarebbe stato superato dagli artisti del Rinascimento utilizzando «la costruzione geometrica della prospettiva per rendere visibile l’ingresso dell’incommensurabile nella misura».[2]

Si potrebbe dire che proprio l’accettazione di Maria («Sia fatto di me secondo la tua parola») contiene in sé l’evento dell’Incarnazione, e in ogni caso la questione del possibile rapporto tra la sua raffigurazione e l’uso della prospettiva qui non ci riguarda. Ma certamente resta il problema della raffigurazione di un dialogo il cui contenuto è comunque fondante, e della sua collocazione in uno spazio articolato grazie ai movimenti e ai gesti dei due protagonisti dell’evento. Questa gestualità ha un ritmo preferenziale. È stato notato come la maggior parte delle “Annunciazioni” – come anche molti altri quadri, soprattutto rinascimentali – abbiano, per così dire, uno svolgimento che va da sinistra a destra: l’angelo entra da sinistra e la Vergine, oggetto

1. Daniel Arasse, *L’Annunciazione italiana: una storia della prospettiva*, Firenze, Usher art, 2009, p. 19.
2. Ivi, p. 21.

del suo intervento, si trova a destra (fra le rare eccezioni, si possono ricordare due disegni di Michelangelo che raffigurano appunto l'Annunciazione, uno agli Uffizi, l'altro alla Pierpont Morgan Library di New York: fig. 16). Questa direzione delle immagini da sinistra a destra non sembra un fatto meramente casuale. Come aveva scritto in proposito nel 1928 Heinrich Wölfflin,

> il lato destro dell'immagine ha un'atmosfera di valore diverso rispetto a quello di sinistra. Decisivo per l'atmosfera del quadro è il modo in cui esso si conclude sulla destra. È lì che vien detta, in qualche modo, l'ultima parola.[3]

L'ipotesi che è stata fatta, suscitando anche molte perplessità, è che la preminenza dell'andamento sinistra-destra nei quadri europei sia legata alla direzione sinistra-destra della scrittura occidentale.[4] Altra ipotesi, questa di impronta neurologica, è che tale tendenza – che, aggiungo, possiamo vedere largamente presente in ogni tipo di immagini, fumetti, film, pubblicità – sia legata alla diversa funzione dei due emisferi cerebrali.[5] È singolare che invece nessuno, a quanto pare, abbia ricordato la polarità antropologica tra destra e sinistra, che vede in tutte le culture una accentuata sacralità della parte destra, incoraggiata spesso dal sorgere del sole a levante, e dunque tendenzialmente a destra[6] (polarità che, s'intende, può essere stata a sua volta favorita dal fattore neurologico sopra ricordato). Di fatto, l'"andare verso destra" nelle immagini può essere considerato un procedere inconsapevolmente obbligato per chi le crea, in particolare quelle in cui è ricordato l'annuncio dell'incarnazione divina, cioè dell'evento cruciale della cristianità. Nell'arte sacra questa caratteristica è quasi sempre visibile anche in una tipologia di immagini molto diversa, e cioè negli *ex voto*: la Vergine, o il santo che concede la grazia, sono quasi sempre posti in alto a sinistra, mentre il beneficiario o l'offerente sono visibili in basso a destra, sia nelle tavolette che negli affreschi.[7]

3. Heinrich Wölfflin, *Destra e sinistra nell'immagine*, in Andrea Pinotti, *Il rovescio dell'immagine. Destra e sinistra nell'arte*, Mantova, Tre lune, 2010, p. 181.

4. Su tutta la questione cfr. Andrea Pinotti, *Si possono leggere le immagini?*, in *Parole & immagini: tra arte e comunicazione*, a cura di Ilaria Bonomi e Luca Clerici, Torino, Academia university press, 2012, pp. 31-48.

5. Riccardo Falcinelli, *Figure. Come funzionano le immagini dal Rinascimento a Instagram*, Torino, Einaudi, 2020, pp. 284-285.

6. L'ovvio riferimento di queste considerazioni è a Hertz, *La preminenza della destra*.

7. Michele Bacci, *"Pro remedio animae". Immagini sacre e pratiche devozionali in Italia centrale (secoli XIII e XIV)*, Pisa, GISEM, 2000, p. 225.

In ogni caso, quale che sia l'origine della predilezione per questa costruzione spaziale, nei quadri che raffigurano l'Annunciazione è di uno spazio articolato e animato da gesti che stiamo parlando. È infatti grazie ai gesti dell'angelo e di Maria che l'osservatore poteva essere messo in contatto con l'evento (anche se, ricordiamolo ancora una volta, siamo di fronte a immagini che non intendevano tanto istruire il fruitore, quanto presentare alla sua meditazione eventi che egli doveva già conoscere). Alcune "Annunciazioni" trecentesche (per esempio quelle di Simone Martini e di Ambrogio Lorenzetti) avevano superato il problema utilizzando l'uso di scritte che riproducevano almeno le due prime parole dell'angelo, AVE MARIA o citazioni bibliche allusive all'avvento del Messia, in particolare le parole dalla profezia di Isaia (7, 14 «ecco, una vergine concepirà...»).[8] Ma si trattava in ogni modo di una integrazione: i gesti dei due personaggi dovevano essere significanti, tali da rievocare all'osservatore le loro parole.

Partiamo dalla storia del gesto dell'angelo annunciante. Secondo Hans Belting «nella rappresentazione dell'epoca, l'arcangelo non si limita ad annunciare la concezione, ma deve prima vincere le resistenze di Maria, persuadendola a dare il suo consenso».[9] È quanto emergeva dalle omelie dei padri della Chiesa, e in particolare in una omelia del patriarca bizantino Germano di Costantinopoli che descrive il diniego iniziale e poi l'accettazione di Maria.[10] Questa tradizione non sembra però avere influenzato l'iconografia delle immagini italiane dell'Annunciazione; in alcune di esse Maria appare turbata, ma nulla della lotta fra i due emerge dal gesto dell'angelo (due dita levate, indice e medio). È il gesto che possiamo definire della "mano parlante", già emblema dell'imperatore romano nella statuaria antica, con il quale si vuole segnalare una presa di parola;[11] però l'interpretazione del suo significato nel tempo rappresenta in realtà una questione complessa, che è stata ripercorsa da un giurista capace di una raffinata e intensa analisi culturale e iconografica.[12] Nell'arte cristiana, le due dita levate esprimono soprattutto una benedizione, mentre il contenuto

8. Giovanni Pozzi, *Dall'orlo del 'visibile parlare'*, in *"Visibile parlare". Le scritture esposte nei volgari italiani dal Medioevo al Rinascimento*, a cura di Claudio Ciociola, Napoli, ESI, 1997, p. 22; Michele Feo, *Cosa leggeva la Madonna? Quasi un romanzo per immagini*, Firenze, Polistampa, 2019, pp. 65-73.

9. Belting, *Il culto delle immagini*, p. 339.

10. Feo, *Cosa leggeva la Madonna?*, pp. 16-17.

11. Barasch, *Giotto and the Language of Gesture*, p. 17.

12. Paradisi, *Rito e retorica*.

originario e generale del gesto voleva essere di accompagnamento e conferma di una qualsiasi solenne dichiarazione orale.[13] Ma nel mondo tardo antico esso venne progressivamente ad esprimere il potere sovrumano della divinità che accompagna e genera la parola; quindi nell'agire dell'angelo annunziante esso può essere letto come «gesto della parola, e di una parola rivelatrice di verità occulte e di divini segreti, certo molto vicina alla profezia messianica».[14]

Quest'ultima osservazione è tanto più degna di nota, in quanto esistono delle immagini dell'Annunciazione in cui sono presenti profeti dell'Antico Testamento nell'atto di preannunciare l'avvento del Messia, e dunque di accompagnare e validare l'annuncio dell'angelo. L'anta di sinistra dell'organo della basilica di Loreto, dipinta come l'altra da Antonio da Faenza verso il 1515, raffigura in basso il profeta Isaia che mostra il rotolo in cui è annunziato l'avvento di un Messia e l'evangelista Luca che si accinge a scrivere gli eventi che si sono verificati; in alto, l'angelo che rappresenta il presente, l'attimo dell'Incarnazione fissato *ab aeterno*, ed è quindi il tramite tra il futuro annunciato dal profeta e il passato narrato dallo storico. Nell'anta di destra, Maria viene distolta dal richiamo dell'angelo dalle Scritture che sta meditando: volge il capo verso il messaggero divino e porta la mano destra al petto quasi incredula di essere l'oggetto del saluto che le viene rivolto. Ascolta, riflette e interroga.

Il gesto dell'angelo è quasi sempre costante. Esistono certo delle varianti: per esempio nell'*Annunciazione* di Masolino da Panicale conservata alla National Gallery of Art di Washington l'angelo ha le braccia incrociate sul petto, mentre Maria tiene una mano al cuore e l'altra sul libro aperto che ha sulle ginocchia. In ogni caso, come suggerisce la prima parola del suo messaggio (in greco *Kaire*, "rallegrati", in latino *Ave*, cioè "ti saluto") quello dell'angelo innanzitutto è un saluto; e possiamo a questo proposito ricordare le parole di Agostino «Qui salutat salutem dicit».[15] In effetti, nel tardo medioevo le riprese dell'annuncio evangelico

13. Gombrich, *L'immagine e l'occhio*, p. 66; Sergio Bertelli, Hope Maxwell, *Imposizioni di mani e gesti regali*, in *Il gesto*, pp. 106-107; Vincenzo Saladino, *Dal saluto alla salvezza: valori simbolici della mano destra nell'arte greca e romana*, ivi, pp. 31-52; Macioce, *Quando la pittura parla*, pp. 22-23.

14. Paradisi, *Rito e retorica*, p. 351.

15. Agostino, *Sermo* 101, cit. in David Hillman, *Salutation and Salvation in Early Modern Theology*, in «Renaissance Quarterly», 73 (2020), p. 821 (pp. 821-865).

sembrano sottintendere che la salvezza provenga dal saluto di Gabriele, non dal contenuto del suo messaggio.[16]

Non altrettanto costante è il gesto di Maria, che mostra numerose varianti. Sappiamo che verso la fine del Quattrocento il predicatore Roberto Caracciolo distingueva in un suo sermone, seguendo puntualmente il passo del vangelo di Luca (1, 28-38), le cinque condizioni spirituali in cui si sarebbe trovata la Vergine al momento dell'annuncio angelico: *conturbatione*, *cogitatione*, *interrogatione*, *humiliatione*, *meritatione*. Michael Baxandall ha constatato come sia possibile distinguere le immagini rinascimentali dell'Annunciazione secondo le tipologie gestuali corrispondenti,[17] ed effettivamente l'Annunziata di Loreto sembra "di interrogazione". Nell'affresco di Masolino a San Clemente a Roma Maria ha le mani giunte: riflette e accetta. Altre "Annunciazioni", cui sembra potersi riferire l'osservazione di Belting citata sopra, sono quelle di *conturbatione*, in cui Maria è turbata o spaventata e chiede spiegazioni. Ricordiamo che il turbamento di Maria alla vista dell'angelo ha talora, sia pure non di frequente, un'eco accentuata nell'iconografia dell'Annunciazione. A questo spavento troviamo un riferimento nel vangelo apocrifo dello Pseudo Matteo, in cui leggiamo che «mentre con le sue dita lavorava la porpora, entrò da lei un giovane di inesprimibile bellezza. Vedendolo, Maria ebbe paura e tremò. Ma egli le disse: "Ave Maria, piena di grazia, il Signore è con te, benedetta tu tra le donne e benedetto il frutto del tuo seno". All'udire ciò, tremò ed ebbe paura».[18] Una particolare iconografia relativa allo spavento della Vergine annunziata sembra aver origine in una tradizione sviluppata a Nazareth, quando il luogo della visita dell'angelo venne identificato presso una colonna di granito sita nella grotta detta dell'Annunciazione. E forse in relazione a questa narrazione, si legge nella vita della beata Gherardesca da Pisa, morta nel 1269, che ella aveva avuto una visione della Vergine che al momento del saluto dell'angelo «si appoggiava a una colonna durante la sua devota orazione».[19] In qualche caso incontriamo infatti immagini della Vergine impaurita appoggiata a una colonna; la sinopia dell'affresco di Ambrogio Lorenzetti nell'abbazia di Montesiepi rivela Maria prostrata a

16. Ivi, p. 823.

17. Cfr. Baxandall, *Pittura ed esperienze sociali*, pp. 61-64.

18. Pseudo Matteo, 9, 2. Il testo integrale si può leggere all'indirizzo: vangeliapocrifi.wordpress.com/2014/10/02/vangelo-dello-pseudo-matteo/#more-21.

19. Bacci, *"Imaginariae repraesentationes"*, p. 24.

terra e aggrappata a una colonna. Questa soluzione iconografica non piacque però ai monaci di San Galgano che avevano commissionato l'affresco, che alla fine venne dipinto in modo più convenzionale.[20] Benché rare, altre immagini che seguono lo stesso schema però non mancano: nell'*Annunciazione* di Carlo Braccesco (fig. 17), dipinta verso la fine del XV secolo e conservata al Louvre, l'angelo arriva insolitamente da destra e Maria, a sinistra, si afferra a una colonna.

Talvolta non sono i profeti, ma è Maria stessa che legge la profezia dell'incarnazione divina al momento dell'annuncio dell'angelo, e dunque se ne fa testimone. Nell'*Annunciazione* affrescata da Pinturicchio nel 1501 nella cappella Baglioni a Spello, Maria, in piedi, è intenta alla lettura di un grande libro posto su un leggio, all'interno di uno splendido palazzo (ornato anche da un famoso autoritratto del pittore, che risulta appeso o affrescato in basso a destra). L'angelo arriva, come il solito, da sinistra, si inginocchia e leva la destra nel gesto consueto, mentre regge un ramo di gigli nella sinistra. Maria china il capo, leva la sinistra in segno di accettazione esprimendo con questo gesto le parole «Fiat voluntas tua». Nello stesso tempo posa la destra sul libro aperto, su cui leggiamo i versetti già citati di Isaia (7, 14-15) e quelli del salmo 8 (1-2 «Signore, signor nostro, quanto è ammirabile il tuo nome su tutta la terra...»). Il gesto suona quindi conferma e consenso a quanto annuncia l'angelo e si legge nella Scrittura. «Maria legge nelle profezie la sua storia e vi vede esposto il suo destino».[21]

Non di rado Maria ha le braccia incrociate sul petto: così nell'*Annunciazione* di Giotto nella cappella degli Scrovegni, in quella di Ambrogio Lorenzetti a Siena, di Crivelli alla National Gallery di Londra, nelle numerose "Annunciazioni" del Beato Angelico; l'atto non desta nessun dubbio sul suo significato di assenso umile e obbediente. Se ne avessimo, sarebbero risolti davanti all'*Annunziata* di Antonello da Messina conservata nella Alte Pinakothek di Monaco (fig. 18), le cui bellissime mani incrociate sul petto e la bocca socchiusa definiscono in modo certo un atteggiamento insieme di umiltà orante e di risposta positiva. Il gesto è del tutto analogo a quello di Maria nell'*Annunciazione*, sempre di Antonello, di Palazzolo Acreide (cronologicamente un poco precedente), la cui attitudine risulta anch'essa di risposta all'annuncio benedicente dell'angelo, segnalato dalle

20. Arasse, *L'Annunciazione italiana*, p. 91 e figg. 37 e 38 alle pp. 87 e 89.
21. Feo, *Cosa leggeva la Madonna?*, p. 79.

due dita levate della destra. Ricordiamo la distinzione operata da Roberto Caracciolo fra le cinque condizioni spirituali in cui si trovò la Vergine al momento dell'annuncio angelico (*conturbatione*, *cogitatione*, *interrogatione*, *humiliatione*, *meritatione*); la condizione di «humiliatione» era così ricostruita da Caracciolo:

> Eccomi disse schiava e serva del mio Signore. Et poi levando li occhi al cielo stringendo le mane *con le braze in croce* fece quella desiderata conclusione da Dio da li angeli dalli sancti padri: Sia facto in mi secondo la tua parola.[22]

Dunque in tutti i dipinti sopra ricordati in cui Maria ha le braccia in croce Roberto Caracciolo avrebbe certo riconosciuto in quei gesti e in quegli atti, sicuramente narrativi, le parole «Ecce ancilla Domini», e la condizione di *humiliatione*. Possiamo considerare appartenente a questo gruppo anche una icona orientale conservata nella cattedrale di Fermo, che era stata donata dal predicatore Giacomo della Marca per sostituire il suo culto a quello di una icona concorrente, gestito a proprio vantaggio da un eremita albanese; non è probabilmente necessario supporre che questa icona abbia rappresentato il modello dell'Annunziata di Monaco, come ha ipotizzato Belting,[23] ma certo le loro iconografie sono analoghe.

Talora invece Maria leva entrambe le mani, con un atto che può avere diverse sfumature di significato. Lo intendiamo come una consapevole accettazione del suo destino nell'*Annunciazione* di Jan van Eyck ora nella National Gallery of Art di Washington (1435 ca.), accettazione che leggiamo anche nelle scritte a caratteri d'oro che escono dalla bocca dei due personaggi ("AVE GRÃ[TIA] PLENA" ed "ECCE ANCILLA D[OMI]ÑI"). Il gesto indica invece turbamento o addirittura spavento nell'*Annunciazione* di Sandro Botticelli (1489) e in quella, celeberrima, di Lorenzo Lotto (1534), entrambe senz'altro qualificabili come "Annunciazioni" di *conturbatione*. È il contesto della scena che ci permette di intendere correttamente il senso del gesto.

Infine, Maria leva solo una mano nelle "Annunciazioni" di Piero della Francesca, affrescata ad Arezzo (1452-1457), in quella di Leonardo (1472 ca.) e in quella di Raffaello nei Musei Vaticani (1502-1503). Tutte e tre sono certamente "Annunciazioni" di *interrogatione*; la mano levata indica

22. Robertus Caracciolus, *Spechio della fede*, [Venezia], Giovanni Rosso, per Giovanni da Bergamo, 1495, c. &iiir.

23. Belting, *Il culto delle immagini*, pp. 223-227 e figg. 137-138.

che Maria parla, chiedendo spiegazioni. Seguendo Quintiliano, la sua è infatti una "manus loquens", che segnala un discorso fatto a un pubblico. Infatti, come si legge nell' *Institutio oratoria*, le mani stesse parlano, «manus vero [...] ipsae loquuntur».[24]

Ma non è sempre così semplice intendere il senso pieno di un gesto, anche all'interno di un'iconografia così frequente e costruita da una gestualità con molteplici, ma ben noti, significati. In tempi sicuramente assai vicini a quelli del *Cristo benedicente*, Antonello da Messina dipinse la *Vergine annunziata* conservata a Palermo (fig. 19), forse il suo quadro più universalmente noto. La ragazza siciliana che da sotto la sua cappa azzurra guarda oltre le nostre spalle, chiude il manto con la sinistra, mostrando riserbo e pudore, e avanza l'altra... a significare che cosa? Forse *conturbatione*, o *cogitatione*, o *interrogatione*, o *humiliatione*, o *meritatione*? Constatiamo che in apparenza nessuno di questi stati d'animo, o altro pensiero agevolmente identificabile, corrisponde al gesto di Maria nel quadro.

Sono state avanzate diverse ipotesi. Tra esse, quella che si tratti di un gesto solo abbozzato di saluto, che vuole sottintendere la presenza dell'angelo (proveniente da sinistra), con una litote figurativa che trasforma una apparente icona in un *Andachtsbild*, un quadro avente contenuto narrativo;[25] c'è stato chi invece ha creduto di leggervi una rinuncia e un rifiuto della maternità di fronte all'annuncio dell'angelo.[26] Quest'ultima ipotesi ha suscitato un quasi generale dissenso, sino al recente intervento di Michele Feo, che pur rifiutando l'ipotesi ha notato la vicinanza di questo gesto a quello della fanciulla raffigurata in un capitello veneziano nell'atto di accettare l'amore di un giovane, ma nel contempo rifiutarne le *avances*.[27] E in effetti il gesto della mano protesa in avanti viene anche utilizzato per definire l'atto di Gesù nel respingere la Maddalena dopo la resurrezione,

24. *Institutio oratoria*, XI, 3, 85.

25. Lorenzo Pericolo, *The Invisible Presence: Cut-In, Close Up, and Off-Scene in Antonello da Messina's Palermo Annunciate*, in «Representations», 107/1 (2009), pp. 1-29. Per la provenienza dell'angelo da sinistra cfr. Bernard Aikema, Beverly L. Brown, *Painting in Fifteenth-Century Venice and the* ars nova *of the Netherlands*, in *Renaissance Venice and the North: Crosscurrents in the Time of Bellini, Dürer, and Titian*, a cura di Bernard Aikema e Beverly L. Brown, Milano, 1999, p. 182.

26. Laura Viotti, *Guida parziale ad Antonello per uso femminista*, in «Lotta continua», 28 ottobre 1981, cit. in Feo, *Cosa leggeva la Madonna?*, p. 189; Bertelli-Centanni, *Il gesto*, p. 23. Sul successivo dibattito cfr. Feo, *Cosa leggeva la Madonna?*, pp. 189-192.

27. Ivi, pp. 192-194.

e può dunque essere considerato come l'espressione di un rifiuto; tanto è vero che Moshe Barash parla del «Christ's repelling arm» che osserviamo nel *Noli me tangere* di Giotto.[28] Ben più avanti, nel 1644, il gesto verrà interpretato come "Dimitto" nella *Chirologia* di John Bulwer.[29] L'autore dell'opera era un medico interessato all'istruzione dei sordomuti, e quindi il suo scopo era eminentemente pragmatico; mentre, con ogni evidenza, nell'*Annunziata* di Palermo siamo all'interno di un contesto culturale completamente diverso. E allora?

Ci troviamo di fronte a diverse possibili spiegazioni, che probabilmente si completano l'una con l'altra. Possiamo tener conto dell'interpretazione che è stata data di una *Vergine annunziata* spagnola del XIII secolo, che mostra un gesto analogo; con esso, afferma Chiara Frugoni, «l'inferiore manifesta al superiore la sua disponibilità ad accoglierne la dottrina, l'ispirazione, la volontà».[30] O, forse meglio, possiamo accettare l'ipotesi accennata sopra che si tratti di un gesto di saluto rivolto all'angelo, che in tal modo, pure invisibile, viene coinvolto narrativamente nell'immagine.[31] O meglio ancora, possiamo interpretare ancora una volta il gesto della Vergine annunziata come una "manus loquens", che segnala un discorso fatto a un pubblico, e tale sarebbe il significato anche dell'*Annunziata* spagnola di cui sopra.

Ma possiamo anche fare un'altra ipotesi, che non esclude del tutto le precedenti. Forse quello che vediamo raffigurato è un gesto non significante – o scarsamente significante – che viene rappresentato allo scopo di risolvere brillantemente, in altra forma, il medesimo problema prospettico affrontato dal pittore nello stesso torno di tempo nel *Cristo benedicente*: quello della raffigurazione di scorcio di una mano. Cercare di sdipanare le forme e gli usi dei gesti e leggerli storicamente significa, fra l'altro, porci il problema del contesto in cui essi sono agiti, che ne definisce ulteriormente il significato. Ora questo caso richiede la considerazione di un contesto imprevedibile. L'atto della Vergine, che ha suscitato ipotesi e perplessità di ogni sorta (rifiuto? accondiscendenza? saluto?) si può risolvere nel momento in cui lo collochiamo all'interno di un contesto radicalmente altro, quello della riflessione artistica di Antonello. In tal modo lo mettiamo in

28. Barash, *Giotto and the Language of Gesture*, p. 169.

29. John Bulwer, *Chirologia: or the natural language of the hand*, London, Thomas Harper, 1644.

30. Chiara Frugoni, *La voce delle immagini. Pillole iconografiche dal Medioevo*, Torino, Einaudi, 2010, p. 90 e fig. 84.

31. Cfr. Pericolo, *The Invisible Presence*.

relazione con il *Cristo benedicente* che gli è quasi contemporaneo e con il problema tecnico, che entrambi i quadri affrontano e risolvono, di rendere una mano vista di scorcio, ma in diverse posizioni. L'esempio può essere utile per illustrare uno dei tanti inganni presenti nelle raffigurazioni dei gesti nell'arte rinascimentale: essi possono avere significati di mero attributo del personaggio raffigurato, o possono essere esplicativi, o rafforzare l'emotività del racconto; ma l'artista può anche essersi semplicemente prefisso di superare una difficoltà tecnica sino allora non risolta in modo soddisfacente. Nel momento in cui entriamo in colloquio con Antonello per intendere a fondo l'*Annunziata* di Palermo, la sua connotazione di ritratto, spogliata almeno in parte della carica teologica che hanno di solito queste immagini, emerge con maggiore forza e ci consente un apprezzamento più pieno, e forse più vicino alle intenzioni del pittore.

5. Una gestualità insegnata e appresa

Come abbiamo visto, l'arte del Rinascimento poteva usare una gestualità meramente iconica, ovvero costruirne una fortemente emotiva; oppure, infine, poteva riprendere le tracce di gesti affettivi reali, presenti nella vita quotidiana. Dunque è possibile ritrovare nelle sue testimonianze le tracce di un rapporto, sia pure spesso incerto e imprevedibile, tra immagini e realtà.

Ma abbiamo anche colto negli affreschi del convento di San Marco le linee di un progetto che suggeriva la strada inversa, volendo proporre concreti gesti e atteggiamenti corporei di preghiera ai novizi e ai frati domenicani partendo dalle immagini offerte alla loro meditazione. La strada in questo caso non procede dalla realtà all'immagine, ma dall'immagine si proietta verso una almeno auspicata, e probabilmente realizzata, realtà; nella loro piccola cella, i giovani frati avevano un insegnamento costante al quale si potevano facilmente adeguare. E spostandoci in avanti nel tempo, possiamo anche seguire una vicenda straordinaria, specifica di metà Cinquecento, in cui una complessa gestualità, già descritta in testi letterari e successivamente riprodotta in sculture e opere pittoriche, è infine prescritta e presumibilmente adottata nella vita reale. È una vicenda che consente di cogliere le modalità e l'uso dei gesti nella direzione spirituale in età tridentina; e nello stesso tempo illustra l'intenso legame esistente nell'arco di tempo di cui trattiamo, e in particolare a metà del XVI secolo, tra materiali figurati, testi devoti e vita di pietà.[1]

1. Ho cercato di tracciare alcune linee di questo rapporto in *Vedere con gli occhi del cuore*.

Nella quaresima 1551 don Leone Bartolini,[2] un sacerdote legato alla tradizione savonaroliana e all'esperienza religiosa dei Barnabiti, suggerì alla gentildonna bolognese di cui era il direttore spirituale, Ginevra dall'Armi, i gesti e le posture del corpo che ella doveva adottare il venerdì santo successivo meditando sulla passione di Cristo:

> Vorrei che l'vener santo [...] ve reducesti sola nel vostro oratorio, dove chiudendovi e ponendovi a sedere – se posseti in terra, come in tal giorno la Vergine si pose – e pigliando e rechandovi nelle brazza e grembio vostro il vostro crucifisso che quivi haveti, e con la guanza appozzata alla mano mirandolo a puoco a puoco da capo a piedi [...] ve sforzaste dal vostro cuore e occhii trarre cocente lacrime.[3]

Il passo è di straordinario interesse, perché sottintende un rapporto complesso tra gesti realmente compiuti (non spontaneamente, peraltro), immagini viste che li raffigurano e testi letterari che ne sono all'origine o li descrivono. Vediamo di comprendere lo sfondo sul quale questa vicenda si verifica.

La modalità di pregare e meditare che aveva alla base un esercizio devoto della memoria, e che possiamo cogliere sottesa negli affreschi di San Marco, venne descritta esplicitamente in un diffuso manuale di pietà per le fanciulle, lo *Zardino de oration fructuoso,* forse scritto nel 1454 e pubblicato a Venezia nel 1494. Lo scrivente (Nicolò da Osimo?) suggeriva una meditazione sui momenti della vita di Cristo, e in particolare su quelli della sua passione, imperniata sulla capacità della devota di immaginare il contesto ambientale e i volti dei personaggi che agivano sulla scena. Per praticarla con maggiore efficacia, Nicolò suggeriva alla lettrice di figurarsi con la massima concretezza possibile luoghi e persone a lei note in cui, e con cui, ambientare mentalmente i momenti della passione, «sì che quivi sia posta tutta la fantasia; [allora] entrerai nel cubicolo tuo, e sola e solitaria, discacciando ogni altro pensiero esteriore,

2. Su di lui, sulle sue esperienze e sul gruppo a lui legato, cfr. Gabriella Zarri, *Il carteggio tra don Leone Bartolini e un gruppo di gentildonne bolognesi negli anni del concilio di Trento (1545-1563)*, in «Archivio italiano per la storia della pietà», 7 (1976), pp. 337-885, e Ead., *Padri e madri spirituali. Teorie e pratiche della direzione spirituale tra Medioevo e Età moderna*, Spoleto, Fondazione Centro italiano di Studi sull'Alto Medioevo, 2016, pp. 133-169.

3. Don Leone Bartolini a Ginevra dall'Armi, 22 marzo 1551, in Zarri, *Il carteggio*, p. 624.

incominciarai a pensare il principio d'essa passione»;[4] questa tecnica di meditazione, che come abbiamo visto nel capitolo 3 era diffusa in modo embrionale anche prima della pubblicazione dello *Zardino de oration fructuoso*,[5] verrà raccolta anche da Ignazio di Loyola nei suoi *Esercizi spirituali*.

Il Bartolini raccoglieva questo suggerimento, ma andava al di là, con una indicazione più cogente: non solo suggeriva a Ginevra di immaginare, cercando di visualizzarlo mentalmente, il comportamento della Vergine davanti al Cristo disceso dalla croce, ma addirittura le proponeva di entrare nella vita di Maria e recitarne personalmente il ruolo, sostituendo al corpo del Salvatore il suo crocifisso, con una interazione forte, non solo mentale e affettiva ma fisica, con la immagine sacra che avrebbe dovuto aiutarla nel suo compito. Ci si chiede a questo punto su che base don Leone ritenesse di poter affermare con tanta sicurezza che la Vergine seduta a terra avesse tenuto fra le braccia il figlio morto; non traeva certo questa informazione dai Vangeli. Per fare una prima ipotesi in argomento, potremo rivolgerci ancora ai testi di devozione, e in particolare a uno di essi, pubblicato anche a Bologna, e tuttora conservato nelle biblioteche bolognesi. Apriamo dunque le *Devote meditatione sopra la passione del nostro Signore*, là dove viene descritto il pianto sul Cristo morto disceso dalla croce:

> La trista matre Maria [...] stava con le braze aperte expectando con anxiato desiderio de potere tocchare quello lo quale con gaudio soleva abraciare [...]. O quanti sospiri o quante lacryme o quanto lamenti [...]. O Vergene quante volte basasti el capo del tuo caro figliolo, *el quale tenivi nel grembo così morto*. Con quanti singulti, con quanti crepacore, suspirava la madre stringendo, basando, considerando il suo figliolo.[6]

Sappiamo che il testo delle *Devote meditatione* era l'estratto di uno scritto in latino più ampio che copriva tutta la vita di Cristo, probabilmente composto agli inizi del Trecento dal predicatore francescano Giovanni de'

4. [Niccolò da Osimo?], *Zardino de oration fructuoso*, Venezia, Bernardino Benali, 1494, c. XIIv.

5. Bacci, *"Imaginariae repraesentationes"*.

6. *Incominciano le devote meditatione sopra la passione del Nostro Signore*, [Venezia], 1494, cc. e4v-e5r. Il corsivo è mio. Cfr. in proposito Alberto Vaccari, *Le "Meditazioni della vita di Cristo" in volgare*, in Id., *Scritti di erudizione e di filologia*, I, Roma, Edizioni di Storia e Letteratura, 1952, pp. 341-378.

Cauli.[7] Si trattava di un'opera notissima e molto utilizzata per la predicazione: un medium perfettamente idoneo a un'ampia diffusione dei suoi contenuti. Inoltre, soprattutto in ambito monastico era assai conosciuto il *Liber Gratiae specialis* che raccoglie l'esperienza mistica della monaca benedettina Mechtild von Hackeborn (1240 circa - 19 novembre 1298); vi si narra che all'ora dei Vespri Mechtild vide il Signore deposto dalla croce, e la vergine Maria lo teneva tra le braccia («vidit Dominum quasi de cruce depositum, et beatam virginem Mariam *ipsum in sinu tenentem*»).[8] Forse il *Liber Gratiae* era noto anche a Giovanni de' Cauli; ma in ogni caso è a questo passo che si deve la diffusione di una particolare iconografia della pietà nell'arte fiamminga e germanica, in ambito sia pittorico sia statuario. È infatti proprio a questo testo che si rifà il tipo scultoreo di origine germanica, detto appunto del *Vesperbild* (immagine apparsa ai Vespri), che mostra Maria assisa su un seggio nell'atto di reggere il figlio morto sulle ginocchia (fig. 20): è il modello che venne adottato anche da Michelangelo nella *Pietà* Vaticana.[9] Vale la pena ricordare che si trattava di una iconografia che alla metà del Cinquecento poté essere considerata con sospetto in Italia per la sua impronta nordica, come dimostra il commento di un anonimo alla collocazione nella chiesa di Santo Spirito a Firenze nel 1549 di una copia di quella *Pietà*:

> Si diceva che l'origine veniva dallo inventor delle porcherie, salvandogli l'arte ma non devotione, Michelangelo Buonarruoto. Che tutti i moderni pittori et scultori per imitare simili *caprici luterani* altro oggi per le sante chiese non si dipigne o scarpella altro che figure da sotterrar la fede et la devotione.[10]

Peraltro un secolo prima il tema era penetrato in profondità nella pittura italiana: verso il 1460, Cosmè Tura aveva ripreso questa iconografia nella tempera su tavola conservata al museo Correr, e, più tardi, nella cimasa del polittico Roverella oggi al Louvre. In seguito la tradizione fiamminga,

7. Le *Meditaciones vite Christi*, scritte probabilmente agli inizi del Trecento da Giovanni de' Cauli, su cui, e sulla bibliografia relativa, cfr. Bacci, *"Imaginariae representationes"*, p. 11, nota 17.

8. Mechtild von Hackeborn, *Liber gratiae spiritualis visionum et reuelationum beatae Mechtildis virginis deuotissimae, ad fidelium instructionem*, Venezia, ad signum Spei, 1558, cc. 34v-35r. Il corsivo è mio.

9. *Vesperbild. Alle origini delle Pietà di Michelangelo*, a cura di Antonio Mazzotta e Claudio Salsi, Milano, Officina libraria, 2018.

10. Giovanni Gaye, *Carteggio inedito d'artisti del secolo XIV. XV. XVI.*, II, Firenze, Giovanni Molini, 1840, p. 500 (il corsivo è mio). Cfr. Claudio Salsi, *Ragioni di una mostra*, in *Vesperbild*, p. 13.

probabilmente grazie soprattutto alle *Pietà* di Rogier van der Weyden, fece filtrare anche nell'arte ferrarese e veneta l'immagine di Maria seduta a terra con il figlio in grembo: ne sono esempi la *Pietà* di Ercole de' Roberti conservata a Liverpool e, soprattutto, la tavola dello stesso soggetto di Giovanni Bellini oggi alla Galleria dell'Accademia (fig. 21).

Si noterà in queste immagini, e in quella che verrà descritta di seguito, un atto particolare del corpo di Cristo (non potremo chiamarlo gesto, essendo agito inconsapevolmente da un cadavere), e cioè il braccio cadente verso terra. Si tratta di una formula figurativa, una vera *Pathosformel*, già presente nella ceramica attica e tesa ad esprimere efficacemente l'idea di un corpo senza vita a seguito di una morte violenta, e di marcare per suo mezzo anche lo stato d'animo doloroso degli astanti (nel nostro caso, la Vergine).[11] Questa formula venne ulteriormente sfruttata nelle sacre rappresentazioni tardomedievali e rinascimentali grazie all'uso di crocifissi snodabili che offrivano agli spettatori ulteriore stimolo ad un ancora più intenso coinvolgimento emotivo.[12] Chi aveva visto il crocifisso abbandonarsi come un corpo umano nelle braccia di Maria ritornava con la memoria a quella scena di fronte alle immagini pittoriche della Pietà. Osserviamo una tela dipinta verso il 1467 da Francesco del Cossa (fig. 22).[13] Il quadro, assai sciupato, raffigura il Cristo morto in grembo alla Vergine, con un braccio pendente a terra; accanto, un improbabile san Francesco inginocchiato – fortunatamente in buone condizioni – contempla la scena sacra. I tratti del santo non rispondono in alcun modo alla sua iconografia consueta; possiamo quindi supporre raffigurino in realtà il committente, che, come Mechtild von Hackeborn, si concentra in meditazione e in preghiera sulla scena di sofferenza che si presenta alla sua visione interiore. Il quadro proponeva dunque una operazione che il devoto era abituato a compiere,

11. Claudio Franzoni, *Persistenze iconografiche e persistenze gestuali: una traccia*, in *La Forza del Bello*, a cura di Mara Pasetti, Mantova, Associazione Ca' Gioiosa, 2009, p. 43.

12. Teresa Perusini, *"Descaviglietur corpus totum et detur in gremio Mariae". I crocifissi mobili per la liturgia drammatica e i drammi liturgici del triduo pasquale: nuovi esempi dal nord-est d'Italia*, in *In hoc signo. Il tesoro delle croci*, a cura di Paolo Goi, Milano, Skira, 2006, pp. 191-205.

13. Conservata oggi al Musée Jacquemart-André di Parigi. Cfr. Cecilia Cavalca, *Pietà con donatore in veste di san Francesco*, in *Cosmè Tura e Francesco del Cossa: l'arte a Ferrara nell'età di Borso d'Este*, a cura di Mauro Natale, Ferrara, Ferrara Arte, 2007, p. 384; Agostino Allegri, Antonio Mazzotta, *Vesperbild. Un percorso attraverso la mostra*, in *Vesperbild*, p. 94.

eventualmente con l'aiuto di testi di pietà o anche con il ricordo di qualche sacra rappresentazione: quella di rendersi presenti alla mente le scene della vita di Cristo per partecipare ad esse con le emozioni, con le lacrime, con la preghiera. La lontananza nel tempo e nello spazio dall'evento raffigurato veniva superata anche grazie alla partecipazione in esso di san Francesco, che con la sua presenza immaginaria trasferiva la scena in una dimensione atemporale, in cui anche il fedele poteva inserirsi mentalmente, e alla eventuale forza della memoria di scene teatrali in qualche modo vissute.

Questo intreccio di immagini pensate nella meditazione devota e rammemorate da figurazioni reali emerge anche dalla *Vita Spirituale* di Camilla Battista da Varano, composta nel 1491. In essa la santa giunge a sperimentare l'estasi mistica cantando una lauda che esorta alla contemplazione del Cristo morto, e ciò soprattutto quando la mente le presenta la Vergine che sostiene tra le braccia il figlio: «l'anima mia allora fo rapita in quello misterio quando la afflitta matre *teneva el morto figliolo nelle materne e sconsolate bracce*».[14] Sono parole che richiamano davvero da vicino sia il testo delle *Devote meditatione* che quello del *Liber Gratiae specialis*; ma dobbiamo anche tenere presente che il territorio di Camerino, in cui viveva la santa, conosceva diversi esempi dell'iconografia del *Vesperbild.*[15] È impossibile separare la forza delle immagini da quella dei testi. Parole e immagini si legano strettamente insieme influenzandosi a vicenda e producendo uno stereotipo che poteva suscitare l'esperienza mistica, come in Camilla Battista, o gestualità tese ad avvicinarsi ad essa, come nel caso di Ginevra dall'Armi. Ed è proprio la postura che, forse rievocando immagini viste e pagine devote lette e meditate, costruisce un intreccio di emozioni profonde che uniscono fra loro le immagini di Cristo e della Vergine alla devota.

Fra gli altri atti corporei minutamente descritti dal Bartolini ve ne è però uno che non è presente né nelle immagini della Pietà né nel racconto delle *Devote meditatione*, ed è il gesto della guancia poggiata alla mano,

14. Camilla Battista da Varano, *Opere spirituali*, a cura di Giuseppe Boccanera, Iesi, Scuola tipografica francescana, 1958, p. 44. Cfr. Giuseppe Capriotti, *Visions, Mental Images, Real Pictures. The Mystical Experience and the Artistic Patronage of Sister Battista da Varano*, in «Ikon», 6 (2013), pp. 213-224, nota 17. Il corsivo è mio. Sulla mistica e i suoi scritti cfr. anche Gabriella Zarri, *Uomini e donne nella direzione spirituale (secc. XIII-XVI)*, Spoleto, CISAM, 2016, pp. 201-221, e Ead., *Figure di donne in età moderna: modelli e storie*, Roma, Edizioni di Storia e Letteratura, 2017, pp. 153-160.

15. Capriotti, *Visions, Mental Images, Real Pictures*.

che merita una particolare attenzione. È un gesto di lutto di cui parleremo più ampiamente nel capitolo 11, già presente nell'arte egizia, in quella greca e in quella etrusca. Nel mondo classico esso era noto come espressione della natura saturnina, ed era inoltre considerato esemplare dell'«umor melanconico» (riallacciandosi quindi alla simbologia dei quattro umori e dei quattro elementi), in quanto il melanconico, legato com'è al pianeta del dio triste, Saturno, è costantemente immerso in tristi pensieri.[16] Agli inizi del Cinquecento Giorgione da Castelfranco dipinse un doppio ritratto raffigurante due giovani, uno dei quali mostra una espressione pensierosa e poggia la guancia su una mano, mentre nell'altra stringe una arancia amara, simbolo dell'amore che molto promette col suo profumo, ma se addentata ha un sapore amaro. Il giovane è certamente un melanconico, mentre l'altro, a giudicare dall'aspetto rubicondo, vuole forse riprodurre il temperamento sanguigno.[17]

Di conseguenza, il gesto della guancia poggiata alla mano è un emblema della Melanconia, e vuole indicare la meditazione, in genere su un soggetto doloroso («Haver la mano sotto la guancia è gesto di gran mestizia e di gran dolore»,[18] scriverà Giovanni Bonifacio). L'identificazione del gesto con il sentimento era anzi così puntuale che Bernardino da Siena ebbe a lagnarsi di vederlo usato in modo improprio: mentre san Giuseppe, dice il predicatore, era «el più allegro vecchio che fusse mai nel mondo [...], gli sciocchi dipintori el dipingono vecchio maninconoso e colla mano alla gota, come s'elli avessi dolore o maninconia».[19]

Possiamo dunque supporre che l'attitudine corporea che viene proposta a Ginevra dal Bartolini sia in realtà un ibrido fra quella della Pietà e quella della Melanconia quale ce la mostra un'infinita varietà di immagini rinascimentali, fra cui la *Melanconia* di Dürer. Il gesto era comunque utilizzato anche in situazioni proprie della quotidianità: come apprendiamo dalla denuncia presentata tre giorni dopo al tribunale criminale di Bologna,

16. Raymond Klibanski, Erwin Panofsky, Fritz Saxl, *Saturno e la melanconia*, Torino, Einaudi, 1983, pp. 261-380; *Aria, acqua, terra, fuoco: i quattro elementi e le loro metafore. Luft, Erde, Wasser, Feuer: die vier Elemente und ihre Metaphern*, a cura di Francesca Rigotti e Pierangelo Schiera, Bologna, il Mulino – Berlin, Dunker & Humblot, 1996.

17. Cfr. Enrico Maria Dal Pozzolo, *I* Due amici *di Giorgione*, in *Labirinti d'amore. Giorgione e le stagioni del sentimento tra Venezia e Roma*, Napoli, Prismi, 2017, pp. 33-57.

18. Bonifacio, *L'arte de' cenni*, p. 233.

19. Bernardino da Siena, *Le prediche volgari*, I, a cura di Ciro Cannarozzi, Pistoia, Pacinotti, 1934, p. 278.

il 3 aprile 1582 il giovane Francesco ha baciato contro la sua volontà, in mezzo alla strada, la quindicenne Nicolosa, che dopo il fatto «se ne stette sempre con una mano alla gota tanto era smarrita».[20] Secondo la testimone, l'atto denunciava dunque smarrimento, meditazione, sconcerto. In un successivo capitolo ci chiederemo poi perché Francesco abbia baciato Nicolosa, e quale sia il significato del suo gesto. La soluzione dell'enigma sarà probabilmente diversa da quella che potremmo immaginare; ma la proporremo più avanti.

Uscendo dalla casistica degli atti spontanei e sintomatici, e ponendo mente alla sua valenza simbolica, il gesto della mano alla gota voleva avere un significato e un uso più profondo. È il gesto del lutto, come abbiamo detto, ed è quindi spesso legato alla contemplazione dolorosa di una storia esemplare della sofferenza quale è la passione e la morte di Cristo. In quest'atto troviamo infatti raffigurati con grande frequenza nell'iconografia medievale e rinascimentale una delle Marie o san Giovanni ai piedi della croce o nell'atto di contemplare il Cristo morto; volendo scegliere una figurazione che sia il Bartolini che Ginevra potevano con grande probabilità conoscere, si pensi al san Giovanni con la mano alla guancia (fig. 23) nel complesso di statue di terracotta quattrocentesche opera di Nicolò dell'Arca, raffiguranti il compianto di Cristo e tuttora conservate nella chiesa bolognese di Santa Maria della Vita. Ci troviamo dunque davanti a un caso in cui la gestualità viene prescritta sulla base di un comportamento presumibilmente noto a Ginevra e al suo direttore spirituale grazie a un testo di devozione, ma è confermata in un suo particolare da una immagine che con ogni probabilità essi conoscevano.

Inoltre il gesto della guancia poggiata alla mano non solo indica un pensiero che turba o una contemplazione dolorosa; esso è tale da produrre quella contemplazione o almeno incoraggiarla, e per questo don Leone lo prescrive a Ginevra. Esso infatti favorisce ulteriormente l'identificazione della donna con Maria col compiere i suoi stessi gesti, e dunque entrando nelle sue stesse emozioni, sino a giungere al pianto: «ve sforzaste dal vostro cuore e occhii trarre cocente lacrime», aveva scritto il Bartolini, sottolineando il rapporto tra emozioni favorite dalla gestualità e loro esito nel pianto che in qualche modo le certificava. Lo scopo dell'operazione era la più intensa partecipazione affettiva agli eventi sacri che si visualizzavano nella mente; infatti il «dono delle lacrime» è considerato all'epoca una tap-

20. ASB, *Torrone*, 1410, c. 58v.

pa importante della vita spirituale, consentendo, come è stato scritto, «di mobilitare il corpo per raggiungere il divino».[21]

La *performance* che viene richiesta a Ginevra è dunque complessa, richiedendole una meditazione che la conduca a una concentrazione emotiva intensa sino al pianto: e tutto questo partendo dalle posture e dai gesti del suo proprio corpo. Il rapporto fra percezioni e azioni corporee, emozioni, vita di fede, emerge fortissimo da questa vicenda ed è in qualche modo una sigla efficace per comprendere la rilevanza della gestualità durante il Rinascimento.

21. Piroska Nagy, *Le don des larmes au Moyen Âge: un instrument spirituel en quête d'institution (Ve-XIIIe siècle)*, Paris, Albin Michel, 2000; William A. Christian Jr., *Llanto religioso provocado en la España en la Edad Moderna*, in *Accídentes del Alma*, pp. 143-165; María Tausiet, *Agua en los ojos: el «don de lágrimas» en la España moderna*, ivi, pp. 167-202; Jacques Le Goff, *Il corpo nel Medioevo*, Roma-Bari, Laterza, 2010, pp. 55-60; la citazione a p. 60. Ancora nel 1740, il pianto inarrestabile di una bambina groenlandese quando sentiva parlare di Dio venne interpretato da un missionario come una «genuine Inuit confession of faith» (Allan Sortkaer, *The little girl who could not stop crying: the use of emotions as signifiers af true conversion in the Eighteenth-century Greenland*, in *A History of Emotions*, p. 179).

6. Salutarsi, conversare, discutere

Salutarsi, conversare e discutere sono fra i primi e più ovvi atti di interazione all'interno di ogni società. Ciò vale in primo luogo per il saluto, che consente di soppesare la qualità del rapporto con gli altri membri della comunità: «non déi salutare cui ti biastema»,[1] scriveva verso il 1530 l'ignoto autore del *Novo corteggiano di vita cauta e morale*, volendo significare che un cattivo rapporto personale emerge in primo luogo da una obbligatoria astensione dal saluto. Infatti, per usare le parole dell'etologo Desmond Morris, «l'azione del salutare trasmette segnali di amicizia o di assenza di ostilità»;[2] e quando essa manca, riconosciamo che dell'ostilità è invece presente. Ma ogni deduzione in proposito è possibile solo a patto che il gesto del salutare (tralasciando le parole che lo accompagnano) risponda a modalità note, accettate e condivise; è un gesto dunque fra i più ritualizzati e quando viene rappresentato nell'arte rispecchia, almeno fino a un certo punto, le convenzioni della vita quotidiana.[3]

È quanto accade nella figurazione artistica del Rinascimento, soprattutto per quanto attiene le immagini a soggetto sacro. Queste contenevano diverse scene di saluto e a loro volta, ricordiamolo, richiedevano di essere salutate: l'omaggio e l'inchino all'immagine sacra erano considerati norme obbligatorie di comportamento soprattutto per i membri delle confraternite, e le relative disposizioni sono spesso dichiarate dagli statuti.[4] Il saluto aveva un significato primario, e a proposito del saluto dell'angelo a Maria

1. *Il novo corteggiano*, c. DIIr.
2. Morris, *L'uomo e i suoi gesti*, p. 77.
3. Gombrich, *L'immagine e l'occhio*, p. 66 (e, più in generale le pp. 62-82, corrispondenti al saggio *Il gesto ritualizzato e l'espressione nell'arte*).
4. Bacci, *"Pro remedio animae"*, p. 133.

si è già ricordato che nella tradizione tardo medievale dell'incarnazione l'atto dell'angelo di salutare veniva trattato con la maggiore attenzione, in quanto considerato realmente efficace, più del contenuto del messaggio. Ma i vangeli e le tradizioni apocrife ci parlano anche dell'incontro tra Gioacchino ed Anna alla Porta aurea, della visitazione e del saluto di Maria alla cugina, del commiato di Cristo dalla madre, nonché del bacio di Giuda – che prima di essere l'atto del tradimento è un gesto di saluto, accompagnato com'è dalle parole «Ave, rabbi» (Matt. 26, 40) – e, infine, dell'incontro tra il Cristo risorto e la Maddalena.

Anche quest'ultima situazione poteva infatti essere raffigurata come un gesto di saluto o meglio di congedo.[5] La veggente medievale Margery Kempe affermava che Cristo si era rivelato alla Maddalena chiamandola per nome perché sentiva «pietà e compassione per lei».[6] In consonanza con questa percezione affettiva alcune immagini che rappresentano la scena, e in particolare incisioni di ambito germanico, hanno una forte carica emotiva, e raffigurano il Cristo che non respinge Maria, ma le mostra per farsi riconoscere la piaga sulla mano, come nella *Piccola passione* di Dürer, oppure le accenna un gesto di saluto o di benedizione. Nell'incisione di Martin Schongauer (fig. 24) il gesto del Cristo appare incerto, mostrando una tensione incompleta verso un contatto, ma anche una benedizione, oppure un congedo.[7] Insomma un momento di separazione carico di affettività.

Tuttavia se vogliamo cercare una iconografia del saluto nell'arte sacra del Rinascimento dovremo rivolgerci di preferenza alle immagini della *Visitazione*, che ci offrono molte varianti del saluto fra due donne al loro incontro dopo una separazione. La ricerca ha consentito di recuperare almeno una cinquantina di immagini rinascimentali del tema,[8] e offre quindi un ventaglio molto ricco di comportamenti agiti in situazioni del genere. In non pochi casi la valenza dei gesti dell'incontro è in primo luogo teologica, e vuole evocare la presenza divina del Salvatore nel ventre di Maria, e le

5. Cynthia Lewis, *Soft Touch. On the Renaissance Staging and Meaning of the 'Noli me tangere' Icon*, in «Comparative Drama», 36 (2001-2002), pp. 53-73. Una bibliografia sulle raffigurazioni del tema tra Cinque e Seicento in Andrea Di Biase, *Dominio, obbedienza, mansuetudine. Effetti dell'immagine del Christus Hortolanus fra Cinquecento e Seicento*, 2020, nota 2 (montesquieu.unibo.it>article>download).

6. Lewis, *Soft Touch*, p. 65.

7. Ivi, pp. 63-65.

8. È stato utilizzato, grazie alla sua reperibilità online, l'archivio fotografico della Fondazione Federico Zeri dell'Università di Bologna.

parole di lode e di benedizione di Elisabetta riportate da Luca («Benedetta tu tra le donne, e benedetto il frutto del tuo grembo...»: 1, 42-45). Così ella si inginocchia in atto di adorazione davanti a Maria nella predella della pala dell'Annunciazione di Lorenzo Monaco custodita in Santa Trinita a Firenze (1420-1426), nella tela del Ghirlandaio del 1491 ora al Louvre (fig. 25), in una tavola di Cosimo Rosselli di fine secolo, posseduta dal Wadsworth Atheneum di Harford (Connecticut), in una del Bergognone nel tempio dell'Incoronata a Lodi (1500-1515), infine nell'affresco di Pontormo alla Santissima Annunziata, di poco posteriore. Altrove la vediamo allungare una mano verso il ventre della Vergine, con un gesto che è di venerazione ma anche di gioiosa constatazione fisica. Così verso il 1470 il "Maestro dagli occhi spalancati" la dipinge in un paliotto conservato alla Pinacoteca Nazionale di Ferrara nell'atto di stendere la sinistra verso il ventre gonfio di Maria, visibile sotto lo spacco del vestito, simile a quello presente nella Madonna del parto affrescata a Monterchi da Piero della Francesca.

Ma la maggior parte delle raffigurazioni individuate sono prive di una connotazione dottrinale esplicita, e ci mostrano, semplicemente, scene di saluto fra due donne che si incontrano. Sono quindi importanti, perché ci fanno sperare nella possibilità di assistere dal vivo a momenti della vita femminile. Assistiamo così ad abbracci più o meno stretti, spesso però limitati all'atto di Elisabetta e Maria di prendersi reciprocamente per le braccia: per citare solo alcuni esempi, in una tavola di Bartolo di Fredi della fine del Trecento, oggi a Chambéry, esse si afferrano per gli avambracci, come nella tavola del Pontormo conservata nella propositura dei Santi Michele e Francesco a Carmignano (fig. 26), e così pure nell'affresco del Ghirlandaio a Santa Maria Novella (1486-90); mentre si stringono i polsi nella tavola del Perugino custodita alla Galleria dell'Accademia di Venezia (1473-74). Si danno invece la mano in una tavola di Piero di Cosimo della fine del secolo, ora a Washington, di cui parleremo ancora (fig. 27); in una tela attribuita a Sebastiano del Piombo (1508 circa), custodita nella Galleria veneziana dell'Accademia, e in un quadro dipinto da Ludovico Carracci agli inizi del Seicento, conservato nella chiesa di San Domenico a Bologna.

Tuttavia la gestualità più spesso rappresentata le vede nell'atto di cingersi con le braccia sinistre e di stringersi la destra: così, per fare un solo esempio, la tela del 1503 di Mariotto Albertinelli conservata agli Uffizi (fig. 28), che doveva essere molto apprezzata; infatti ne restano copie, oltre a una puntuale ripresa di Tommaso Lunetti del 1530. Certo, esistono altre possibilità che emergono nelle opere di artisti che prediligono iconografie più insolite: nella pala d'altare di Lorenzo Lotto, oggi nella Pinacoteca di Jesi (1532-1536), Elisabetta va verso Maria che le prende una mano fra le sue; in una tavola di Sebastiano Filippi conservata nella chiesa di San Biagio a Lendinara (1525), le due donne si fanno incontro l'una all'altra, Elisabetta con le mani aperte e Maria rialzando il manto con la sinistra e avanzando la destra in atto di parlare (fig. 29). È una gestualità quest'ultima che sottintende il dialogo evangelico, e che avevamo già visto utilizzata nella tavola di Piero di Cosimo, in cui le due donne, oltre a darsi la destra, compiono altri gesti che intendono segnalare al fruitore dell'immagine il colloquio che si sta svolgendo tra loro: Maria sfiora con l'altra mano la spalla di Elisabetta, che a sua volta avanza la sinistra tenendola un poco aperta e alzata. In entrambi i casi, insomma, ci troviamo di fronte, ancora una volta, all'uso della "manus loquens", che, come abbiamo già visto, indica la presenza di un discorso fatto a un interlocutore, e dunque definisce una situazione di colloquio o di conversazione.

Certamente una tale iconografia consentiva all'artista dipingere due figure ferme sì, ma egualmente mosse e tali da consentire piccole varianti e dare alla raffigurazione una impressione di movimento; inoltre potremmo supporre di cogliere in alcune di queste immagini anche l'eco di bassorilievi dell'antichità che raffigurano un defunto che si congeda da uno dei suoi cari tenendogli la mano. Sembra però ragionevole ipotizzare che, al di là di queste motivazioni artistiche, per l'osservatore italiano del Rinascimento un incontro fra due donne dopo un'assenza, e la loro successiva conversazione, dovessero, o almeno potessero svolgersi con le modalità prevalenti nelle immagini della visitazione: con un mezzo abbraccio e una stretta di mano, a cui segue un colloquio. Una modalità che potrebbe sembrare ovvia, ma che in realtà anticipa notevolmente, almeno in Italia, l'uso del contatto fra le destre come saluto rispetto alla prospettiva proposta da Herman Roodenburg, che ne aveva visto la nascita nelle Province Unite della metà del Seicento, come segno di solidarietà e amicizia fomentate dalla comunanza politica e religiosa.[9] Come ci ha spiegato Michael Baxandall in un libro ormai di cinquant'anni fa, peraltro tuttora suggestivo, osservando una immagine dobbiamo sempre correlarla all'occhio del fruitore, per il quale un dipinto a soggetto sacro doveva suscitare devozione, ma anche riconoscimento di una situazione nota. In questo caso, il fruitore poteva rivedere nell'incontro tra Maria ed Elisabetta un aspetto a lui già noto della socialità femminile.

9. Herman Roodenburg, *The 'hand of friendship': shaking hands and other gestures in the Dutch Republic*, in *A Cultural History of Gesture*, pp. 152-189.

Le cose vanno in modo diverso, come vedremo, in una società divisa per motivi sociali, religiosi, di opportunità politica; in tal caso le modalità del saluto sono invece oggetto di discussione e di contrasto, e inoltre le informazioni che riceviamo concernono la socialità maschile. Come abbiamo già ricordato, per Agostino il saluto è un augurio di salvezza eterna: «Qui salutat salutem dicit»,[10] e quindi le sue variabili potevano essere oggetto di riflessione spirituale e di scelta (o di rifiuto). Proviamo a spostarci in avanti nel tempo. Il rapporto fra alcuni saluti e le cose sacre compare per la prima volta nel *Galateo* di monsignor Giovanni Della Casa, segnalando una percezione dei nuovi modi di salutare presente verso la metà del Cinquecento: essi però non sono considerati apprezzabili, anzi rappresentano una «nuova e stolta usanza»; pure devono egualmente essere seguiti, per evitare di distinguersi dalla società di cui si è parte:

> Secondo che un buon uomo mi ha più volte mostrato, quelle solennità che i cherici usano d'intorno agli altari e negli uffici divini e verso Dio e verso le cose sacre si chiamano propriamente cirimonie: ma, poiché gli uomini cominciaron da principio a riverire l'un l'altro con artificiosi modi, fuori del convenevole, et a chiamarsi "padroni" e "signori" tra loro, inchinandosi e storcendosi e piegandosi in segno di riverenza, e scoprendosi la testa e nominandosi con titoli isquisiti, e basciandosi le mani come se essi le avessero, a guisa di sacerdoti, sacrate, fu alcuno che, non avendo questa nuova e stolta usanza ancora nome, la chiamò "cirimonia", credo io per istratio [...]. E quantunque il basciare per segno di riverenza si convenga dirittamente solo alle reliquie de' santi corpi e delle altre cose sacre, nondimeno [...] non devi esser tu più schifo degli altri, anzi, e partendo e scrivendo, dèi salutare et accomiatare non come la ragione, ma come l'usanza vuole che tu facci.[11]

Per non distaccarsi dall'uso comune, vengono dunque adottati nei riguardi di altri esseri umani comportamenti eccessivi, che sarebbero idonei solo davanti alle reliquie dei santi. In effetti nel 1556 i gesuiti, giunti in Sicilia, constatarono con sconcerto che a Palermo c'era l'uso che i figli baciassero la mano ai genitori mattina e sera in segno di omaggio e di sottomissione, e una tale, per non farlo, da sei anni non si accostava ai sacramenti.[12]

10. Agostino, *Sermo 101*, cit. in Hillman, *Salutation and Salvation*, p. 821.

11. Giovanni Della Casa, *Il Galateo overo de' costumi*, a cura di Emanuela Scarpa, Modena, Panini, 1990, capp. XIV e XVI, pp. 23, 26.

12. Arnaldus Conchus a Ignazio di Loyola, Palermo, 21 maggio 1556, in *Litterae quadrimestres* [...], IV, Madrid, Augustinus Avrial, 1897, p. 322. Cfr. anche Angelus Pollicinus allo stesso, Palermo, 30 maggio 1556, ivi, p. 346.

Il tema dei saluti eccessivi e adulatori venne ripreso e ampliato nel 1625 da Ludovico Zuccolo, in un dialogo sul quale vale la pena di soffermarsi, intitolato *Il Rondanino, overo de' saluti*.[13] In esso l'anziano Gregorio Zuccolo ammaestra il giovane Nicolò Rondanino su come salutare secondo le buone vecchie maniere. I saluti, spiega lo Zuccolo al giovane Rondanino, possono essere di parole o d'atti; e per quanto riguarda le parole, salutare dicendo "buon giorno" o "buon anno" sarà preferibile ai saluti come "bacio le mani" o "m'inchino", che sono saluti barbari, perché importati da altri popoli e perché attribuiscono agli uomini quel tanto di omaggio che è dovuto solo a Dio e alle cose sacre. Gli uomini d'oggi, però, «amano assai più i barbari saluti, che sono di adulatione, e di riverenza ripieni, che gli antichi Italici, che erano di sincerità, di fede, e d'amore conditi».[14] Comprendiamo dunque come tra Cinque e Seicento nella percezione comune si sia passati da saluti che indicano parità e amicizia ad altri che intendono valere come atto di subordinazione, in un quadro che comprende anche il mutare dell'abbigliamento di cui abbiamo parlato nel capitolo 1, con la relativa interpretazione di servitù politica che ne viene data.

«Saluti d'atti», invece, «sono l'inchinarsi, il cavarsi il cappello, il baciare e simili».[15] Baciare sul viso, come usano i nobili veneziani, è segno di benevolenza, e dunque va accolto; baciar la mano è invece segno di reverenza e di ossequio, e dunque saluto barbaro e vile, non presente negli usi antichi; ad esso sarà da preferirsi il gesto di toccare la mano di chi si vuole salutare (dunque, poiché il toccamano viene collocato dallo Zuccolo fra i saluti «antichi italici» dovremo supporne l'uso frequente anche fra uomini, come abbiamo già visto per le donne; torneremo su questo punto).

Cavarsi il cappello è segno d'onore, più che di reverenza, perché scoprirsi il capo significa rifiutare di difendersi di fronte a persona amica, e mostrarle apertamente il volto; è dunque espressione di amicizia e di onore. In ogni caso, a chi si scopre il capo è uso rispondere con lo stesso gesto, perché «chi volentieri saluta, si dimostra cortese et humano». Salutare è segno di benevolenza, ma «gli huomini hoggidì si salutano e trattano l'uno con l'altro con maniere sì piene di riverenza e di devotione che più

13. *Dialoghi di Lodovico Zuccolo. De' saluti* [...], Venezia, Marco Ginammi, 1625, pp. 1-22.

14. Ivi, p. 5.

15. Ivi, p. 6.

sono proportionate alla divina grandezza che alla humana viltà»:[16] parole che rappresentano un accenno al concetto già espresso dal Della Casa. Il dialogo si conclude con il congedo tra lo Zuccolo e il Rondanino; i due si salutano dandosi il «buon dì, e buono anno», secondo quello stile di semplicità che Ludovico Zuccolo auspica, in evidente anche se sottaciuto contrasto con le nuove abitudini venute dalla Spagna.

È un contrasto che emerge anche fuori d'Italia, ma con un diverso sottinteso, di polemica non politica, ma religiosa. Nel 1579 il testo del Della Casa fu tradotto e pubblicato in latino dall'umanista svizzero Nathan Kochhaff (Chytraeus),[17] e a metà Seicento questa traduzione venne a sua volta parafrasata in inglese con il titolo *The refin'd courtier*. A differenza dell'originale italiano, che pur lamentando le nuove mode di saluto suggeriva di adottarle per conformarsi all'uso comune (e della traduzione latina, che nell'insieme appare fedele all'originale), il testo inglese non solo deplora che ci si saluti «con diversi gesti artificiosi, inchini, baciamani, come se si stesse celebrando davanti a un altare», ma insiste a lungo sull'origine straniera di questo nuovo costume, che «ha quasi estirpato ogni candida semplicità, onesta fedeltà e reale generosità di spirito», trasformando queste preziose e nobili virtù in vuote formalità. Se poi queste cerimonie vengono usate per ingannare con l'adulazione, allora «devono essere del tutto aborrite».[18] Il testo non lo dice esplicitamente, ma sembra possibile che lo scrivente intenda contrapporre le qualità d'animo proprie del mondo riformato (semplicità, affidabilità, generosità spirituale) agli artificiosità che emerge dai gesti di omaggio accettati nei paesi cattolici (genuflettersi, inchinarsi, baciare la mano), che considera inaccettabili anche perché analoghi a quelli impiegati nella preghiera. Però non mancava chi dichiarava di essere disposto a usare gli atti di cortesia espressi inginocchiandosi, o con il cappello o con la mano, se questi gesti esprimevano o accrescevano la sua interna devozione.[19]

16. Ivi, p. 14

17. *Galateus seu de morum honestate et elegantia liber ex italico latinus*, interprete Nathane Chytraeo, s.l., s.d. [1579].

18. «By several artificial gestures [...] to bow the head, and kiss the hand, as if they were officiating at an Alter [..] has almost rooted out all ingenuous simplicity, honest faithfulness, and true generosity of spirit [...] they are infinitely to be aborr'd»: *The refin'd courtier*, London, Royston, 1663, pp. 119, 121.

19. «The civility of my knee, my hat, and hand». Cfr. Hillman, *Salutation and Salvation*, p. 838.

Tra Cinque e Seicento calvinisti e puritani inglesi insistono che i buoni cristiani devono rafforzare con i loro saluti l'amore reciproco e la comune appartenenza alla comunione dei Santi: così il calvinista William Phiston nel suo *The Schoole of Good Manners*, un manuale di buona creanza per i fanciulli, pubblicato la prima volta nel 1595.[20] Il testo risulta essere la traduzione inglese di una operetta francese, ma risulta consonante al punto di vista del suo ambiente, tanto da essere stampato in un gran numero di edizioni. In generale, nel mondo delle sette inglesi del Seicento è forte l'insistenza sulla necessaria armonia tra l'intimo sentire e il gesto, altrimenti esso è una vuota formalità e va rifiutato; peraltro *The Schoole of Good Manners* raccomanda ai fanciulli di levarsi il cappello con la mano sinistra davanti ai propri superiori, e di tenere entrambe le mani educatamente davanti a sé. Sappiamo che i quaccheri, invece, rifiutavano di togliersi il cappello per salutare, atto da essi considerato idolatrico.[21]

Fra i gesti di saluto vi potrebbe essere anche il bacio; e in effetti Henri Estienne insiste sull'uso francese di baciare le donne («Penso nondimeno che ci siano pochi paesi in cui il bacio sia così comune come lo è in Francia»), meravigliandosi invece della consuetudine di quei paesi «in cui gli uomini si baciano tra loro, a Venezia anche i gentiluomini».[22] Salutare con un bacio può essere però considerato negativamente, perché, come scrive John Donne, il gesto è stato reso infame come segno di tradimento dal bacio di Giuda.[23] Il bacio mantiene peraltro un intenso significato religioso radicato nel ricordo del bacio di pace che Paolo di Tarso invita i cristiani a scambiarsi nelle sue lettere ai Romani, ai Corinzi, ai Tessalonicesi. Il rito rimase nell'alto medioevo come suggello della fraterna disposizione di spirito dei fedeli che si accostavano all'eucarestia, per essere poi sostituito a partire dal Duecento dal bacio a reliquiari o ad altri oggetti che avevano appunto il nome di

20. William Phiston, *The Schoole of Good Manners or, A new schoole of vertue*, London, W. W[hite] for William Iones, 1609 (traduzione de *L'ABC ou instruction Chrestienne pour les petits enfans*, Antwers, Christophe Plantin, 1558, su cui cfr. Marianne Carbonnier-Burkard, *Salut par la foi, salut par la lecture: les nouveaux abécédaires en français au XVIe siècle*, in *Protestantisme et Éducation dans la France moderne*, a cura di Yves Krumenacker e Boris Noguès, Lyon, LARHRA, 2014, pp. 21-52).

21. Hillman, *Salutation and Salvation*, pp. 835, 837.

22. «Je pense neantmoins qu'il y a peu de pays ou le baiser soit si commun qu'il est en France [..] où les hommes s'entrebaisent, et mesmement à Venise les gentils-hommes»: [Estienne], *Deux Dialogues*, pp. 379-380.

23. «In Iudas treason, is the kisse defamed»: John Donne, *Sermons*, III, cit. in Hillman, *Salutation and Salvation*, p. 838.

"paci".[24] Il bacio di pace rimase invece come gesto distintivo degli anabattisti, e nelle loro storie di martirio l'ultimo gesto di addio dei condannati era appunto il bacio scambiato in segno di fratellanza e solidarietà reciproca fra i fedeli uniti in Cristo.[25] Era un atto che poteva valere anche in altri contesti religiosi: prima di salire sul rogo nell'*auto de fe* tenuto a Lima il 23 gennaio 1639, Manuel Bautista Perez e suo cognato Sebastian Duarte, condannati come giudaizzanti, si scambiarono quello che venne inteso come un "bacio della pace giudaico". Sul significato reale di questo gesto, che resta tuttavia in dubbio, e in generale delle opinioni religiose di Perez, che fino alla morte proclamò la sua fede nel sangue redentore di Cristo, Nathan Wachtel ha sospeso il giudizio, chiedendosi se egli fosse un martire ebreo oppure cristiano; e ha concluso che forse vi era in lui «una dualità di credenze, o piuttosto una sincerità bifronte».[26] Quel bacio poteva insomma avere significati differenti, ma denotava comunque una solidarietà e una comunanza tra i due condannati di affetti e di fede. Se cristiana o ebraica o altra non sappiamo, e per il significato profondo del gesto tutto sommato non importa.

Sarà bene inoltre ricordare in generale che i segni di saluto e di congedo potevano non solo essere diversi, ma anche diversamente intesi e diversamente utilizzati. Vale la pena a questo proposito rileggere alcune pagine de *The refin'd courtier*, che rappresentano una evidente interpolazione del testo originario, in cui l'autore descrive gli abituali gesti di omaggio e di rispetto dei diversi popoli, sottolineandone la diversità. I moscoviti si inchinano così profondamente da toccare il pavimento con la fronte (è la *Proskynesis* di origine bizantina); gli etiopi siedono in presenza del loro re in segno di soggezione, poiché la postura eretta è per essi segno della maggior dignità; i negri stanno seduti appoggiandosi con i gomiti alle ginocchia, e si coprono la faccia con le mani, volendo significare che non sono degni di guardare chi gli sta di fronte; i francesi e gli spagnoli hanno modi di fare e cerimonie lontane fra loro come l'oriente è lontano dall'occidente...[27] A

24. Cfr. Ottavia Niccoli, *Perdonare. Idee, pratiche, rituali in Italia tra Cinque e Seicento*, Roma-Bari, Laterza, 2007, p. 80, nota 30.

25. Craig Koslofsky, *The Kiss of Peace in the German Reformation*, in *The Kiss in History*, a cura di Karen Harvey, Manchester, Manchester UP, 2005, pp. 18-35 (spec. p. 28); John Walter, *Gesturing at Authority: Deciphering the Gestural Code of Early Modern England*, in *The Politics of Gesture*, pp. 104, 119-120.

26. Nathan Wachtel, *La fede del ricordo. Ritratti e itinerari di marrani in America (XVI-XX secolo)*, Torino, Einaudi, 2003, pp. 41 e 57.

27. *The refin'd courtier*, pp. 143-145.

parte le singole informazioni, il passo ci interessa per la percezione ben precisa delle differenze gestuali nelle diverse culture, presenti anche all'interno della stessa Europa e in paesi vicini, come Francia e Spagna.

Per concludere, dovremo soffermarci su un gesto comunicativo spesso raffigurato nella pittura rinascimentale e finalizzato a significare una discussione in corso. È il gesto di chi conta sulle dita gli argomenti a cui deve ricorrere per convincere l'uditorio, definito quindi «computatio digitorum» o «gesto enumerativo».[28] La sua origine compete peraltro alla storia della matematica: nel primo capitolo del suo *De temporum ratione*, intitolato *De computo vel loquela digitorum*, il venerabile Beda, che scrive nell'VIII secolo, si occupa appunto della comunicazione digitale, attestando un sistema di calcolo numerico sulle dita, probabilmente derivato da fonti di epoca classica. Il suo sistema venne ripreso da Luca Pacioli nella *Summa de arithmetica* del 1494, acquistando così una ulteriore diffusione.[29] Da esso derivò la tecnica del conteggio sulle dita degli argomenti da utilizzare nelle *disputationes* nel periodo scolastico, e, a quanto pare, anche nella predicazione, allo scopo di proporre le articolazioni o *distinctiones* della predica, che venivano elencate sulla punta delle dita.[30] Come scrive Luca Baglione nel 1562, il predicatore doveva esporre la divisione degli argomenti tenendo «le braccia e le mani distese fuore del pulpito, segnando con le dita secondo che aggrada a l'antica, o moderna usanza».[31] Una incisione di fine Quattrocento mostra Giacomo della Marca che confessando un penitente enumera le possibili tipologie dei peccati contandole sulle dita.[32]

Quindi il gesto venne ad essere ampiamente rappresentato nella miniatura medievale e poi nella pittura rinascimentale per raffigurare situa-

28. Anne-Marie Legaré, *Allégorie et gestualité dans un manuscrit du* Pèlerinage de vie humaine *en prose*, in *Le geste et les gestes au Moyen Age*, a cura di Jean Subrenat, Aix-en-Provence, Université d'Aix-en-Provence, 1998, p. 20.

29. Burma P. Williams, Richard S. Williams, *Finger Numbers in the Greco-Roman World and the Early Middle Ages*, in «Isis», 86 (1995), pp. 587-608; Francisca del Mar Plaza Picón, José Antonio González Marrero, *«De computo vel loquela digitorum». Beda y el cómputo digital*, in «Faventia», 28 (2006), pp. 115-123.

30. Olga Chomentovskaja, *Le comput digital. Histoire d'un geste dans l'art de la Renaissance italienne*, in «Gazette des Beaux-Arts», 20 (1938), pp. 161-162; Carlo Delcorno, *Il 'parlato' dei predicatori. Osservazioni sulla sintassi di Giordano da Pisa*, in «Lettere Italiane», 51 (2000), p. 10.

31. Baglione, *L'arte del predicare*, c. 111r-v.

32. Giacomo della Marca, *Comenza la confessione*..., [Napoli, Francesco del Tuppo, 1490 ca.] c. 1r.

zioni di discussione o di dibattito.[33] Viene perciò descritto puntualmente da Leonardo nel suo *Trattato della pittura*: «Se è materia di dichiarazione di diverse ragioni, fa che quello che parla pigli con i due diti della mano destra un dito della sinistra, avendone serrato i due minori, e col viso pronto volto verso il popolo; con la bocca alquanto aperta, che paia che parli».[34] Troviamo un primo esempio del gesto nell'affresco trecentesco della Cappella degli Spagnoli in Santa Maria del Fiore raffigurante la Chiesa militante e la Chiesa trionfante.[35] Esso può indicare semplicemente un alto grado di conoscenze e di sapienza: così Joos van Ghent (Giusto di Gand) inserisce il gesto del contare con le dita nei ritratti di san Tommaso, Boezio, Duns Scoto nello studiolo del duca Federico di Montefeltro; in questo caso il significato è quello di rimarcare l'eccellenza del sapere dei personaggi ritratti in questo atteggiamento. Analogamente, Raffaello ritrae così Socrate nell'atto di dialogare con Alcibiade nella *Scuola d'Atene*. E vuole mostrare la sua competenza la santa Caterina che discute con i saggi pagani, ritratta da Masolino da Panicale nella cappella omonima della chiesa di San Clemente a Roma, ed effigiata dal Pinturicchio in Vaticano, forse nelle sembianze di Lucrezia Borgia. Nella seconda versione del *San Matteo* di Caravaggio, tuttora conservata nella cappella Contarelli in San Luigi dei Francesi, l'angelo elenca sulle dita ciò che sta dettando al santo, presumibilmente la genealogia di Gesù posta all'inizio del suo vangelo. In questo caso, il gesto indica la presenza onnisciente dell'ispirazione divina.

Tuttavia l'iconografia che faceva più frequentemente uso del gesto era forse quella della disputa di Gesù dodicenne con i dottori del tempio; l'esempio più famoso e più pertinente è quello del quadro di Dürer conservato al museo Thyssen-Bornemisza di Madrid, in cui un bellissimo Gesù fanciullo al centro del quadro, intento a enumerare sulle dita le sue ragioni, è circondato dai volti «grotteschi al limite del mostruoso» dei sapienti ebrei (fig. 30).[36] In questo come in altri casi, Gesù è presentato come esperto interprete delle Scritture a fronte dell'incapacità della sapienza giudaica di comprenderle nel loro senso più profondo: così, fra gli altri esempi, nel quadro

33. Legaré, *Allégorie et gestualité*; Chomentovskaja, *Le comput digital*, pp.157-172.
34. Novelli, *Trattato della Pittura di Leonardo*, n. 376, p. 129.
35. Chomentovskaja, *Le comput digital*, pp. 158-160.
36. Massimo Moretti, *Gli occhiali del Caravaggio*, in *Caravaggio alla fine del Rinascimento*, a cura di Claudio Strinati, Roma, Erreciemme Edizioni, pp. 24-45 (la citazione a p. 38).

di Bernardino Luini posseduto dalla National Gallery di Londra (fig. 31), interessante anche perché probabile copia di un Leonardo perduto.

In altri casi assistiamo al contrasto tra la verità assoluta presentata da Gesù fanciullo e le cavillazioni del mondo ebraico: così in una tela di Jacopo Bassano (ora all'Ashmolean Museum di Oxford) il Salvatore tiene le mani aperte davanti a sé quasi a certificare l'aperta evidenza della sua verità, mentre i dottori sfogliano con affanno i loro libri e uno di essi enuncia i suoi argomenti contandoli sulle dita. Analogo il gioco dei gesti in un *Cristo e gli ebrei davanti all'adultera* di Nicolò de Barbari, conservato a Roma nel Museo di Palazzo Venezia: il Cristo indica la donna in atto di difenderla dalle accuse di uno dei dottori che l'accompagnano, mentre l'altro sembra contare sulle dita i motivi del suo arresto. L'uso del gesto vuole insomma (spesso, non sempre) indicare personaggi ebrei, in questo come anche in altri contesti,[37] e ha di frequente un chiaro significato antigiudaico, volendo sottolineare una presunta cavillosità rabbinica in contrasto con la pura semplicità della sapienza divina.

Per concludere, esaminiamo il bellissimo quadro di Lorenzo Lotto, oggi al Louvre, dello stesso soggetto del precedente (fig. 32). Gesù, mentre con la sinistra sostiene e rialza il mantello, fa con la mano destra aperta il gesto di proteggere la donna che un soldato tiene per la lunga treccia bionda; nello stesso tempo, con il suo atto ferma gli ebrei che gli si affollano intorno gesticolando ed elencando sulle dita i loro argomenti in favore della lapidazione dell'adultera. Il confronto tra il castigo e la misericordia, tra la giustizia e la grazia, e dunque tra la vecchia e la nuova legge, è mirabilmente evocato dal Lotto, proprio grazie alla raffigurazione di questi diversi gesti.

37. *Ibidem*.

7. Baci e strette di mano: i gesti della pace e dell'accordo

Nelle pagine precedenti abbiamo incontrato più volte dei baci, mai peraltro motivati da una qualche forma spontanea di affettività. Erano i baci alla pantofola papale o ad altre parti del corpo del pontefice, ovvero i baci di pace tra appartenenti alla stessa confessione cristiana o al mondo ebraico, scambiati prima di salire sul rogo a cui erano condannati dall'Inquisizione. Se i primi erano segno di omaggio, di soggezione politica e di venerazione religiosa, i secondi volevano invece rappresentare l'espressione dell'attaccamento alla propria fede e della solidarietà fra confratelli: gesti dunque fortemente significanti, ma aventi un contenuto rituale più che affettivo. Anche i baciamani importati dalla Spagna e criticati da Giovanni Della Casa e da Ludovico Zuccolo sono atti d'ossequio, certo non d'affetto. Solo un bacio che abbiamo ricordato nel quinto capitolo sembra sfuggire a questa valutazione: quello che Francesco Tempioni, che non ha ancora vent'anni, scocca il 3 aprile 1581 in mezzo alla strada alla quindicenne Nicolosa Mainardi. Sorge immediata l'idea che quella che abbiamo davanti sia la scena di un amore fra adolescenti. Ma non è così.

A quel bacio rubato segue un lungo e confuso processo,[1] che si conclude in prima istanza il 21 aprile con il bando del Tempioni dalla città e dal territorio di Bologna, sotto pena, in caso di inadempienza, di essere inviato alle triremi e della confisca dei beni; condanna peraltro cassata il 16 settembre 1583. Gli interrogatori di diversi testimoni nel corso di quel mese di aprile 1581 consentono di comprendere che dietro il bacio e il processo vi è in realtà un contrasto sul matrimonio a cui il Tempioni ambisce, e a cui è invece contrario Andrea Mainardi, zio e tutore di Nicolosa, che ne

1. ASB, *Torrone*, 1410, cc. 51r-87r.

sarà l'erede. Il bacio non aveva alcun contenuto affettivo, come tenta di far credere l'aspirante sposo; dobbiamo piuttosto inserire questa vicenda, come altre a cui si farà riferimento in seguito, in una lunga tradizione giuridica che considerava il bacio come uno dei *signa* del consenso nuziale, uno cioè dei gesti significativi per mezzo dei quali «sponsalia [...] in matrimonium transire dicuntur»,[2] si dice che un fidanzamento si trasformi in matrimonio, come si esprimeva il giurista Alessandro Carreri. Anzi, il bacio poteva rappresentare un gesto intenzionale e formale, costitutivo delle nozze. In età pretridentina esso veniva infatti inteso come simbolo mimetico dei futuri rapporti sessuali degli sposi, e quindi essenziale per la validità stessa del matrimonio; in quanto tale era talora registrato dal notaio che rogava l'atto nuziale. È quanto avvenne per esempio a Urbino nel 1528[3] e a Bologna ancora nel 1562,[4] dunque alla vigilia del decreto conciliare *Tametsi* dell'11 novembre 1563, che stabilirà invece che per la validità del matrimonio era indispensabile, dopo le pubblicazioni, l'espressione verbale del consenso degli sposi davanti al parroco e a due testimoni, e solo quella.[5] Non solo: il bacio nuziale poteva anche essere scambiato non tra gli sposi, ma tra i loro padri, in segno di impegno definitivo delle famiglie, dato che ogni matrimonio era innanzitutto un legame tra lignaggi. Nella Roma del Quattrocento le prime fasi delle nozze erano dette «abboccamento», proprio dal bacio sulla bocca che si scambiavano i presenti in segno di accordo e pace tra le famiglie, alla presenza di alcuni parenti delle due parti, ma in assenza della sposa.[6] Vedremo anche più oltre che in situazioni di contrasto pacificato il bacio era considerato «verum signum pacis».[7]

Dopo il concilio di Trento il bacio nuziale venne invece vietato, in quanto considerato indecoroso per il matrimonio celebrato ormai soltanto in chiesa, e non, come in precedenza, nella casa paterna della sposa o al-

2. *Tractatus illustrium in utraque tum pontificii, tum caesarei iuris facultate iuriscultorum de Matrimonio et Dote*, Venezia, Ziletti, 1584, c. 64r-v.

3. Francesco Brandileone, *Saggi sulla storia della celebrazione del matrimonio in Italia*, Milano, Hoepli, 1906, pp. 4, 9.

4. Lucia Ferrante, *Il matrimonio a Bologna prima del Concilio di Trento*, relazione presentata al convegno internazionale *Mutamenti della famiglia nei paesi occidentali* (Bologna, 6-8 ottobre 1994), p. 9.

5. *Conciliorum Oecumenicorum Decreta,* Bologna, Istituto per le Scienze Religiose, 1973, pp. 755-756.

6. Brandileone, *Saggi*, pp. 119, 298-300.

7. Sebastiano Guazzini, *Tractatus de pace, tregua, verbo dato* [...] *de cautione de non offendendo*, Macerata, Grisei e Piccini, 1669, Pars I, Quae. 4, p. 4.

trove, davanti al notaio o anche solo a due testimoni; ma risultava, soprattutto, giuridicamente inopportuno all'interno della nuova definizione dei riti nuziali avvenuta con i decreti tridentini. Con essi la dichiarazione del consenso degli sposi in presenza del parroco e dei testimoni aveva ormai acquistato un valore definitivo, che rendeva sconvenienti rituali aggiuntivi. Tuttavia la tradizione del bacio nuziale aveva lasciato un sedimento importante nella prassi sociale, della quale ancora in età post tridentina è possibile cogliere qualche residuo; ed è grazie al suo ricordo che siamo in grado di comprendere il significato e lo scopo del comportamento di Francesco Tempioni. Il giovane baciando Nicolosa ha tentato di affermare dei diritti nuziali su di lei, che sappiamo essere erede dello zio, come ribadisce un testimone.[8] Il suo non è stato un gesto d'amore, ma il tentativo di accaparrarsi una futura ricca eredità.

La stessa casistica è riscontrabile più volte ancora cinquant'anni dopo nel contado bolognese e nei paesi dell'Appennino. Il ricordo del significato originario del bacio era così forte da spingere ancora in pieno Seicento molti aspiranti sposi a baciare di sorpresa di fronte a testimoni una donna nella speranza di acquisire su di lei diritti definitivi.[9] La domenica 13 aprile 1631 a Casalecchio dei Conti – una località collinare verso l'Imolese – Pietro Giacomo Tosarelli, detto Pollarolo, armato di archibugio lungo e pistola, all'uscita dai vespri si era fatto incontro insieme a tre compagni a una ragazza di vent'anni, Domenica Barbani, e l'aveva baciata di forza sul sagrato della chiesa, chiamando i presenti a testimoni. «La causa che mosse Pietro Giacomo a basciarmi fu che esso forsi mi dovea voler bene che mi volea per moglie», spiega Domenica, «ma mio padre e mia madre non mi ci volsero dare e [...] mi havevano promesso a Santo Salvardi». In altre parole, chiarisce la madre della ragazza con una più puntuale ed esplicita esposizione del significato dei fatti, Pietro ha baciato Domenica «perché pretendeva col bascio d'haverla per moglie».[10] Il bacio viene dunque considerato un mezzo sicuro per concludere un matrimonio, in quanto manifestazione vistosa e pubblica del proprio consenso e di quello strappato forzatamente alla sposa, e inoltre lesione all'onore di quest'ultima, risarcibile solo con le nozze. Tuttavia il bacio violento non è stato tenuto

8. ASB, *Torrone*, 1410, c. 75v.

9. Cfr. di chi scrive, *Baci rubati. Gesti e riti nuziali in Italia prima e dopo il concilio di Trento*, in *Il gesto*, pp. 224-247.

10. ASB, *Torrone*, 5762, cc. 562r, 571r.

in nessun conto né dai Barbani né dal Salvardi, che risulta avere sposato egualmente Domenica il 25 aprile successivo.

Una ulteriore vicenda si svolge nella località di montagna di Barbarolo nel giugno 1630: qui Maddalena dalla Castellina è stata baciata all'improvviso uscendo di chiesa (ancora una volta: andare in chiesa e uscirne sono momenti speciali di socialità). Il colpevole è tale Domenico Magnani, che tuttavia non risulta avere avuto in passato alcuna pretesa matrimoniale su di lei. Maddalena in realtà è stata chiesta nei mesi precedenti da un tal Segurino, che ha concluso l'accordo con il padre di lei, è andato a trovarla come sua sposa e le ha portato anche dei doni: «un paro di scarpe et un paro di scoffoni [= calzerotti] come sua sposa, et questa è la verità».[11] La modestia dei doni non deve ingannare: sia la consuetudine, sia gli stessi giuristi consideravano i «munuscula» tra gli sposi, i regalucci, un segno dell'avvenuto consenso nuziale *de praesenti*,[12] e dunque Maddalena li segnala con insistenza, trascurando il dato ben più significativo dal punto di vista del diritto canonico che il suo accordo con Segurino non è neppure giunto alle pubblicazioni in chiesa. Vengono quindi svolte delle indagini per andare a fondo sulla vicenda, e la singolare conclusione è che il bacio è stato commissionato dai nipoti dello sposo per impedire le nozze:

> Si dice bene che doppo che fu fatto questo parentado tra Segurino e la Madalena li parenti del detto Segurino l'hanno havuto a male e non volevano che si facesse questo parentado, et che perciò siano stati loro che habbino fatto fare questo affronto alla Madalena acciò si guasti questo parentado per il detto Domenico Magnani [...] questo Segurino è homo di 40 e più anni, stropiato di una mano et è ricco, et questi suoi nepoti non vorriano che pigliasse moglie per havere la robba.[13]

In effetti, quando Maddalena aveva informato Segurino dell'accaduto, questi, racconta la ragazza, «cominciò a disperarsi di questo fatto e mai più è venuto qui in casa a vedermi».[14] Il matrimonio era andato in fumo.

La sentenza, con quello che appare un assurdo dal punto di vista canonistico, condanna in contumacia il Magnani, per aver impedito un matri-

11. ASB, *Torrone*, 5746, c. 428r-v.

12. Baldo degli Ubaldi, *In secundam Digesti veteris partem commentaria*, Venezia, Giunta, 1599, c. 184v. Su tutta la vicenda vedi più ampiamente Niccoli, *Baci rubati*, pp. 239-243.

13. ASB, *Torrone*, 5746, c. 429r-v.

14. Ivi, c. 418r.

monio ormai «conclusus per verba de praesenti» al pagamento di ben 300 scudi e a cinque anni alle triremi. Quattro anni dopo il condannato ottenne che le pene gli venissero commutate in esilio dal luogo del delitto.[15] La vicenda dimostra come un gesto (in questo caso un bacio) potesse essere considerato a quella data come costitutivo e fondante all'interno del rito nuziale, e non solo a livello popolare, ma anche in sede giuridica. Siamo all'interno di una sorta di "sapere sociale" largamente diffuso, analogo, in qualche modo, all'"economia morale" di cui parla Edward P. Thompson a proposito dell'Inghilterra del Settecento.[16]

Un altro gesto efficace largamente praticato nell'età della Controriforma, anch'esso utilizzato nel rito del matrimonio, e percepito come sacro, è il «toccamano», che rinsalda un contratto o un accordo definendo in maniera irreversibile i rapporti interpersonali. Il toccamano poteva simboleggiare anche un patto vassallatico o il rimettersi in potestà di altri,[17] e quindi anche il contratto nuziale. Già in epoca romana la pronuba poneva la mano della sposa in quella del marito, significandone così la consegna;[18] il gesto fu mantenuto nel corso del medioevo in quanto si adattava al quadro giuridico germanico che vedeva il matrimonio come una cessione della potestà sulla donna (*mundio*) dal padre al marito.[19] A partire dal XIII secolo il congiungimento delle mani dei due sposi acquistò il significato di espressione del consenso, e divenne quindi parte integrante e obbligata del rituale nuziale, restando tale anche dopo il concilio di Trento.[20]

Naturalmente il congiungimento delle destre nel matrimonio venne importato anche nelle colonie americane dai conquistatori spagnoli; ce ne resta una straordinaria e complessa testimonianza in una delle tele che abbiamo menzionato nel capitolo 2, dipinte per la chiesa dei gesuiti di

15. Ivi, cc. 446v-447v, 450v-451v.

16. Edward P. Thompson, *L'economia morale delle classi popolari inglesi nel secolo XVIII*, introduzione di Filippo de Vivo, [Milano], et al., 2009.

17. Andrea Annese, *"Hirsuta manu percutitus foedus": sfiorare. Storia notturna a partire dal* Sermo *CCLXXI di Cusano*, in *Streghe, sciamani, visionari*, p. 233.

18. Jean Gaudemet, *Le mariage en Occident. Les moeurs et le droit*, Paris, Les Éditions du Cerf, 1987, pp. 34, 118.

19. Brandileone, *Saggi*, pp. 4, 9.

20. Jean-Baptiste Molin, *Symboles, rites et textes du mariage au Moyen Age latin*, in *La celebrazione cristiana del matrimonio: simboli e testi,* a cura di Giustino Farnedi, Roma, Benedictina, 1986, pp. 107-110; Daniela Lombardi, *Matrimoni di antico regime,* Bologna, il Mulino, 2001, pp. 197-210.

Cuzco verso la fine del Seicento da un anonimo artista indio.[21] Il quadro, di grandi dimensioni, raffigura l'innesto della discendenza incaica nel mondo ispanico, e più precisamente nelle famiglie di due grandi santi gesuiti, mediante due matrimoni (fig. 33). Il primo, raffigurato in primo piano a sinistra, mostrava l'unione tra un pronipote di sant'Ignazio, il capitano Martín García Oñaz de Loyola, che nel 1571 aveva catturato l'ultimo Inca Tupac Amaru, e la nipote di quest'ultimo, Beatriz Nusta. Dietro la coppia, in ultimo piano, i genitori della sposa e lo stesso Tupac Amaru, peraltro non più vivente al momento delle nozze; più vicino, alle spalle degli sposi, sant'Ignazio, e al suo fianco san Francesco Borgia. Accanto a lui, sul davanti a destra, un'altra coppia, formata da Ana Maria Coya de Loyola, figlia di Martín García e di Beatriz, e da Juan Henríquez de Borja, pronipote del santo. Sempre a destra, sullo sfondo, si vedono le nozze di questa seconda coppia, celebrate nel 1611 davanti a una chiesa spagnola, dunque visibilmente in Spagna. La formazione delle due coppie avviene dunque in tempi diversi e la loro presentazione contemporanea ci suggerisce che il quadro vuole rappresentare la narrazione di una vicenda che si evolve nel corso del tempo.

Ora si osservi che la seconda cerimonia avviene nella forma più consueta nell'Europa post tridentina: i due sposi, circondati da un gruppo di giovani e di fanciulle europee, si danno la mano, mentre un vescovo mitrato li benedice. La sposa è vestita alla spagnola, ha la pelle bianca (è una "castiza", secondo la divisione razziale consolidata all'epoca)[22] e china pudicamente il capo alle parole del prelato che la unisce allo sposo. È dunque pienamente ispanizzata. La prima coppia ha invece un aspetto diverso. La sposa ha un colorito visibilmente scuro (è una "mestiza") ed è vestita con abiti indigeni; lo sposo ha un abbigliamento vistosamente più antiquato di colui che sarà suo genero, e, soprattutto, non unisce la sua mano a quella di Beatríz, ma la afferra. La sua è una presa di possesso: dell'uomo su una donna, e della Spagna sul mondo incaico. Solo nella generazione successiva, secondo il racconto proposto dal quadro, l'unione delle destre giunge ad avere un significato non solo unitivo e di

21. Cfr. per quanto segue Cantù, *Ideologia politica e simbolismo religioso*, pp. 444-447, e la fig. 10 al termine del saggio (qui fig. 33).

22. Cfr. Pablo Mateos, *Mexico: Creating Mixed Ethnicity Citizens for the Mestizo Nation*, in *The Palgrave International Handbook of Mixed Racial and Ethnic Classification*, a cura di Zarine L. Rocha e Peter J. Aspinall, London, Palgrave Macmillan, 2020, p. 148.

fusione obbligata e piena dei due popoli, che possiamo cogliere anche nella pelle bianca di Ana Maria, ma di accordo e di pace.

E infatti, tornando ora in Europa, nel vecchio mondo il «toccamano» aveva proprio questo significato, e veniva appunto usato, talora insieme al bacio, per sancire formalmente, con valore giuridico, la cessazione delle ostilità fra due individui o due famiglie. Sappiamo che, come ribadiscono anche molti statuti comunali, fra cui quelli bolognesi del 1252,[23] alla forma dello strumento notarile che certificava la pace fra le parti potevano essere equiparati alcuni comportamenti rituali, come mangiare nello stesso piatto e bere dallo stesso bicchiere, o, appunto, darsi la mano o baciarsi solennemente in pubblico:[24] si trattava di un concetto così radicato che «darsi la pace» poteva significare per antonomasia baciarsi.[25] Tra parentesi: spostandoci in avanti di duecento anni, potremmo rievocare in proposito il "bacio di Lamourette", il deputato dell'Assemblea legislativa francese che il 7 luglio 1792, durante una riunione tumultuosa, evocò la *fraternité* e invitò tutti i presenti ad abbracciarsi e baciarsi in segno di pace, ottenendo così di placare le avversioni reciproche.[26] Come può talora capitare, un gesto rituale aveva suscitato momentaneamente i sentimenti che avrebbero dovuto esserne la causa, e non l'effetto.

Comunque in Italia l'*osculum* come segno di pace era doveroso, e veniva dato sulla bocca; dell'uso rimane traccia in una vicenda singolare, al cui interno possiamo finalmente incontrare un bacio avente contenuto affettivo, anzi erotico. Che la storia sia vera o meno, non importa; il suo significato rimane comunque. Ce la racconta nel 1623 il bolognese Camillo Baldi, che insegnò a lungo filosofia e logica nell'università della sua città. Uno studente si era invaghito di un bellissimo ragazzo di nobile famiglia e lo seguiva ovunque; questi peraltro, sia per la sua natura altera sia perché virtuoso, dimostrava apertamente il proprio fastidio per l'insistenza del suo ammiratore. Vedendosi disprezzato, lo studente gli tirò due colpi senza ferirlo, e «gli fece poi domandar la pace, lasciandosi intendere che ciò solo faceva per baciare

23. Antonio Pertile, *Storia del diritto italiano dalla caduta dell'Impero Romano alla codificazione*, V, *Storia del diritto penale*, Bologna, Forni, 1968, p. 29: «pacem intelligimus ab osculo interveniente».

24. Ippolito Marsili, *Tractatus bannitorum*, Bologna, ap. Societatem Typographiae Bonon., 1574, *In verbo pace*, nn. 1 ss.

25. Salvatore Battaglia, *Grande dizionario della lingua italiana*, XII, Torino, UTET, 1984, p. 321.

26. Robert Darnton, *Il bacio di Lamourette*, Milano, Adelphi, 1994, pp. 23-42.

il giovane».[27] Il Baldi ricorda la vicenda per menzionare un caso di pace richiesta al quale non si deve assolutamente acconsentire; ma ai nostri occhi essa conferma sia il contenuto erotico del bacio, sia il suo ruolo nei rituali di pacificazione.[28] Così nel 1529 a Innsbruck la pace solenne fra le due famiglie trentine Tabarelli e De Fatis venne sanzionata «per tactum manus et osculum pacis»,[29] con il toccamano e il bacio di pace; e a Medicina nel contado bolognese nel 1551 un rituale di pace fra le famiglie Totti e Nanni – conclusosi con una promessa nuziale fra due membri di esse – vede lo scambio fra i maschi delle due casate del toccamano e del bacio.[30] A Cremona nel 1569 don Ottaviano Oldoini descrive la cerimonia di pace conclusa con Romano Roma ricordando che «in segno di vera amicicia s'abraciassimo et magnassimo delle olive et bevessimo in presentia delli sudetti sopranominati» testimoni.[31] Il bacio rappresentava l'evocazione dell'amore fraterno, e il toccamano l'unione solidale e il buon accordo, ma i casi che abbiamo citato rappresentano una questione specifica; quegli atti richiedevano dei testimoni, perché i gesti amichevoli scambiati non erano l'espressione di un sentimento riguardante la controparte, ma atti che volevano avere una efficacia giuridica.

«Congiunger sua mano destra con quella d'un altro», scrive nel 1616 Giovanni Bonifacio nel suo libro dedicato all'*Arte de' cenni,* «è atto di dar la fede di pace e d'amicitia, accennando che, siccome si uniscono e si congiungono le mani, debba parimenti degli animi essere la medesima unione [...]. Anco i leggisti danno per segno di concordia, di tregua e di pace la congiuntura delle mani».[32] Bonifacio si riferiva probabilmente al giurista Sebastiano Guazzini, che nel suo *Tractatus de Pace*, edito per la prima volta nel 1610, aveva affermato che «debet in ipsa pace intervenire osculum»,[33] nella pace deve esser dato un bacio, aggiungendo peraltro che una volta la pace si stabiliva anche dandosi le destre («antiquitus etiam

27. Camillo Baldi, *Delle mentite et offese di parole et su come possino accomodarsi*, Bologna, Mascheroni e Ferroni, 1623, p. 309.

28. Riprendo in parte in queste pagine quanto ho scritto in *Perdonare*, pp. 76-85.

29. Marco Bellabarba, *Racconti famigliari. Scritti di Tommaso Tabarelli de Fatis e altre storie di nobili cinquecenteschi*, Trento, Società di Studi trentini di scienze storiche, 1997, p. 125.

30. Lucia Ferrante, *Il matrimonio disciplinato: processi matrimoniali a Bologna nel Cinquecento*, in *Disciplina dell'anima, disciplina del corpo e disciplina della società*, p. 915.

31. Giorgio Politi, *Aristocrazia e potere politico nella Cremona di Filippo II*, Milano, Sugar, 1976, p. 376.

32. Bonifacio, *L'arte de' cenni*, pp. 290-291.

33. Guazzini, *Tractatus de pace*, p. 4.

datis dextris hic inde fiebat pax»), come si leggeva nel libro dei Maccabei: «Ora dunque offriamo la destra a questi uomini e facciamo pace con loro e con tutto il loro popolo» (I Macc., 6, 58).

Il passo biblico ebbe una forte risonanza anche al di fuori dell'Italia. Secondo un viaggiatore francese che pubblicò la sua testimonianza nel 1651, nella città olandese di Leida era stata costituita una magistratura il cui compito era di risolvere i dissidi fra le parti; ottenuto il loro scopo, i contendenti si danno la mano («se donnent la main»).[34] Ora, ricordiamo che il primo libro dei Maccabei raccontava la storia della tenace resistenza nazionale degli ebrei contro l'invasore Antioco Epifane nel II secolo a.C.; quindi nelle città olandesi quelle pagine dovevano apparire piene di un significato quasi profetico.[35] Per questo è stato supposto che proprio in quel contesto il gesto, inteso come segno di pacificazione e poi di lealtà e di solidarietà politica, sia stato in seguito praticato come gesto di saluto in ambienti quaccheri e successivamente si sia trasformato nel nostro comune gesto di saluto.[36] In realtà nelle pagine precedenti abbiamo messo in dubbio questa ipotesi almeno per l'Italia, ricordando la presenza quasi costante del toccamano nella iconografia cinquecentesca della *Visitazione* e la sua menzione come saluto nelle pagine di Lodovico Zuccolo, dunque agli inizi del Seicento. Ma non c'è dubbio che il significato remoto del gesto, come quello del bacio di pace, era di affermare un legame sacro tra chi lo compiva e chi lo accettava, e il suo uso come saluto non era certo universale; tanto è vero che nel 1697 un francese che visitava l'Inghilterra rimase assai stupito vedendo che gli inglesi incontrandosi si davano la mano scuotendola cordialmente.[37]

Dunque a quell'epoca il gesto non aveva ancora acquistato, in buona parte d'Europa, l'ovvio, quotidiano significato che gli diamo oggi. Ancora una volta ci imbattiamo in una conferma del fatto che i gesti mutano nel tempo il loro uso, il loro significato e lo spazio umano in cui vengono utilizzati, e che inseguendoli le sorprese non mancano mai.

34. Roodenburg, *The 'Hand of Friendship'*, pp. 172-173.

35. Sulla ricezione politica della vicenda dei Maccabei in diversi contesti europei cfr. Angela De Benedictis, *Diritto e religione nei tumulti dell'Europa moderna: l'*exemplum *dei Maccabei come popolo resistente*, in *Moment maquiavelià o moment macabeu? Providencialisme i secularització a l'Europa moderna (segles XVI-XIX)*, a cura di Xavier Torres, Girona, Documenta Universitaria, 2018, pp. 38-52.

36. Roodenburg, *The 'Hand of Friendship'*, pp. 172-173.

37. Keith Thomas, *Afterword*, in *The Kiss in History*, a cura di Karen Harvey, Manchester, Manchester UP, 2005, p. 193.

8. Gesti prescritti, gesti proscritti

L'epoca della Controriforma è fortemente prescrittiva, e ce ne siamo accorti confrontando le indicazioni dello *Zardino de oration* con quelle ben più pressanti e specifiche di don Leone Bartolini, proposte oltre cinquant'anni dopo; ma lo sarà ancor di più nel periodo a venire, come ci mostra un'opera del 1584 del futuro cardinale Silvio Antoniano sull'educazione dei fanciulli. Già prima dei due anni, scrive l'Antoniano, il bambino va abituato a pregare con i gesti, facendogli imparare in primo luogo a farsi il segno della croce, ad inginocchiarsi, a inchinarsi davanti alle immagini sacre.[1] Dovrà poi ben presto seguire la messa stando sempre in ginocchio (mai su un ginocchio solo, come del resto prescriveva già Erasmo),[2] inchinando il capo alle parole del *Credo;* non importa invece seguire le parole del sacerdote. L'educazione religiosa ha dunque il suo inizio e il suo fondamento in un adeguato modellamento del corpo. Ai tempi dell'Antoniano il gesto deputato per la preghiera è la genuflessione a mani giunte: un atto rigido e composto che vediamo con grande frequenza illustrato nella pittura sacra italiana del tempo, insieme a quello di sgranare il rosario, gesto quest'ultimo sufficiente in questi anni per far giudicare chi lo compie un uomo o una donna dabbene. Un tal Vincenzo, dichiara un teste in un processo bolognese, è «buono christiano, che quando è stato di fuora l'ho sempre visto con la corona in mano», e ancora, in un altro processo un testimone della difesa afferma, per ga-

1. Silvio Antoniano, *Tre libri dell'education christiana dei figliuoli*, Verona, Sebastiano delle Donne, 1584, c. 114v.

2. Erasmo, *De civilitate morum puerilium*, p. 12.

rantire la qualità di buon cristiano e dunque di buon cittadino dell'accusato, di averlo visto «con la sua corona in mano andare alla messa».[3] La splendida dama in rosso ritratta da Bronzino (fig. 34), presumibilmente poco dopo il 1530,[4] mostra, come segni del suo status e della sua virtù, due libri accanto a lei, un piccolo cane spaniel in braccio e un magnifico rosario di granati molto scuri avvolto al polso destro, apparentemente un gioiello più che uno strumento di pietà. Ma quando nel 1590 viene trovato nel fiume Reno il cadavere di uomo che stringe ancora una corona in mano, e nell'inverno 1629 una vecchia contadina affoga in un torrente nel contado bolognese e viene trovata avendo anch'essa indosso «una camisa con la corona attaccata al braccio sinistro»,[5] percepiamo che il significato dell'oggetto è cambiato e si è trasformato in un segno obbligato di creanza cristiana. La disciplina e il giusto ornato del corpo non solo giovano a governare l'anima, ma rappresentano anche una misura efficace per marcare un comportamento corretto e un felice inserimento nella società, qualunque sia la condizione sociale in cui ci si trova.[6]

Tra i gesti sacri sono, com'è ovvio, fortemente intenzionali e stilizzati soprattutto i gesti dei sacramenti e della messa. Anche i fedeli, non solo il celebrante, dovevano avere bene a mente la corretta gestualità da tenere durante il sacrificio eucaristico, non preoccupandosi invece delle parole pronunciate dal sacerdote. Nella seconda metà del Quattrocento una monaca chiusa nel monastero di Santo Spirito a Verona trascrisse un breve manualetto dal titolo *Del modo che se die tenire in chiexia*, che ce ne dà conto. Già prima di uscire di casa il buon cristiano doveva prepararsi al rito facendosi il segno della croce, per poi avviarsi «con passi lenti e honesti atti» verso la chiesa: la "modesta gravità" del fedele doveva essere tanto più evidente sulla via della chiesa. All'arrivo, continua il trattatello, «ti geta de l'aqua santa sopra il capo [...] e non fare alcuno strepito, come fano alcuni in batersi el petto e sospirare de sconcio». Al vangelo «lievati rito e signati nel fronte, nela bocha e nel pecto, e sta' col capo alquanto chinato» (una

3. ASB, *Torrone*, 2263, c. 272v; 2270, c. 405r; Ottavia Niccoli, *Storie di ogni giorno in una città del Seicento*, Roma, Officina libraria, 2021, pp. 54-55.

4. Angelo Maria Monaco, *Ritratto di dama con cagnolino*, in *Bronzino pittore e poeta alla corte dei Medici*, a cura di Carlo Falciani e Antonio Natali, Firenze, Mandragora, 2010, p. 258 e tav. a p. 259.

5. ASB, *Torrone*, 5746, c. 407r.

6. Rimandiamo in generale, a questo proposito, a *Disciplina dell'anima, disciplina del corpo e disciplina della società*.

gestualità tuttora praticata dai fedeli).[7] Il testo enuncia anche alcuni gesti del celebrante, che si volta verso i presenti all'*Oremus*, si inchina all'ostia consacrata, leva in alto il calice; ma ci interessa soprattutto per la gestualità composta e modesta che veniva suggerita ai presenti, e che però non tutti adottavano: rumorosi gemiti e percosse sul petto dovevano essere ancora all'ordine del giorno. Del resto, oltre un secolo dopo Silvio Antoniano raccomandava ai fanciulli che nel pregare in chiesa evitassero gesti insoliti, «come aprir le braccia in forma di croce, prostergersi a terra con tutto il corpo e somiglianti»,[8] atti che erano stati suggeriti a suo tempo nel *De modo orandi* e, prima ancora, in un altro trattato del XII secolo attribuito a Pietro Cantore, che espone i sette modi della preghiera con l'aiuto di efficaci illustrazioni.[9] È stata fatta l'ipotesi che i destinatari di quest'ultimo testo fossero dei laici; gli atti descritti erano divenuti correnti nel corso del medioevo, e continuavano a essere praticati anche agli inizi dell'età moderna, nonostante i pertinaci tentativi di correggere tali forme di pietà, ormai considerate segno e fonte di disordine. Quel «sospirare de sconcio» deplorato nel trattatello veronese può ricordarci da vicino i «muggiti» emessi nel pieno della esaltazione spirituale da Tommaso d'Aquino secondo il *De modo orandi*;[10] ma ciò che era venerabile durante il medioevo, e nella meditazione e nella preghiera solitaria del santo, non era certamente accettabile in età tridentina e da parte di un laico, durante il rito comunitario della messa.

Si trattava dunque di gesti ormai desueti alla fine del Cinquecento e considerati da tempo comunque inopportuni in luogo pubblico, come già segnalava Bernardino da Siena, ma in uso qualche secolo prima. Fra essi troviamo le braccia aperte in croce e la *prostratio,* gesti che i domenicani fiorentini erano stati invitati a praticare nel chiuso delle loro celle, ma che dalla fine del medioevo, e ancor più dopo il concilio di Trento, non erano più considerati appropriati, tanto più per i comuni fedeli, in quanto insoliti e dunque contrastanti con l'etica del corpo disciplinato che, come abbiamo visto, trionfa in questo periodo.

Anche le cronache del XVI secolo ci consentono di cogliere le tracce di questa progressiva evoluzione nei comportamenti. Nel 1516 un romito

7. Cfr. Agostino Contò, Caterina Cristani, *Un testo quattrocentesco inedito: "Del modo che si die tenire in chiexia"*, in «Quaderni di storia religiosa», 5 (1999), pp. 228-230.

8. Antoniano, *Tre libri dell'education christiana*, c. 67v.

9. Schmitt, *Il gesto nel Medioevo*, pp. 276-82 e fig. 29.

10. Ivi, p. 284.

itinerante, giunto a Milano nell'agosto, predica in duomo, pur senza autorizzazione, fino a metà settembre, con grande affluenza di fedeli: «et dopo che aveva finito il suo predicare, se ne andava all'altare della Madonna, et a terra gittandosi, ivi stava per un gran pezzo (credo) in orazione [...] stava circa a mezz'ora in terra carpono».[11] È un comportamento decisamente insolito, e il cronista non nasconde la sua meraviglia. Ma l'uomo, fra Girolamo da Siena, è un romito itinerante, che proclama di essere "missus a Deo"; si sopporta quindi, sia pure con sconcerto, che non essendo formalmente legato ad una istituzione, abbia gesti di preghiera insoliti e antiquati. Inoltre la città, ora in mano ai francesi, e fino a pochi mesi prima assediata dagli imperiali, è in un momento di grave crisi che rende accettabili gesti altrimenti inopportuni. Allo stesso modo potremo interpretare i comportamenti delle processioni di contadini friulani che nel 1540, durante un periodo di siccità e di atroce carestia, «supplicavano in zenochioni a tutto 'l populo che implorasse misericordia a Dio per loro, che non li lassasse morir de fame, lacrimando in zenochioni abundantemente et basando la terra».[12] Anche qui ci troviamo di fronte ad una insolita preghiera di mediazione in un grave momento di crisi; fra Girolamo si era buttato carponi davanti all'altare della Vergine, i contadini friulani si inginocchiano a baciar la terra davanti ai cittadini di Udine, perché preghino Dio per loro.

Spostiamoci in avanti di oltre sessant'anni. Siamo nel 1602, in una piccola strada del centro di Bologna. Un tal Ovidio Poltronieri si inginocchia in mezzo a via della Paglia davanti a una immagine sacra dipinta sul muro, «essendo denanzi al Sr. Dio benedetto, dicendo le sue orationi». Una donna, una tal Dorotea, esce di casa:

> Incominciò a dire ad mr. Ovidio 'Che cosa fa lì, qual è chino in genochio?' Rispose il detto mr. Uvidio 'Sono homo da bene et non so perché mi chiami Chin, vorrei sapere perché mi dici tal parola! Per fare oratione dinanzi all'imagini di Dio benedetto, facendo dette mie orationi'.[13]

A questo punto esce sulla strada il marito di Dorotea e prende a pugni messer Ovidio. Dire le orazioni in ginocchio rappresenta all'epoca la mo-

11. Giovanni Andrea del Prato, *Storia di Milano*, in «Archivio storico italiano», 3 (1842), p. 357. Su fra Girolamo da Siena cfr. almeno Bernardo Nobile, *«Romiti» e vita religiosa nella cronachistica italiana fra '400 e '500*, in «Cristianesimo nella storia», 5 (1984), pp. 328-329.

12. Gregorio Amaseo, *Diarii udinesi*, Venezia, "A spese della Società", 1884, p. 486.

13. ASB, *Torrone*, 3390, c. 242r.

dalità consueta di pregare; ma in casa o in chiesa, certo non in mezzo alla via! La reazione del vicino lascia trasparire sia la sclerotizzazione dei comportamenti sacri assorbita dall'uomo e da sua moglie, sia la loro diffidenza di fronte ad atti devoti insoliti.

Accanto ai gesti dei fedeli laici in orazione vi erano poi i riti e gli atti sacerdotali della messa e dei sacramenti, che troviamo descritti in modo formale nel *Liber sacerdotalis*, un manuale per il clero composto da Alberto da Castello, che ebbe numerose edizioni a partire dal 1523.[14] La conferma dell'efficacia di tali riti, «accolti ed approvati dalla Chiesa cattolica, soliti ad usarsi nella solenne amministrazione dei sacramenti», fu esplicitamente ribadita dai canoni del concilio di Trento, in particolare per quanto concerneva il lavacro battesimale e le unzioni sacramentali della cresima, dell'ordine e dell'estrema unzione, di cui invece la Riforma aveva negato l'istituzione da parte del Cristo.[15] Questi gesti sacri potevano essere compiuti solo all'interno di un corretto contesto, al di fuori del quale il loro uso diveniva un pericoloso abuso, anzi, un abuso ereticale. Erving Goffman ha sottolineato, parlando delle profanazioni cerimoniali, che «ogni cerimonia religiosa crea la possibilità di una messa nera».[16] Che è proprio quanto cogliamo nella vicenda della «divina madre maestra» Paola Antonia Negri, una religiosa che per il suo carisma aveva avuto negli anni Quaranta del Cinquecento un ruolo fondamentale all'interno dell'ordine dei Barnabiti. Uno di essi, Gian Pietro Besozzi, era stato all'epoca fedele discepolo della Negri; ma trent'anni dopo, deluso, volle spezzare definitivamente questo legame, e descrisse le empietà che attribuiva alla donna. Fra esse, citò un uso perverso dei riti della messa che le attribuiva. Paola Antonia, scrisse il Besozzi, faceva i gesti che fa il prete nell'atto di dir messa, talora indossava i paramenti sacerdotali, e addirittura «faceva segno con un dito che desiderava di havere quello che hanno i maschi per

14. *Libri* [sic] *sacerdotalis de officio sacerdotis*, Venezia, Vittore Ravani e soci, 1537. Sull'opera e sulle sue edizioni cfr. Davide Righi, *Il "Sacerdotale" di Alberto da Castello e le sue numerose edizioni (1523-1603)*, Bologna, s.n., 2016.

15. *Concilium Tridentinum*, Sessio VII, *Canones de sacramento baptismi, Canones de sacramento confirmationis*; Sessio XIV, *Canones de sacramento extremae unctionis*; Sessio XXIII, *Canones de sacramento ordinis*, in *Conciliorum Oecumenicorum Decreta*, pp. 685-86, 713, 742-744. Sulla evoluzione del rito della messa cfr. Schmitt, *Il gesto nel Medioevo*, pp. 303-327. Cfr. anche, per l'eucarestia, le osservazioni di Bell, *Ritual Theory, Ritual Practice*, p. 112.

16. Erving Goffman, *Il rituale dell'interazione*, Bologna, il Mulino, 1988, p. 94.

puotere dir messa»,[17] cioè, evidentemente, mimava il possesso di un pene, del contrassegno della virilità.

Se accettiamo la sconcertante testimonianza del Besozzi, la gestualità di Paola Antonia, così intensamente espressiva, ci parla di una straordinaria ribellione femminile contro il monopolio maschile del sacro. Paola Antonia non osa esplicitare in parole la sua convinzione che anche alle donne, o almeno a lei stessa, avrebbe dovuto essere concesso il sacerdozio; lo fa con i gesti, considerandoli un segno evidente, ma meno rischioso della parola. Gian Pietro Besozzi, ormai immerso pienamente nella atmosfera della Controriforma, è ben consapevole che i gesti santi della messa, e in generale i gesti sacri, divengono enormità ereticali se a compierli è chi non ne è autorizzato. Che poi sia una donna a farlo sembra infrangere ogni divieto e ogni ordinata costruzione delle cose della fede, in quanto significa la devastazione completa del sacramento dell'ordine quale veniva difeso dai canoni tridentini. Ben comprensibile dunque in questo contesto lo sdegno del barnabita di fronte al ricordo di tali comportamenti. Come abbiamo visto nel caso assai più tenue di messer Ovidio, nella Controriforma trionfante ogni gesto devoto ha il suo luogo, il suo tempo, il suo attore; luoghi, tempi, attori non corretti stravolgono il gesto in eresia o superstizione, come constateremo anche nelle pagine che seguono.

17. Cit. in Massimo Firpo, *Paola Antonia Negri monaca Angelica (1508-1555)*, in *Rinascimento al femminile,* a cura di Ottavia Niccoli, Roma-Bari, Laterza, 1998, p. 77. Sulla Negri cfr. anche Elena Bonora, *I conflitti della Controriforma. Santità e obbedienza nell'esperienza religiosa dei primi barnabiti*, Firenze, Le Lettere, 1998, *passim*, e soprattutto pp. 243-283.

9. I *nostri* riti e i *loro*: guaritrici ed esorcisti

Come ha scritto Catherine Bell, per gli storici, e in particolar modo per gli storici delle religioni, la teoria e la pratica del rituale restano fondamentali, in quanto permettono di superare il dualismo liturgia/magia rigidamente inteso. È però vero che lo studioso di storia non può prescindere dal contesto, e dunque deve tener conto del punto di vista dei contemporanei, che implicava una distinzione a priori, variamente giocata, fra religione e superstizione. Ciò però non significa rinunciare alla consapevolezza della fluidità esistente tra rituali sacri "ortodossi" e rituali "superstiziosi", e dunque, per usare la contrapposizione di Bell, della commistione tra «*our* ritual and *theirs*», i nostri rituali e i loro.[1] I gesti sacri, gesti efficienti sanciti come tali, potevano infatti essere imitati e contraffatti (lo abbiamo visto nel caso di Paola Antonia Negri). Talora pretendevano (del tutto abusivamente, agli occhi del clero) di essere efficaci; chi li utilizzava li riteneva infatti in grado di modificare la realtà, talora con l'uso di materiali normalmente impiegati nelle azioni liturgiche. Il gesuita Martin Del Rio raccontò nel 1599 di aver saputo da due prostitute romane che si erano procurate del crisma battesimale, e con esso si erano unte le labbra, nella fiducia che gli uomini che avessero baciato in tal modo sarebbero stati forzatamente legati ad esse d'amore.[2] Egualmente, far assumere frammenti di un'ostia non consacrata, ma su cui erano state dette più messe e recitate preghiere particolari, o donare una calamita battezzata, poteva servire a

1. Bell, *Ritual Theory, Ritual Practice*, p. 6.

2. Martin Del Rio, *Disquisitionum magicarum libri sex*, Colonia, sumpt. Hermanni Demen, 1679, L. III, P. I, quae. III, p. 377.

ottenere l'amore della persona desiderata; si riteneva infatti che l'atto di battezzare un magnete gli avrebbe conferito il potere di attrarre fra loro gli amanti, così come la calamita attrae il ferro. Nel 1607 Marianna de Leyva, monaca col nome di suor Virginia Maria nel Monastero di Santa Margherita in Monza, venne arrestata con l'accusa di aver avuto una relazione illegittima con un tal Gian Paolo Osio e di aver fatto uccidere una monaca che ne era al corrente, e si discolpò dicendo che l'uomo l'aveva tenuta avvinta a sé con la potenza di una calamita battezzata e con altri sortilegi. Ella aveva tentato di togliersi dal cuore questo amore tormentoso e impossibile facendosi esorcizzare e mangiando ripetutamente gli escrementi dell'Osio «col fidigo con delle cepolle»,[3] un atto che avrebbe dovuto ispirarle disgusto per l'uomo; ma invano.

Questi, fra tanti altri, erano i gesti della magia, un fenomeno certo non limitato all'epoca che stiamo prendendo in considerazione, ma sul quale, soprattutto a partire dagli ultimi decenni del Cinquecento, abbiamo una massa enorme di informazioni che ci vengono offerte dai processi aperti presso i tribunali dell'Inquisizione. Stroncata ormai l'eresia, l'istituzione aveva rivolto la sua attenzione a una molteplicità di situazioni, attività e gestualità diverse. Peraltro si trattava di una gestualità che quando era indirizzata a sanare ferite e malattie fu percepita per molto tempo come lecita, opportuna, benefica: una tal Domenica Boara venne convocata ed esaminata dalla Curia Vescovile di Treviso nel 1576, e ancora nel 1580, per il rinnovo della licenza di «segnare», cioè tracciare segni di croce sul corpo dei sofferenti e in particolare sull'arto malato. La licenza le fu concessa, sia pure sotto controllo.[4] Ma si era ai margini cronologici di una percezione diversa di questa gestualità, che emerge appunto dai processi di fine secolo; da essi apprendiamo che il semplice tocco della strega ha la capacità di sanare o maleficiare, ma lo ha solo grazie al potere del diavolo: «Lui il demonio mi dava quell'autorità di guarir le persone con *toccarle*», dichiara nel 1590 Camilla, una vecchia e povera vedova di Montalcino nel contado senese.[5] Sono inoltre frequenti le unzioni, sia quelle fatte su

3. *Vita e processo di suor Virginia Maria de Leyva monaca di Monza*, a cura di Umberto Colombo, Milano, Garzanti, 1985, p. 518.

4. Gian Paolo Gri, *Altri modi. Etnografia dell'agire simbolico nei processi friulani dell'Inquisizione*, Trieste, Edizioni dell'Università di Trieste, 2001, pp. 16-18.

5. Oscar Di Simplicio, *Inquisizione stregoneria medicina. Siena e il suo stato (1580-1721)*, Monteriggioni, il Leccio, 2000, p. 119.

di sé per «andar in striazo» o «in janaria»,[6] cioè al sabba, sia quelle fatte sugli ammalati, frutto di un connubio che sappiamo profondo tra religione, magia e medicina.[7]

Alcuni gesti magici, come il «segnare», il «pesare», o il «misurare», cioè far l'atto di misurare con la mano aperta l'arto o il corpo malato o un indumento, sono anche più definiti. Di Gostanza da Libbiano, nella diocesi di Lucca, si dice nel 1594 che abbia guarito un bambino piegando i suoi calzoni e «in tre o quattro modi raddoppiandoli».[8] «Quando ha male un bove [...] essa lo misura e lo guarisce», dichiara nel 1587 un contadino toscano a proposito di una certa Caterina di Ricomagno; e un altro teste spiega che una volta la stessa donna «disse l'oratione sopra il citto [= bambino] et prese una pezza et la misurò con tre spanne»[9] («spannare», cioè misurare indumenti dell'ammalato a spanna, con la mano aperta, è il nome attribuito alla pratica anche in area friulana).[10] Era una gestualità che troviamo minuziosamente descritta ancora verso la metà del Seicento nella testimonianza di un sacerdote della zona di Chiusi:

> In quel di Chiusi vi era una donna quale conosce i maleficiati servendosi di questo modo: si fa portare una camicia del patiente o vero un fazzoletto o altro panno che fussi stato toccato dal maleficiato, qual panno piegava per il traverso e poi con il pollice e con l'indice distesi misura tre volte il detto panno e doppo dice 'ha il tal maleficio'.[11]

L'esemplificazione potrebbe essere assai più ampia. Anche certe "orazioni superstiziose" per essere efficaci dovevano essere accompagnate da una precisa e complessa gestualità; le prostitute modenesi che recitavano l'orazione di Santa Marta per tenere legati a sé i loro amanti sapevano che perché fosse efficace si doveva fare «un cerchio in te la cener calda vicino al foco e po' se fa una croce in mezz' a quel cerchio e po' se tien la lucerna

6. Cfr. per esempio il racconto della quindicenne Graffia di Polidoro in Giovanni Romeo, *Inquisitori, esorcisti e streghe nell'Italia della Controriforma*, Firenze, Sansoni, 1990, p. 283.

7. David Gentilcore, *Healers and Healing in Early Modern Italy*, Manchester, Manchester UP, 1998.

8. *Gostanza, la strega di San Miniato*, a cura di Franco Cardini, Roma-Bari, Laterza, 1989, p. 132.

9. Di Simplicio, *Inquisizione stregoneria medicina*, pp. 133, 135.

10. Gri, *Altri modi*, pp. 42-43.

11. Di Simplicio, *Inquisizione stregoneria medicina*, p. 139.

sopra del dito e sopra del cerchio».[12] Tracciare cerchi grandi e piccoli sul pavimento faceva parte indispensabile anche del rituale messo in opera da quei veneziani che con l'aiuto della *Clavicula Salomonis* tentavano, con maggiore o minor successo, di evocare i demoni.[13]

In equilibrio pericolosamente instabile tra magia, religione, medicina erano i gesti, i tocchi, le unzioni degli esorcisti.[14] È qui che cogliamo la maggior difficoltà di distinguere "i *nostri* riti dai *loro*", la religione dalla magia. Il *Liber sacerdotalis* offre il testo di numerosi esorcismi «contra demoniacos» e sottolinea che alle parole devono accompagnarsi i gesti. Sono soprattutto ripetuti segni di croce, di cui non possiamo non cogliere in questo contesto la valenza magica. Il loro numero e la loro posizione sul corpo del maleficiato vengono accuratamente definiti: sulla fronte, sul petto, sul ventre, fino all'ano e ai genitali.[15] Erano pratiche comuni, che si prestavano a varianti personali sconcertanti: un processo modenese, che forse non fu l'unico, ha dimostrato come l'esorcista, convinto che il contatto della sua mano avrebbe scacciato i demoni, poteva arrivare a toccare il sesso della donna maleficiata per guarirla («mi restorno le mani alle sue pudende, et il demonio callò subito ch'io posi le mani alla natura sua»; vale la pena di sottolineare che l'uomo si era legato i propri genitali per evitare di essere sessualmente coinvolto).[16] L'ambito d'esercizio della attività degli esorcisti sembra essere aumentato enormemente negli

12. Maria Pia Fantini, *La circolazione clandestina dell'orazione di Santa Marta: un episodio modenese*, in *Donna, disciplina, creanza cristiana dal XV al XVII secolo. Studi e testi a stampa*, a cura di Gabriella Zarri, Roma, Edizioni di Storia e Letteratura. 1996, pp. 53 e 56.

13. Federico Barbierato, *Nella stanza dei circoli. Clavicula Salomonis e libri di magia a Venezia nei secoli XVII e XVIII*, Milano, Sylvestre Bonnard, 2002, p. 315.

14. Guido Dall'Olio, *Alle origini della nuova esorcistica. I maestri bolognesi di Girolamo Menghi*, in *Inquisizioni: percorsi di ricerca*, a cura di Giovanna Paolin, Trieste, Università di Trieste, 2001 [ma: 2003], pp. 81-129; Elena Brambilla, *La fine dell'esorcismo: possessione, santità, isteria dall'età barocca all'illuminismo*, in «Quaderni storici», 38 (2003), pp. 117-163 (poi rielaborato dall'autrice con altri saggi in *Corpi invasi e viaggi dell'anima. Santità, possessione, esorcismo dalla teologia barocca alla medicina illuminista*, Roma, Viella, 2010).

15. *Libri* [sic] *sacerdotalis de officio sacerdotis*, cc. 327v-345r.

16. Giovanni Romeo, *Esorcisti, confessori e sessualità femminile nell'Italia della Controriforma*, Firenze, Le Lettere, 1998, pp. 13-48 e 203; Ottavia Niccoli, *L'esorcista prudente. Il* Manuale exorcistarum ac parochorum *di fra Candido Brugnoli da Sarnico*, in *Il piacere del testo. Saggi e studi per Albano Biondi*, a cura di Adriano Prosperi, Roma, Bulzoni, 2001, pp. 208-212.

anni Novanta del Cinquecento, travalicando spesso le forme consentite e coinvolgendo ecclesiastici che non avevano alcuna forma di autorizzazione. Ad essi si rivolgevano anche ammalati che attribuivano la loro sofferenza all'influsso del Maligno, e venivano trattati con preghiere, pozioni medicinali, segni di croce, unzioni con olio benedetto e toccamenti che avrebbero dovuto avere il potere di allontanare il demonio e quindi guarire l'ammalato. «Prete Fabio Marconi [...] lo ungette con certo olio benedetto»,[17] racconta nel 1650 una donna di Pitigliano che aveva avuto un bambino malato (poi morto nonostante le cure del medico e quelle del sacerdote). Quattro anni prima, nel 1646, un parroco di Ovaro in Carnia usava «l'oglio benedetto [...] dove sente le doglie, facendo [...] il segno della santa croce».[18]

L'ambiguità dei comportamenti di questi ecclesiastici e la vicinanza delle loro azioni a quelle delle donne definite streghe emerge, ad esempio, dal confronto con l'attività di una guaritrice veneziana, tal Marietta, che verso il 1620 tracciava anch'essa segni di croce con l'olio sui pazienti recitando un *Gloria*.[19] Ma l'olio, essa ci tenne a mettere in chiaro, non era olio santo, anche se aveva comunque il potere di risanare grazie alla ruta e alla maggiorana che vi erano intrise. Marietta sapeva che il suo gesto era tanto più censurabile quanto più ricalcava operazioni che avrebbero dovuto essere prerogativa esclusiva degli ecclesiastici, e dunque cercava almeno di evitare di essere accusata di abuso di materie consacrate.

Che le donne fossero talora in contatto con gli esorcisti e ne imitassero gli atti emerge anche da una supplica presentata verso il 1585 all'Inquisitore del patriarcato di Aquileia e della diocesi di Concordia, fra Evangelista Pelleo da Force, da una certa Aquilina, «vechia d'anni ottanta et inferma». Conosciamo bene il personaggio, fin dal 1574. All'epoca Aquilina Rossetto, vedova, abitava a Udine in borgo Grazzano e diagnosticava e levava malanni e fatture, con parole, preghiere e soprattutto con gesti, segnando, «spannando», oppure facendo nodi nella cintura dell'ammalato; si faceva pagare e, a quanto si diceva, con le sue capacità guadagnava parecchio:

17. Di Simplicio, *Inquisizione stregoneria medicina*, p. 108.

18. Cit. in Luciano Allegra, *Il parroco: un mediatore fra alta e bassa cultura*, in *Storia d'Italia*, Annali 4, *Intellettuali e potere*, a cura di Corrado Vivanti, Torino, Einaudi, 1981, p. 908.

19. Peter Burke, *Scene di vita quotidiana nell'Italia moderna*, Roma-Bari, Laterza, 1988, pp. 268-269.

cento o duecento ducati l'anno. Certo era famosa e rispettata, e la chiamavano «donna Aquilina».[20]

Data la sua notorietà, era stata ripetutamente convocata e interrogata dall'inquisitore che aveva preceduto fra Evangelista negli anni dal 1579 al 1584, padre Felice Passeri da Montefalco.[21] Felice da Montefalco è un personaggio nel quale gli storici si sono imbattuti ripetutamente: negli stessi anni in cui procedeva contro Aquilina teneva i processi contro i primi benandanti e aveva avviato quello contro Domenico Scandella detto Menocchio. La sua figura non emerge con particolare forza da quei processi famosi, ma Aquilina ne fa un protagonista. Infatti nella supplica inviata al Pelleo ella ammette aver «esercitato [...] certi essorcismi contra le malie», ma di aver «creduto di poterlo fare, poiché già alcuni anni nel medesimo padre maestro Felice di Montefalco inquisitore passato io usai queste medesime orationi et segnationi».

Allora anche padre Felice si sarebbe fatto "segnare"? Non sappiamo se questa singolare notizia risponde a verità; comunque, la donna offre i suoi servigi anche al Pelleo: «il che, quando così a loro possa esser necessario, io prometo per testimonii degni di fede». Nei suoi «essorcismi» e «segnationi» Aquilina dichiara di aver usato anche «il segno della Santa Croce, il Pater noster et Ave Maria, segno et orazioni formidabili alli demoni et incantesimi».[22] Sono gli stessi presupposti e gli stessi strumenti che animavano l'operare degli esorcisti; la differenza, certo essenziale dal punto di vista dei sacerdoti interessati, consisteva nell'aver ricevuto o meno l'Ordine sacro, e nell'eventuale autorizzazione a praticare esorcismi ricevuta dai superiori (sappiamo comunque che non pochi ecclesiastici esorcizzavano di loro iniziativa, e con metodi del tutto personali). In ogni modo, si trattava, in tutti i casi indicati, di comportamenti radicati nella convinzione che un gesto particolare, associato eventualmente a parole – preghiere, formule magiche, scongiuri – fosse potente ed efficace nel modificare la realtà naturale e soprannaturale, e in particolare nel consentire il

20. Su Aquilina cfr. Carlo Ginzburg, *I benandanti. Stregoneria e culti agrari tra Cinquecento e Seicento* (1972), Milano, Adelphi, 2020, *ad indicem*, e soprattutto Gri, *Altri modi*, pp. 9-58.

21. Sull'inquisitore Felice Passeri da Montefalco cfr. ivi, *passim*, e Herman H. Schwedt, *Gli inquisitori generali di Aquileia e Concordia, poi Udine, 1556-1806*, in *L'Inquisizione del Patriarcato di Aquileia e della diocesi di Concordia. Gli atti processuali, 1557-1823*, a cura di Andrea Del Col, Udine, Istituto Pio Paschini, 2009, p. 174.

22. Gri, *Altri modi*, pp. 34-35.

dominio su forze maligne. Una attività gestuale che dunque poteva essere agita solo da chi ne fosse stato investito da qualcuno che poteva farlo. Per gli imitatori – ecclesiastici non autorizzati o guaritrici – l'uso di questi gesti era rigorosamente proscritto, ma veniva egualmente praticato; allora, e in alcune aree montane fino a poco tempo fa e – forse – ancor oggi.[23]

23. Vedi le fotografie riprodotte in Piero Camporesi, *La condizione vegetale: uomini, erbe, bestie*, in *Cultura popolare dell'Emilia Romagna. Medicina, erbe e magia*, a cura di Piero Camporesi, Milano, Editoriale Silvana, 1981, pp. 117-135. A quanto risulta da informazioni orali da me ricevute all'epoca, negli anni Ottanta le squadre di calcio dei paesi dell'Appennino emiliano ricorrevano di frequente alle cure di guaritrici che usavano gli stessi metodi indicati sopra (segnare, «spannare», legare, ecc.).

10. I *nostri* riti e i *loro*: culture diverse, paesi lontani

L'espressione "i nostri riti e i loro" può avere un significato diverso rispetto a quello esaminato nel capitolo precedente, in quanto può anche sottintendere le contrapposizioni fra i riti e i gesti praticati e utilizzati nella cultura di appartenenza e quelli di culture altre. Un controllo in proposito – o almeno, qualche sondaggio in argomento – consente di verificare l'assunto da cui siamo partiti, e cioè che i gesti hanno, almeno in potenza, la capacità di distinguere chi li agisce: per genere, per origine, per classe sociale, per cultura.

Ciò significa che una scarsa o nulla comprensione dei gesti agiti da popolazioni lontane e sconosciute poteva essere all'ordine del giorno. Quando Colombo approdò sulla spiaggia di Guanahani con i suoi capitani, che tenevano in mano le bandiere con le insegne reali (un gesto che voleva significare presa di possesso), tentò di farsi intendere dagli indigeni a gesti (quali, non sappiamo) e di comprendere le loro presunte risposte.[1] Ai suoi tentativi di conoscere dove e come ci si potesse procurare dell'oro «venne quindi per segni a sapere che navigando verso il Mezzogiorno si poteva andare dov'era un re che possedeva grandi vasi e molti pezzi d'oro».[2] Sappiamo che quello a nostra disposizione non è l'originale del diario di Colombo, ma un riassunto, a quanto pare fedele, che ne trasse Bartolomé de Las Casas; ma in ogni caso sarà lecito supporre che le informazioni

1. «La comunicación gestual, practicada abundantemente en la primera etapa de contacto con los indigenas, fue un lazo comunicativo primario pero relativamente efectivo»: Emma Martinell Gifre, *La comunicación entre Españoles e Indios: palabras y gestos*, Madrid, Mapfre, 1992, p. 128.

2. *Giornale di bordo di Cristoforo Colombo (1492-93)*, a cura di Rinaldo Caddeo, Milano, Mondadori, 1973, pp. 48-49.

che Colombo ritenne di aver ricevuto dagli indigeni rispondessero, più che ad una reale comunicazione, alla sua ansia di ottenere grandi quantità del metallo prezioso, e quindi alla scelta di intendere i gesti dei locali secondo il suo proprio desiderio; sappiamo che linguaggi gestuali diversi possono produrre interessanti incomprensioni.[3] Il giorno dopo si spostò su un'altra spiaggia della stessa isola e vide un gran numero di indigeni

> che si gettavano in mare e ci venivano incontro a nuoto, e, a quanto potevamo comprendere, ci domandavano se fossimo venuti dal cielo. Un vecchio entrò nel mio battello [...] dicendo: Venite a vedere gli uomini che sono scesi dal cielo, portate loro da bere e da mangiare. Un gran numero di uomini e di donne vennero avanti, ciascuno recando qualche cosa, ringraziando Dio, prostrandosi al suolo, sollevando le mani al cielo.[4]

Si saranno notate le parole «a quanto potevamo comprendere», che sembrano indicare qualche dubbio sul reale significato dei gesti degli abitanti di Guanahani, con cui contrasta invece la sicurezza con la quale vengono interpretati quelli del vecchio. In ogni caso, pur avendo ben presente la distanza che può separare queste parole da ciò che accadde realmente il 13 ottobre 1492 su quella spiaggia, possiamo prender nota dei gesti degli indigeni (prostrazione al suolo, sollevamento in alto delle mani) e chiederci se essi rispondevano realmente, per chi li compiva, al significato che dava loro Colombo («ringraziando Dio»). Infatti l'ammiraglio intendeva quei gesti per analogia con quelli che egli stesso e i suoi compagni avevano compiuto appena sbarcati («inginocchiati in terra e baciatela con lagrime di allegrezza»).[5] Aveva insomma assimilato la lingua gestuale degli indigeni alla propria, e ben presto iniziò a rafforzare questa presunta comunità di gesti insegnando agli indiani a farsi il segno della croce e a recitare la *Salve Regina* e l'*Ave Maria* con le mani alzate al cielo.[6] Si trattava, come è ovvio, di un errore di comunicazione basilare: come ha osservato in proposito Emma Martinell Gifre, ognuno interpretava i segni secondo il suo proprio

3. Michael J. Braddick, *Introduction: the Politics of Gesture*, in *The Politics of Gesture*, pp. 10-11. Sul significato rilevante dei malintesi cfr. Ottavia Niccoli, *Malintesi. Fenomeni di incomprensione tra livelli di cultura*, in *Un mondo perduto? Religione e cultura popolare*, a cura di Lucia Felici, Pierroberto Scaramella, Roma, Aracne, 2020, pp. 33-58, e Carlo Ginzburg, *«I benandanti», cinquant'anni dopo*, in Id., *I benandanti*, Milano, Adelphi, 2020, pp. 298-300.

4. *Giornale di bordo di Cristoforo Colombo*, p. 50.

5. Ivi, p. 46.

6. Ivi, p. 70.

desiderio. Questa interpretazione dei gesti altrui in base ai parametri del proprio quadro mentale non poteva non avere conseguenze, e non mancarono le occasioni in cui uno di questi malintesi produsse nei reciproci rapporti conseguenze anche gravemente negative, poiché atti meramente giocosi o indifferenti furono intesi come irrisione o minaccia o addirittura azione di guerra.[7]

La pretesa di farsi comprendere solo con i gesti – considerati un linguaggio universale – fu costante tra i colonizzatori e i missionari. Tra il 1527 e il 1537 Alvar Nuñez Cabeza de Vaca vagabondò tra la Florida, il Messico, il Texas e l'Arizona e affermò di aver convertito quelle popolazioni solo con i gesti: «essi compresero che nei cieli c'è un uomo chiamato Dio»; e nell'agosto 1634 il gesuita Paul Le Jeune scrisse in una sua relazione di aver predicato agli indigeni di etnia Montagnais, nell'attuale Québec, quasi esclusivamente a gesti.[8] In altre situazioni la differenza nella gestualità non presentava difficoltà di comprensione, ma metteva in evidenza la separatezza culturale e in particolare religiosa fra due gruppi o due società. L'agostiniano spagnolo Martin de Rada, che viaggiò nel 1575 tra le Filippine e la Cina, notò che i cinesi erano abituati a inginocchiarsi sulle due ginocchia in atto di reverenza, ma che alcuni di essi, venendo a Manila, avevano notato che gli spagnoli si inginocchiavano in chiesa poggiando su un ginocchio solo, e li avevano derisi.[9]

Le verifiche fatte nelle pagine precedenti sulle pratiche religiose prescritte o proscritte concernevano quasi soltanto l'ambiente italiano e i fedeli legati alla Chiesa di Roma; proviamo a uscire da questo ambito forzatamente ristretto e tentiamo qualche affondo al suo esterno. Possiamo partire dal tema della gestualità della preghiera come la vediamo evocata e raffigurata e alla sua variegata specificità, che abbiamo affrontato nei capitoli 3 e 8; come è chiaro, la riflessione condotta nelle pagine precedenti può essere variamente articolata in base a ulteriori domande. In primo luogo potremmo chiederci se, rimanendo nell'ambito della religione cristiana, tali gesti siano costanti o varino a seconda della confessione. I gesti dell'orante erano, e sono, atti corporei non certo spontanei o innati, ma culturalmente trasmessi attraverso le parole e le immagini, e fortemente ritualizzati; do-

7. Martinell Gifre, *La comunicación entre Españoles e Indios*, pp. 126-141. La citazione «cada cual interpretaba las señales según su deseo», a p. 133.

8. Knox, *Ideas on gesture*, p. 131.

9. Ivi, p. 124.

vremo quindi porci il problema se la gestualità di chi aveva aderito a un nuovo modo di vivere la sua fede fosse simile, o uguale, a quella della sua vita passata. La risposta è, com'è ovvio, almeno parzialmente negativa; infatti il ruolo dei gesti nella vita religiosa tradizionale venne percepito come decisamente eccessivo da chi aspirava ad una fede più spirituale. Ne troviamo un esempio nell'aspro biasimo espresso nel 1543 con parole di sapore erasmiano da Francesco Sansovino, che si appoggiava al passo di Giovanni (4, 24):

> Qual religione è più cerimoniosa della nostra? Ella consiste ne' suoni, nelle campane, nelle musiche, ne' vasi, nelle veste pompose, nelle musiche, negl'incensi, *negl'inchini*, ne' sagrifici, *ne' gesti*, nelle pitture, et negl'adornamenti. Non disse Giovanni che Iddio è lo spirito, e chi vuol adorare, è bisogno ch'adori in spirito e verità?[10]

Sansovino si riferiva innanzitutto ai gesti dei riti liturgici. Come lui, le confessioni del mondo protestante, che vollero costruire una religione purificata, agirono innanzitutto nella liturgia, e procedettero a un forte contenimento della sua gestualità. Basti pensare al segno della croce, considerato nel mondo cattolico la prima preghiera e la base dell'educazione del fanciullo cristiano (non è casuale che l'educazione religiosa promossa da Colombo nei riguardi degli indios cominciasse proprio da lì), e nettamente rifiutato in area protestante. Dopo Trento, farsi il segno della croce non è solo una preghiera gestuale, ma un atto deliberato di appartenenza religiosa: significa ed esibisce la propria fedeltà a Roma. Viene quindi rifiutato fermamente da chi è su posizioni differenti, e soprattutto da chi appartiene a movimenti radicali. Emblematico, anche se paradossale, l'opuscolo che apparve a Londra nel 1642, in cui si narrava con raccapriccio la storia di una donna dissidente: costei, essendo prossima al parto, aveva dichiarato che avrebbe preferito che il nascituro fosse senza testa (come in effetti accadde), piuttosto che accettare che venisse battezzato con il segno della croce.[11] Che la vicenda sia reale o meno qui

10. Francesco Sansovino, *Lettere di M. Francesco Sansovino sopra le diece giornate del Decamerone di M. Giovanni Boccaccio,* Venezia, Baldassarre Costantini, 1543, p. 12r.

11. John Locke, *A Strange and Lamentable accident that appened lately at Mears Ashby in Kirkham Paris in Lancashire* [...], London, Harper and Wine, 1642. Cfr. Luca Baratta, *«A Monstrous Regiment of Women»: nascite mostruose come stigma del dissenso religioso delle donne negli anni delle guerre civili inglesi (1642-1652)*, in «Storia delle Donne», 11 (2015), pp. 129-162, e, per il caso specifico, pp. 137-142.

non interessa, ciò che conta è l'aborrimento comunque espresso per il gesto in questione.

Altri atti vennero mantenuti anche in ambito protestante, fra cui quello di pregare a mani giunte, tanto che lo vediamo attribuito a Gesù da Lucas Cranach il Vecchio nella tavola del *Passional Christi und Antichristi* che ce lo mostra «simile agli uomini e obbediente sino alla morte» (Fil. 2, 7-8). E anche nella grande incisione di Cranach il Giovane, *Unterscheid zwischen der waren Religion Christi und falschen Abgöttischen Lehr des Antichrists*, il Figlio si rivolge al Padre celeste a mani giunte (fig. 35). L'incisione ci mostra i riti sacri del mondo protestante, il battesimo e l'eucarestia; essi sono, e per ragioni teologiche vogliono essere, radicalmente diversi da quelli "papisti", e dunque i fedeli ricevono l'eucarestia sotto le due specie, peraltro restando inginocchiati, mentre il battesimo è amministrato per immersione. Inoltre la mensa eucaristica è presieduta non da un sacerdote ma dallo stesso Cristo crocifisso. La gestualità appare volutamente sobria, semplificata e legata fortemente alla proclamazione della parola di Dio e al suo ascolto; infatti il gesto più significativo dell'intera rappresentazione è certamente quello di Lutero che dal pulpito annunzia il Cristo agnello di Dio e sofferente in croce come soggetto della propria predicazione, esplicitato anche nelle scritte che sgorgano dal gesto della "manus loquens", che annuncia, ammonisce e benedice.

Una ritualità liturgica purificata segnalava ai fedeli l'avvento di un clero riformato. Nell'Inghilterra di Edoardo VI il nuovo vescovo di Lincoln manifestò nel 1552 la sua posizione eliminando alcuni gesti dal rituale della sua entrata solenne nella cattedrale: omise infatti di baciare la croce e di inginocchiarsi al momento del suo ingresso.[12] Sappiamo che i limiti di questa purificazione potevano essere criticati e discussi, dando origine a dispute a soggetto liturgico, come accadde, ancora in Inghilterra, negli anni Trenta del Seicento: il vescovo William Laud, consacrando una chiesa di Londra nel 1630, al suo ingresso cadde in ginocchio levando gli occhi al cielo e allargando le braccia, e procedette poi con una molteplicità di gesti e inchini che valsero alle sue posizioni la qualifica di "religione della gamba" (*leg religion*) e l'accusa di "papismo".[13] Qualche anno dopo, lo scon-

12. John Walter, *Gesturing at Authorithy: Deciphering the Gestural Code of Early Modern England*, in *The Politics of Gesture*, p. 111.

13. Michael J. Braddick, *Introduction: the Politics of Gesture*, in *The Politics of Gesture*, p. 21; Walter, *Gesturing at Authorithy*, p. 111.

certo e la diffidenza nei riguardi dei Quaccheri nascevano, a quanto sembra, più che da motivazioni teologiche, dal fatto che essi non accettavano di togliersi il cappello.[14] Il loro rifiuto voleva essere segnale di dissidenza, ma veniva interpretato più piattamente come un atto di insolenza (ancora una volta, è negli occhi e nella mente degli appartenenti alla società di chi compie un dato gesto che esso acquista un determinato significato). Inoltre, secondo gli oppositori la loro gestualità, il loro «bizzarro tipo di gesti [...], facendo discorsi fumosi e scuotendo la testa, le mani e le spalle»[15] era considerato un chiaro indizio di insincerità e ipocrisia. Di conseguenza, i gesti rappresentavano per essi il primo segno di appartenenza confessionale. In qualche modo, veniva a confermarsi, sia pure in senso inverso, la considerazione medievale che la corporeità non poteva non essere segnata dalla vita di fede ed era quindi significante in tal senso.

Ne troviamo una ulteriore conferma uscendo dal quadro rituale e gestuale della religione cristiana. I procedimenti inquisitoriali ci offrono molte notizie sulla specificità dei gesti di preghiera dei musulmani. Vediamone qualche esempio. Il 10 maggio 1619 un tal Guillaume Bedos, nato a Sérignan nel 1589, venne interrogato davanti al tribunale dell'Inquisizione di Palermo, e dichiarò di essersi fatto Turco e di voler restare tale; il suo nome ora era Xaban Rais. Giurò alla maniera turca, levando in alto le dita, e rinnovando così l'atto della sua apostasia. In cambio, rifiutò fermamente di farsi il segno della croce.[16] Un compagno di cella racconta di averlo visto pregare: «abbassava e rialzava la testa, pronunciando in turco parole che il testimone non capiva».[17] Dunque l'apostasia, cioè il cambio di fede, era marcata da un cambio di gesti e da una diversa modalità di pregare con gli atti corporei. Le somiglianze e le differenze gestuali ("*our* ritual and *theirs*") definiscono, accanto a tanti aspetti della vita quotidiana, anche la propria attitudine di fede e le modalità del proprio colloquio con Dio.

La gestualità di Guillaume Bedos (alias Xabas Rais) non era certo una scelta personale o occasionale. Anche Juan Rodelgas, sfuggito alla prigio-

14. Burke, *Il linguaggio dei gesti*, p. 80. Cfr. in proposito Lawrence Stone, *La crisi dell'aristocrazia. L'Inghilterra da Elisabetta a Cromwell*, Torino, Einaudi, 1972, p. 36.

15. «Odd kind of gesture [...], vapouring and throwing heads, hands and shoulders»: Richard Carter, *The Schismatic Stigmatized*, London, 1641, p. 7, cit. in Braddick, *Introduction*, pp. 22-23.

16. Bartolomé e Lucile Bennassar, *I cristiani di Allah*, Milano, Rizzoli, 1991, p. 53.

17. Ivi, p. 67.

nia turca, descrisse con parole analoghe all'Inquisizione la scena della sua apostasia: aveva sollevato l'indice della mano destra e aveva detto «Ley la y la la Mahomet resurala», cioè, spiegò, «c'è un solo Dio e Maometto è il suo messaggero». Descrisse poi i gesti della preghiera in moschea, sottolineando le possibili differenze fra i diversi popoli musulmani:

> I credenti [...] guardano in direzione del sorger del sole con le mani aperte; proclamano *Allah akbar*, cioè 'Lode a Dio che è grande', poi lasciano ricadere le mani, i turchi l'una sull'altra all'altezza della cintura, i mori sui fianchi, con le braccia diritte; poi tutti si genuflettono, e, a quattro riprese, si chinano a terra e baciano due volte il suolo.[18]

Ma anche altri prigionieri dell'Inquisizione perché convertiti all'Islam raccontano in modo simile le loro esperienze: per giurare, in particolare nell'atto dell'abiura, si deve «sollevare l'indice della mano destra», e si prega «abbassando e levando la testa».[19] Come abbiamo già visto, in ambito cristiano l'atto di sollevare due dita è il gesto già raccomandato dai manuali di retorica per accompagnare ogni solenne dichiarazione esposta oralmente, arricchito però nei primi secoli del cristianesimo da una più specifica carica sacrale.[20] Il suo significato risultava dunque non molto dissimile da quello con cui i convertiti segnalavano la loro scelta. Le differenze culturali non escludono convergenze, casuali o radicate in origini comuni (si potrebbe forse azzardare l'ipotesi che si tratti di un apporto della gestualità bizantina?).

Passando al mondo ebraico, da una composizione liturgica del XII secolo, il *Mahzor Vitry*, sappiamo che già all'epoca i bambini ebrei venivano abituati ad agitare il corpo durante la preghiera e la lettura dei testi sacri,[21] secondo una consuetudine tuttora esistente. Sappiamo peraltro che in qualche caso poté esserci non uno scambio, ma una integrazione di consuetudini e di credenze, in particolare proprio nella preghiera. Il marrano Antonio Fernandez Cardado dichiarò di recitare spesso una preghiera cristiana appresa quand'era bambino, in cui chiedeva a Dio «di

18. Ivi, pp. 24-25.
19. Ivi, pp. 120 e 77.
20. Vedi sopra, pp. 73-74, note 11, 12, 13.
21. David Efron, *Gesto, razza e cultura. Indagine preliminare su alcuni aspetti spazio-temporali e "linguistici" del comportamento gestuale di ebrei orientali e italiani meridionali abitanti a New York in condizioni ambientali sia simili che differenti*, Milano, Bompiani, 1974 (1941), p. 57.

avere misericordia di noi e delle anime dei nostri defunti», ma rivolgendosi in realtà solo al Dio di Israele.[22] Susanna Daza, una morisca vissuta in Sicilia nella seconda metà del Cinquecento, passò attraverso tutte e tre le religioni del Libro seguendo quella praticata dall'uomo con cui in quel momento aveva una relazione, e confessò all'inquisitore di aver recitato ad alta voce le orazioni che il «Turco» e il «Judio» le avevano insegnato; sembra di cogliere in vicende come questa una sorta di sovrapposizione culturale, per la quale il contatto con un nuovo culto e la sua conseguente acquisizione non significava la totale cancellazione della precedente fede, ma inaugurava piuttosto forme di ibridismo, in primo luogo gestuale.[23] Il giudaizzante Francisco Maldonado de Silva, arrestato nel 1627 a Concepción in Perù per ordine del tribunale inquisitoriale di Lima, scrisse nella sua cella una lettera in latino ai fratelli della sinagoga di Roma, in cui dichiarava di recitare in carcere tutti i sabati i salmi di David, i Proverbi di Salomone e molte altre preghiere, «inginocchiato davanti al mio Dio, chiedendo perdono per i miei peccati e per quelli del suo popolo».[24] Dunque Francisco si inginocchiava per pregare, coinvolgendo l'intero popolo ebraico nella sua preghiera. Da una testimonianza di alcuni anni posteriore, rilasciata da un altro marrano di origine portoghese, sappiamo però che in quel contesto la gestualità corretta della preghiera richiedeva di mettersi in ginocchio in un angolo, lasciando riposare il corpo sulle gambe, e chinando il capo il più possibile verso il suolo.[25] Sorge dunque l'incertezza se tale fosse anche la gestualità della preghiera di Francisco, oppure se egli mantenesse semplicemente quella del mondo cristiano nel quale era stato allevato dalla madre, cristiana anch'ella dalla nascita, che comportava il pregare inginocchiati.

Possiamo però ritenere che anche nel suo caso egli sentisse una certa comunanza tra l'antica e la nuova consuetudine dei gesti di preghiera. Nella religione cristiana Francisco era rimasto sino ai diciotto anni, quando il padre gli aveva confessato di essersi fatto cristiano solo per paura, mentre

22. Wachtel, *La fede del ricordo*, p. 80.

23. Umberto Grassi, *Genere, conversioni religiose e sessualità nel Mediterraneo del Cinquecento*, in «Riforma e Movimenti Religiosi», 8 (2020), pp. 83-96. Cfr. in particolare p. 87.

24. «Flexis genibus in conspectu Dei mei, depraecans illum pro peccatis meis et populi sui»: Wachtel, *La fede del ricordo*, p. 22 e nota 25, p. 36.

25. Ivi, p. 130 e nota 61 a p. 171.

tutti i suoi antenati erano stati giudei, ed erano morti nella legge di Mosè.[26] Il giovane tornò allora nella fede dei suoi padri, e in essa rimase fermo nonostante i ripetuti arresti e fino alla morte sul rogo nell'*auto de fe* tenuto a Lima il 23 gennaio 1639; ma pure, forse qualche traccia della religione in cui era cresciuto era rimasta nella modalità gestuale della sua preghiera. E anche la marrana Leonor Nuñez e i suoi parenti prima di andare a comunicarsi «s'inginocchiavano con le mani a terra e il corpo ricurvo per chiedere perdono all'Onnipotente» del rito al quale andavano a partecipare, intendendo significare la loro fede nella legge di Mosè, o forse invece mantenendo abitudini del passato. Infatti, se pregavano in gruppo, lo facevano seduti a terra a gambe incrociate «secondo la nostra usanza».[27] Ricordiamo che un altro personaggio ucciso anch'egli nell'*auto de fe* del 1639, Manuel Bautista Perez, di cui si è parlato nel capitolo 6, aveva scambiato con un altro condannato, il cognato Sebastian Duarte, quello che era stato definito «il bacio della pace giudaica»[28] – ma che, naturalmente, poteva avere anche un altro significato. Il passaggio attraverso credenze diverse lasciava spesso un segno; i gesti lo lasciano trasparire, ma non sempre in modo univoco, tanto più in situazioni che richiedevano il nascondimento delle proprie nuove o recuperate credenze.

In effetti, il variabile significato degli atti corporei rappresentava una questione che, se non messa bene a fuoco e affrontata nelle debite forme, causava problemi a coloro che nella prima età moderna entravano in contatto con popolazioni altre: si è detto sopra delle incomprensioni tra Colombo e le popolazioni da lui incontrate a causa della sua interpretazione dei loro gesti. Il problema era particolarmente vivo per i missionari, che rischiavano pesanti malintesi. Il gesuita Rodolfo Acquaviva, che si era recato nel 1580 alla corte dell'imperatore moghul Akbar nella speranza di ottenerne la conversione, non ottenne il suo intento e morì tre anni dopo ucciso dai nativi nella località di Cuncolim anche per la sua erronea interpretazione dei gesti di amicizia di Akbar, in realtà mere espressioni di legami di vassallaggio.[29]

26. «Todos sus ascendientes habían sido judios, y muerto en le lei de Moisses»: ivi, p. 17 e nota 12, p. 36.

27. Ivi, pp. 73 e 84.

28. Ivi, p. 41. Ma vedi sopra, p. 99.

29. Ines G. Zupanov, *Between Mogor and Salsete. Rodolfo Acquaviva's Error*, in *Catholic Missionaries*, pp. 50-62 (p. 51). Più in generale sulla presenza dei gesuiti alla corte

Il problema di adottare una gestualità conveniente al contesto locale si poneva negli stessi anni a un altro gesuita, Alessandro Valignano. A questo scopo, Valignano volle predisporre un cerimoniale per i missionari che si fossero recati in Giappone. Essi avrebbero dovuto adeguarsi alle norme locali di buon comportamento, allo scopo di mantenersi nella stima e nell'apprezzamento degli abitanti, e di favorire così l'efficacia della predicazione. Erano norme che avevano alcuni aspetti analoghi alle regole di modestia e gravità che i membri della Compagnia dovevano comunque seguire:

> Devo fortemente ammonire i Padri, come i Fratelli, di osservare con gran cura la modestia e la gravità religiosa, guardandosi dal fare con leggerezza atti e movimenti che mostrino poco decoro e poca gravità; e dovranno essere moderati nel camminare, non andare di fretta o girarsi facilmente per guardare di qua e di là, o muovere molto le mani quando parlano.[30]

Gravità e moderazione in ogni atto del corpo e in ogni gesto erano dunque più che mai necessari. Inoltre i padri dovevano attentamente evitare i contatti fisici, come prendere qualcuno per il braccio o per la mano, o toccargli involontariamente col piede anche solo l'orlo della veste. Questi gesti proscritti ci ricordano da vicino, ma con una forte accentuazione, quelli considerati insultanti nel mondo europeo di cui parleremo in seguito: nell'Italia del Seicento prendere qualcuno per un braccio veniva considerato il prodromo di una aggressione e comunque un atto offensivo. Accanto ai gesti di cortesia nei confronti dei nativi, vi era però dell'altro. Non dovevano mai mancare i gesti di omaggio nei riguardi degli stessi missionari, tesi a marcare i gradi di importanza tra di loro, come levarsi la berretta e inchinarsi tenendo le mani giunte davanti a sé quando si parlava con un superiore; in quest'ultimo caso, i collaboratori laici dovevano addirittura togliersi le scarpe, e parlare accoccolati tenendo le mani giunte sulle ginocchia. Erano prescrizioni volte a sottolineare la dignità dei padri, che non

di Akbar, cfr. Youri Martini, *Akbar e i Gesuiti. Missionari cristiani alla corte del Gran Moghul*, Trapani, il Pozzo di Giacobbe, 2018.

30. «Hão grandemente de advertir asi os Padres como os Irmaos de ter muita conta com a modestia e gravidade religiosa, guardando-se de fazer actos e movimentos leves que mostrem pueco asento e pouca gravidade; e asi han de ser moderados no andar, não indo apresurados nem virando-se facilmente a olhar de quá pera lá nem movendo muito as mãos quando falam»: Alessandro Valignano, *Il cerimoniale per i missionari del Giappone. Advertimentos e avisos acerca dos costumes e catangues de Jappão*, Roma, Edizioni di Storia e Letteratura, 1946, p. 130.

doveva essere inferiore a quella dei bonzi; essi dovevano quindi muoversi sempre accompagnati da un collaboratore laico e da almeno due servitori, e non dovevano mai reggere un ombrello con la propria mano o cavalcare un somaro. Dovevano curare che l'abitazione fosse onorevole e il proprio abbigliamento più che decoroso; anche scarpe e cappello dovevano essere sempre confacenti alla loro condizione, e nessuno di loro sarebbe dovuto andare in pellegrinaggio «lacero e malvestito come un povero», perché con ciò sarebbe stata menomata la reputazione della religione.[31]

La lettera che il generale dell'ordine, Claudio Acquaviva, scrisse in proposito al Valignano ne lodava le buone intenzioni; ma rilevava che volendosi adeguare sino in fondo ai costumi e alle regole di buona creanza giapponesi si finiva con il contravvenire alle regole dell'ordine, che richiedevano piuttosto «patienza, humiltà, longanimità, carità et mortificatione».[32] Lo stridore fra il cerimoniale giapponese e le regole ignaziane era quindi evidente. Lo scambio dei gesti in questo caso non riguardava le consuetudini della preghiera, ma quelle del vivere sociale, e presentava non poche difficoltà. Si trattava di un aspetto del più vasto e globale problema che il Valignano, e dopo di lui il suo allievo Matteo Ricci, cercarono di affrontare con uno sforzo che può dirsi titanico, e cioè quello di conciliare la religione cristiana e le forme delle culture orientali.[33] La "vicenda dei riti cinesi" tormentò a lungo i rapporti fra i missionari e Roma, e come sappiamo si concluse con un sostanziale fallimento. Tra gli altri problemi vi era stato proprio quello dei gesti: si era tentato di utilizzare anche il loro linguaggio per superare le difficoltà di comprensione reciproca. Ma poiché i gesti hanno una specificità culturale difficile a superarsi, la comprensione era stata solo parziale e momentanea. Però, forse per la prima volta era stata posta la questione di un rapporto fra culture diverse non necessariamente basato sulla sopraffazione.

Le difficoltà dell'inculturazione missionaria non riguardavano certo solo Cina e Giappone. James H. Sweet ha descritto lo sconcerto e l'indignazione dei missionari gesuiti e cappuccini nell'Angola del XVI e XVII secolo di fronte al fenomeno dei *Jinbandaa* o *quimbanda*, uomini vestiti da donna e disponibili sessualmente come tali, ma soprattutto guarito-

31. Ivi, pp. 154-157.

32. Claudio Acquaviva ad Alessandro Valignano, 24 dicembre 1585, ivi, p. 318.

33. Cfr. Liam M. Brockey, *Journey to East. The Jesuit Mission to China, 1579-1724*, Harvard, Harvard University Press, 2007.

ri grazie a particolari poteri spirituali. Soprattutto sconcertante risultava agli europei la loro gestualità femminile, che contribuiva insieme alle loro pratiche sessuali a portarli davanti al tribunale dell'Inquisizione.[34] La scelta sessuale dei *quimbanda* era l'elemento prevalente di quello che veniva considerato il loro comportamento criminale; ma che esso si manifestasse anche attraverso i gesti, rendendola più vistosa ed esplicita, aggravava certamente la loro posizione.

Il fenomeno era presente fra gli schiavi neri anche al di fuori dell'Africa. Nel 1556 venne portato dal Benin nelle isole Azzorre uno schiavo nero a nome Antonio, che al suo arrivo scelse di indossare un cappello e vecchi abiti trovati qua e là, allo scopo di contraffare un aspetto femminile. In questa nuova identità sessuale era una prostituta a nome Victoria, e come tale faceva, per attrarre i clienti, cenni e gesti "come una donna". Si osservò però che se si toglieva il cappello, che considerava evidentemente l'emblema della sua femminilità, Antonio si muoveva "come un uomo": la sua ambigua identità sessuale poteva essere chiarita in un senso o nell'altro per mezzo del segnale del cappello e della gestualità che egli sceglieva di volta in volta di adottare. Tradotto davanti all'Inquisizione di Lisbona, tentò di chiarire la propria posizione spiegando che nel Benin vi erano molti come lui aventi una duplicità sessuale, ma venne univocamente classificato come "sodomita" e come tale fu inviato alle galere.[35]

34. James H. Sweet, *Recreating Africa: Culture, Kinship and Religion in the African-Portuguese World, 1441-1770*, Chapel Hill, North Carolina UP, 2003, pp. 54-57; Id., *Mutual Misunderstandings. Gesture, Gender and Healing in African Portuguese World,* in *The Politics of Gesture*, pp. 128-143.

35. Sweet, *Recreating Africa*, pp. 53-54.

11. I gesti del lutto e del pianto

Nel 1489 un tale Innocenzo di Nicolò partì da Cesena per Venezia, e giunto colà fece scrivere alla giovane moglie, non sappiamo perché, che era morto annegato; «e lei, schapiata [scapigliata] e fatto corotto e pianto 8 giorni, tornò sano e romase tutta svergognata e falita».[1] Il 6 aprile 1494 ci racconta il canonico Tommaso di Silvestro nel suo diario che a Orvieto era morta una sua vicina, la giovane Lonarda; «et quando le donne stavano ad piangere lo funerale, innanze che venissero le prete et le frate ad fare lo nottorno in casa al corpo, se spezò la trave dela sala». Il soffitto crollò, ma nessuna delle presenti rimase uccisa.[2]

Questi due brevi passi ci interessano perché contengono alcune parole riferite al pianto funebre e al suo rituale, dunque ai gesti che lo componevano, usati a fine Quattrocento negli Stati della Chiesa: «schapiata», «corotto», «pianto», «piangere», «funerale», «nottorno». Non ci sono chiarimenti o spiegazioni, perché il significato di queste parole per lo scrivente e per l'eventuale lettore era ovvio. Vediamo la definizione di uno di questi termini nel *Grande dizionario della lingua italiana* di Salvatore Battaglia:

> *corrotto*, sm., Ant., Pianto rituale, accompagnato da strazianti lamenti ripetuti con ritmica insistenza, che si fa sulla bara o sul cadavere dell'estinto.[3]

Le altre parole sono tutte annodate all'interno di questa definizione. La giovane moglie di Innocenzo di Nicolò aveva fatto per otto giorni il

1. Giuliano Fantaguzzi, *Caos. Cronache Cesenati del Sec. XV*, a cura di Dino Bazzocchi, Cesena, Bettini, 1915, p. 32.

2. Tommaso di Silvestro, *Diario*, a cura di Luigi Fumi, *Rerum Italicarum Scriptores* XV, V, 2, Bologna, Zanichelli, 1922-1929, p. 16.

3. Battaglia, *Grande dizionario*, III, p. 841.

pianto rituale per la presunta morte del marito, e lo aveva fatto nelle debite forme, "scapigliata", con i capelli sciolti e in disordine: come ha scritto Ernesto De Martino a proposito delle lamentatrici lucane degli anni Cinquanta, «quando si deve eseguire il lamento bisogna sciogliersi le chiome: le chiome sciolte fanno parte del 'modello' della lamentatrice in azione».[4]

Allo stesso modo si comportano nella seconda vicenda le donne, vicine e parenti o prefiche: «stavano ad piangere lo funerale», cioè tenevano il lamento funebre, anche esse nelle forme previste. Si coglie la differenza di ruoli fra le donne e i preti: le prime «piangono il funerale», mentre i preti fanno «il notturno», cioè cantano l'ufficio delle ore canoniche tenuto di notte. C'è una netta distinzione tra i due compiti e tra le due azioni, che si svolgono in tempi diversi. Mentre, si noti, apparentemente nessun ruolo è riservato agli uomini della famiglia: ma sappiamo che il lamento funebre è una cerimonia rigorosamente femminile e domestica.[5]

Come è chiaro, questi atti, questi gesti, essendo parte di un rituale, non hanno rapporto (o almeno, non ne hanno necessariamente) con i sentimenti di chi li compie. Si tratta di «rituali sociali codificati, di lunga e spesso lunghissima durata»,[6] come ha scritto Adriano Prosperi. Sono gesti che non intendono necessariamente esprimere, ma casomai suscitare, l'emozione recitata; anzi Ernst Gombrich ha ipotizzato «che una buona prefica impari a sentire veramente il dolore che a pagamento esprime».[7] Nello stesso senso, María Tausiet e James Amelang hanno affermato, introducendo un volume da loro curato sulle emozioni in età moderna, che «l'espressione delle emozioni suscita effetti potenti, e articolarla in parole e gesti dà forma al sentimento, lo modifica e lo chiarisce».[8] Si tratta di una osservazione interessante sul rapporto tra gesti ed emozioni, che potremmo riallacciare a quanto abbiamo esposto nel primo capitolo sugli atti corporei che non solo

4. De Martino, *Morte e pianto rituale*, p. 95.

5. James S. Amelang, *Mourning Becomes Eclectic. Ritual Lament and the Problem of the Continuity*, in «Past and Present», 187 (2005), p. 27.

6. Adriano Prosperi, *Il volto della Gorgone. Studi e ricerche sul senso della morte e sulla disciplina delle sepolture tra medioevo ed età moderna*, in *La morte e i suoi riti in Italia tra medioevo e prima età moderna*, a cura di Francesco Salvestrini, Gian Maria Varanini e Anna Zangarini, Firenze, Firenze UP, 2007, p. 24.

7. Gombrich, *L'immagine e l'occhio*, pp. 77-78 e figg. 56, 57, 58.

8. «La expresión de las emociones tiene efectos poderosos, y articularla in forma de palabras y gestos da forma al sentimiento, lo transforma y clarifica»: María Tausiet, James S. Amelang, *Introducción. Las emociones en la historia*, in *Accídentes del Alma*, p. 17.

esprimono, ma generano i sentimenti. Inoltre nello stesso volume Amelang ha discusso il problema della "teatralità" del lamento funebre e dei rapporti presenti in esso fra azione sociale e risposta emotiva.[9] Sono temi, e parole, che esprimono benissimo la complessità del rapporto tra gestualità rituale ed emozioni. Notiamo anche che la moglie di Innocenzo non trae nessun conforto dall'inatteso ritorno del marito, ma solo vergogna e umiliazione. Lo zelo con cui ha tenuto il lamento funebre per otto giorni, è stato vano; si trattava di un rituale, e quindi la sua diligenza, che voleva dimostrare una competenza tecnica e sociale nel gestirlo, più che un meritorio affetto, è risultata inutile e perciò risibile.

Ovviamente, volendo riflettere sul tema non possiamo non confrontarci con la grande ricerca di Ernesto De Martino. Per De Martino il lamento funebre è una particolare tecnica del piangere, conservata tradizionalmente allo scopo di compensare e superare la crisi del cordoglio. Il lamento «è accompagnato da una mimica definita, tradizionalmente fissata»;[10] ma la documentazione che egli aveva trovato accingendosi alla sua ricerca, consistente in raccolte folkloriche di testi letterari di lamenti, non gli consentiva di recuperarne il senso, in quanto non diceva quasi nulla sulla gestualità che del lamento è parte. È una gestualità apparentemente costante su tempi lunghi o addirittura lunghissimi, ma solo in alcune zone dell'area mediterranea, e fin dal medioevo emerge la consapevolezza che si tratta di un comportamento presente solo in alcuni popoli. Boncompagno da Signa, vissuto tra il XII e il XIII secolo, ricordava che a Roma, in Toscana e altrove in Italia le donne durante il compianto funebre si graffiano il volto, si strappano i capelli e si lacerano le vesti, mentre presso altri popoli queste forme di lutto e di pianto non esistono.[11] Per De Martino il lamento funebre italiano, e più specificamente lucano, poteva, entro certi limiti, essere considerato un relitto del lamento funebre antico, la cui piena comprensione era lo scopo della sua ricerca; infatti

> i modi della crisi del cordoglio nel mondo contadino lucano, e soprattutto fra le donne, si avvicinano sensibilmente ai modi spettacolari della crisi del cordoglio nel mondo antico, quando la civiltà cristiana non aveva ancora inaugurato il suo nuovo ordine nel dolore e nel pianto.[12]

9. Amelang, *La viuda alegre*.
10. De Martino, *Morte e pianto rituale*, p. 68.
11. Knox, *Ideas on gesture*, p. 103.
12. De Martino, *Morte e pianto rituale*, p. 72.

Ed è appunto dei gesti del lutto agli inizi dell'età moderna, più che della complessità dei rituali funebri dell'epoca, che parleremo qui. Sappiamo che tracce della gestualità emergenti in queste situazioni di crisi possono essere individuate in fonti iconografiche che vanno dal mondo egizio a quello etrusco, dall'arte greca al Rinascimento, sino alle foto di Franco Pinna poste da De Martino nel suo *Atlante figurato del pianto* inserito in appendice. Fra i diversi problemi che questi materiali pongono vi è quello del rapporto tra immagini vissute (le foto delle lamentatrici lucane) e immagini raffigurate: in realtà si tratta comunque di una coppia di tipologie di figurazioni, in quanto anche le riprese di donne che recitano il lutto costruiscono e incarnano con i loro corpi figurazioni stereotipe. Ci troviamo insomma di fronte a *Pathosformeln* concretamente agite, che individuiamo non solo nelle immagini, ma anche in corpi viventi, animati anch'essi da una emozione "superlativa", che viene esibita in forme culturalmente definite e che, nello stesso tempo, da esse viene sollecitata.

Naturalmente non sappiamo fino a che punto la continuità fra tutti questi mondi così lontani sia reale, risponda a comportamenti costantemente tenuti, oppure se quella che verifichiamo sia solo l'imitazione di iconografie precedenti (ciò ovviamente non vale per i gesti delle lamentatrici lucane, basati solo su una tradizione stereotipa di lunga durata). In questo senso vanno le avvertenze di Gombrich, che ha confrontato una postura di dolore raffigurata su un rilievo della tomba di un sacerdote egizio (la guancia sorretta dalla mano, atto di cui abbiamo già parlato nel capitolo 5) con quella presentata su un sarcofago greco, sottolineando che si trattava di un «gesto di lutto ritualizzato che entrò poi nel vocabolario dell'arte medievale».[13]

Cerchiamo dunque di verificare la continuità (o meno) di alcuni gesti di lutto, nelle iconografie e, potendo, anche nelle realtà dei relativi periodi storici. Partiamo dalle scene di lamentazione del mondo egizio, utilizzando le figg. 17 e 32 dell'*Atlante figurato del pianto* e la fig. 56 del libro di Gombrich di cui si è detto sopra: notiamo, oltre alla testa sostenuta dalla mano, le braccia levate in alto o portate al capo per scompigliare o strappare i capelli. Le mani portate alla testa sono presenti anche in una serie di statuette di Tanagra riprodotte da De Martino, nonché in scene di lamentazione e di *prothesis*, cioè di esposizione del cadavere, in vasi greci funerari a fondo bianco (vedi ancora, in De Martino, figg. 50, 52,

13. Gombrich, *L'immagine e l'occhio*, p. 78 e figg. 56, 57, 58.

53). Molto articolata la descrizione della gestualità funebre etrusca (con relativa ricostruzione grafica: qui fig. 36) che incontriamo nella ricerca di Costanza Pastore, basata per la parte che ci interessa sull'esame di 35 bassorilievi dell'area di Chiusi: le lamentatrici sono ritratte «nell'atto di battersi il petto e alternativamente alzare le braccia in alto ai lati della testa [...]. È un atto, quello di battersi il petto, che troviamo isolato, ovvero associato a quello di strapparsi i capelli, o di graffiarsi la faccia».[14] Si tratta di una gestualità assai simile a quella raffigurata nei materiali greci studiati da De Martino; resta quindi aperta la questione se la continuità sia dovuta ad una imitazione delle raffigurazioni presenti sui vasi funerari greci, o se debba essere considerata la spia di una analogia nei comportamenti. Però i gesti riscontrati nelle urne funerarie etrusche – battersi il petto, strapparsi i capelli, graffiarsi le guance, levare le braccia – sono, meno quelli di battere la testa al muro o gettarsi a terra, non solo gli stessi visti e descritti in Lucania da Ernesto De Martino negli anni Cinquanta del Novecento, ma anche quelli raccolti vent'anni prima nelle stesse località da Carlo Levi, che in *Cristo si è fermato a Eboli* racconta il compianto funebre tenuto dalla vedova e dalla cognata di un uomo di Pisticci che lo scrittore aveva inutilmente tentato di curare:

> Non aveva ancor finito di morire che già le donne [...] cominciavano il lamento. Quelle due farfalle bianche e nere, chiuse e gentili, si mutarono d'improvviso in due furie. Si strapparono i veli e i nastri, si scomposero le vesti, si graffiarono a sangue il viso con le unghie, e cominciarono a danzare a gran passi per la stanza battendo il capo nei muri e cantando, su una sola nota altissima, il racconto della morte.[15]

La costanza della *performance* del lamento nei tre millenni in cui è stato studiato è stata sottolineata anche da una recente rassegna in argomento.[16] E in effetti, da quanto detto sinora non ci sarebbero variabili nella pratica del lamento funebre, salvo la sua estinzione – avvenuta, almeno in Italia, in un momento successivo alla ricerca di De Martino, in concomitanza con il miracolo economico degli anni Sessanta, più che a seguito del «nuovo ordine

14. Pastore, *Di alcuni riti funebri nel mondo etrusco*, pp. 194-195; a p. 196 la ricostruzione grafica dei gesti del lamento funebre etrusco (qui fig. 36). Cfr. De Martino, *Morte e pianto rituale*, pp. 211-220.

15. Carlo Levi, *Cristo si è fermato a Eboli* (1945), Milano, Mondadori, 1963, p. 181.

16. Marta Scaratti, *Il lamento funebre nel bacino mediterraneo*, in «Études Thanatologiques – Studi Tanatologici – Thanatological Studies», 9 (2017-2018), pp. 149-158.

nel dolore e nel pianto» apportato dalla civiltà cristiana.[17] Certo, fin dall'inizio la nuova religione aveva contestato duramente la legittimità del lamento funebre e in genere di una eccessiva manifestazione di dolore per una morte considerata solo il prodromo di una vita nuova;[18] e, sia pure cedendo talora a qualche compromesso, aveva invece proposto in alternativa la sofferenza tacita della *Mater dolorosa* sotto la croce.[19] Ai credenti i gesti del lamento erano proposti solo all'interno di una prassi penitenziale sui propri peccati.

Tuttavia, l'intervallo tra un passato lontano – quello del mondo antico – e il folklore contemporaneo o comunque vicino a noi può essere almeno in parte riempito o comunque discusso, come suggeriva nel 2005 James Amelang, presentando, insieme a una riflessione sull'argomento, alcuni spunti di ricerca sulla repressione inquisitoriale del lamento nei riguardi di marrani e moriscos.[20] Riprendendo le suggestioni di Amelang e sottolineandone la rilevanza, Adriano Prosperi ha ricordato anche i divieti del pianto reperibili negli statuti cittadini trecenteschi di area emiliano-romagnola, che descrivono e deplorano, ancora una volta, i gesti consueti.[21] Può essere interessante sottolineare che l'articolo degli statuti bolognesi *De pena plorantium seu desbatentium ad exequias mortuorum*, ripetuto costantemente a partire dal 1288, permane solo sino alla versione del 1454, mentre in un bando sulle pompe del 7 marzo 1545 al paragrafo *Delle esequie funerali* troviamo menzionate solo «le eccessive et superflue spese delle essequie funebri».[22] L'uso del lamento funebre, o almeno la sua diffusione, sembrerebbe dunque essersi estinto a Bologna e nel suo contado tra la metà del XV e la metà del XVI secolo. Ciò che conferma, e anzi sembra precisare, almeno per alcune aree italiane, le considerazioni di Amelang, che ritiene che il lamento venga relegato in aree rurali (per l'Italia potremmo specificare: zone povere, periferiche e rurali) tra il XIV e il XVI secolo, a seguito delle pressioni ecclesiastiche e civili. Permane comunque una notevole continuità morfologica dei riti funebri su tempi lunghissimi, che si può dire estesa a tutta l'area mediterranea; restano però da considerare le circostanze storiche che hanno

17. De Martino, *Morte e pianto rituale*, p. 72.
18. Ivi, pp. 327-344.
19. Ivi, pp. 341-342.
20. Ivi, pp. 3-31.
21. Prosperi, *Il volto della Gorgone*, pp. 26-28.
22. *La legislazione suntuaria. Secoli XIII-XVI, Emilia-Romagna*, a cura di Maria Giuseppina Muzzarelli, Roma, Ministero per i beni e le attività culturali, 2002, pp. 19, 21, 23, 24, 51-52, 75, 102, 153, 187.

contribuito a delocalizzare tali riti e a causarne la scomparsa. Tutto ciò, conclude Amelang, sollecita il ricercatore a una più approfondita disamina dell'«esito imperfetto della disciplina alla quale le autorità laiche, e soprattutto quelle ecclesiastiche, assoggettavano il lamento rituale».[23]

Questo mi sembra il punto più rilevante, cioè l'identificazione delle fasi della lotta contro un costume fortemente radicato, ma considerato inconciliabile con l'etica cristiana; così, fra gli altri, alla soglia del XVI secolo il cardinal Gaetano rimproverava severamente i predicatori che attribuivano alla Vergine Maria grida e gesti di disperazione.[24] In realtà, la lotta è stata dura, e ha incontrato forti resistenze. Come è emerso all'inizio di questo capitolo, le tracce della gestualità del lamento funebre proseguono e sono percepibili anche nel corso del Rinascimento, anche se sono sparse e non sempre facili da individuare e soprattutto da far parlare. I due passi di fine Quattrocento citati sopra ci parlano dei lunghi pianti delle donne vicine al defunto e dei capelli sciolti e disordinati della vedova, ma non ci offrono indicazioni più precise che ci consentano un confronto analitico con la realtà gestuale alla quale alludono. Potrebbe aiutarci invece la critica che Juan Luis Vives rivolgeva circa trent'anni dopo, nel 1522, alle vedove dei paesi mediterranei che seguivano questo costume:

> Non meno peccano quelle femine che non sanno porre misura al pianto, percioché dal nuovo dolore stimolate empiono l'aria di gridi, straciansi li capelli, battonsi il petto, graffiansi le guancie, percuotono il capo al muro, si gittano in terra e piangono lungamente, come fassi in Cicilia, in Grecia, in Asia, in Roma, perché fu astretto il Senato a porre un termine al pianto con le leggi de le dodici Tavole [...] perché se crediamo che Gesù è morto e risuscitato, così Iddio quelli che sono morti per Giesù guiderà con lui.[25]

Il passo di Vives è interessante perché sembra mostrare parallelamente la permanenza di un costume, considerato però specifico solo di alcune aree, e l'identità della gestualità descritta con quella del mondo antico e quella folklorica; d'altro canto, fa emergere il biasimo incontrato da tale

23. «Uncompleted task of discipline to which lay and especially clerical authorities submitted ritual lament»: Amelang, *Mourning Becomes Eclectic*, p. 31.

24. Silvia Ginzburg, *Dopo una rilettura dell'Alibrando*, in Cola Giacomo d'Alibrando, *Il Spasmo di Maria Vergine. Ottave per un dipinto di Polidoro da Caravaggio di Messina*, a cura di Barbara Agosti *et al.*, Napoli, Paparo Edizioni, 1999, p. 46.

25. Juan Luis Vives, *De l'ufficio del marito* [...] *De l'istitutione della femmina christiana, vergine, maritata o vedova* [...], Venezia, Valgrisi, 1546, c. 186r.

consuetudine, sulla base, sostanzialmente, delle stesse motivazioni che avevano spinto Crisostomo, Agostino, il cardinal Gaetano a rifiutarla. Si nota però che i comportamenti descritti lo sono sulla base di una conoscenza dello scrivente forse anche di realtà del suo tempo, ma certamente soprattutto provenienti dalle fonti del mondo classico. L'appiattimento astorico di queste diverse fasi della tradizione del lamento funebre rende dunque incerta la testimonianza di Vives.

C'è però un altro tipo di fonti che possiamo prendere in esame accanto alle dichiarazioni scritte dei contemporanei, e cioè l'iconografia del compianto sul Cristo morto. In realtà, i sondaggi effettuati mostrano, come De Martino aveva già sottolineato, una gestualità in genere molto contenuta.[26] La Vergine mostra una sofferenza profonda ma composta; l'apostolo Giovanni tiene spesso la mano alla guancia, secondo la tipologia gestuale già rilevata, mentre sovente la Maddalena accarezza la mano o un piede di Gesù morto, come nel *Compianto* del Beato Angelico nel Museo di San Marco a Firenze. Ma le eccezioni non mancano: nella *Crocifissione* di Masaccio conservata a Napoli (fig. 37), nella *Deposizione* del Lotto della Pinacoteca di Jesi, in quella di Caravaggio nei Musei Vaticani, i gesti sono più scomposti, e la Maddalena, secondo uno stereotipo di lunga durata, leva le braccia al cielo in segno di disperazione. È stato osservato che si tratta di uno stilema «che si riallaccia ai temi funerari di epoca classica»;[27] verissimo, ma l'incertezza che abbiamo già menzionato anche ad altro proposito sul rapporto tra gesti raffigurati e gesti reali permane, e ci consente di avanzare qualche ipotesi, seppure dubbia, sui possibili echi di comportamenti contemporanei in queste iconografie. Per esempio, le immagini di donne con i capelli sciolti o in disordine, o addirittura nell'atto di strapparli, potrebbero provenire da esperienze dirette oltre e più che da esempi figurati; anche Ernst Gombrich ha osservato che la rappresentazione di intense espressioni di lutto è presente anche in materiali figurati i cui autori non possono essere stati in contatto con i sarcofagi del mondo antico.[28]

Vediamo qualche caso. In una lunetta di metà Trecento del Maestro di Camerino (Camerino, chiesa di San Francesco) due delle donne presen-

26. È stato utilizzato l'archivio fotografico della Fondazione Federico Zeri dell'Università di Bologna, di cui segnalo qui solo alcuni esempi più rilevanti. Il riferimento è a De Martino, *Morte e pianto rituale*, pp. 380-381.

27. Dalli Regoli, *Il gesto e la mano*, p. 61.

28. Gombrich, *Espressioni di disperazione*, p. 43.

ti si strappano i capelli; nella tavola di un anonimo pistoiese (1370 ca.), conservata nella Alana Collection (Newark, USA), tutte le donne, Vergine compresa, hanno i capelli sciolti. Nella tavola di un anonimo ferrarese della metà del Cinquecento (Musée des Beaux-Arts, Digione), la Maddalena si afferra ciocche di capelli per strapparle. Allargando l'attenzione anche ad altri gesti, una vera scena di *planctus* è quella raffigurata nella piccola tavola di Dosso Dossi (1515-20, nella National Gallery di Londra) in cui Maria e due pie donne gridano, levano le braccia al cielo, si strappano i capelli (fig. 38); e sembra esserlo anche il *Compianto* del pittore sardo Pietro Cavaro (1520 ca., Pinacoteca di Cagliari; fig. 39a), che ci mostra una delle Marie che urla levando le braccia, mentre un'altra geme seduta a terra, in uno stato che ricorda la «ebetudine stuporosa» di cui parla De Martino;[29] intanto la Vergine e un'altra donna si lamentano e la Maddalena bacia i piedi del Cristo. La tavola faceva parte del retablo di *Nostra Signora dei Sette Dolori*, conservato nella chiesa di Santa Rosalia a Cagliari, dove si trova tuttora la sua parte centrale (una statua raffigurante la Madonna Addolorata). Fra le altre componenti del retablo ve ne era una, che è stata ritrovata di recente, che mostra la *Deposizione di Gesù nel sepolcro* (fig. 39b); i personaggi sono gli stessi del *Compianto*, la scena è apparentemente analoga, ma vi regna una pacatezza che esclude qualsiasi riferimento al lamento funebre. Tra le due tavole sembra insomma di cogliere un passaggio verso il «nuovo ordine nel dolore e nel pianto» raccomandato dalla Chiesa, di cui parla De Martino; o almeno, il pittore ha ritenuto di presentare ai fedeli due modi diversi e alternativi di affrontare il lutto. E anche questa ambiguità, o almeno questa incertezza, è molto significativa.

Ma la lotta per disciplinare i rituali funebri era tutt'altro che conclusa. Ce ne parlano con particolare insistenza ed efficacia le lettere scritte dai gesuiti stabilitisi in Sicilia tra il 1554 e il 1556. «Molte gentile donne hanno lasciato il costume che qua avevano di gridar et scapilarse nella morte dei soi parenti», scrive da Messina Annibal Coudret a Ignazio di Loyola il 13 settembre 1554;[30] e l'ovvio sottinteso è che moltissime lo praticano ancora. Infatti due anni dopo, nel maggio e nel giugno 1556, lettere da Messina e dalla vicina Italia descrivono con maggiori particolari, addirittura con minuzia, il rituale del lamento funebre in Sicilia, che si manifesta con le modalità e i gesti che abbiamo imparato a conoscere:

29. De Martino, *Morte e pianto rituale*, pp. 83-84.
30. *Litterae quadrimestres*, III, *1554-1555*, Madrid, Augustinus Avrial, 1896, p. 145.

con il lamento funebre, strappandosi i capelli, graffiandosi, con urla delle donne, reclutamento delle prefiche, e altre idolatrie dello stesso genere. Se uno moriva, tutti i parenti del morto lanciavano grida differenti; gli uomini si strappavano la barba, le donne che stavano intorno al morto si strappavano i capelli. Avresti pensato che fossero tutti impazziti.[31]

Gli scriventi si affrettano ad affermare che si è provveduto, e che ormai sono riusciti a estirpare quelle «idolatrie», almeno nelle case delle «gentili donne». Ma che il loro sforzo non avesse necessariamente avuto un successo definitivo, lo cogliamo bene confrontando con altra documentazione successiva una lettera inviata ad Ignazio dalla località di Bibona (Bivona, in provincia di Agrigento), il 21 maggio 1556:

Oltra di questo habbiamo uisitato molte fameglie, le quale non faceuano nessun' fine di piangere li loro morti, et habbiamo fatto che ponessino modo al lor' dolore, benché difficilmente. Con quali pianti le donne siciliane piangano li lor' morti, non sara fuor' di proposito breuemente dechiararlo. Morendo alchuno, lo sogliono vestire con veste preciosissime, o sue, o imprestateci dalli uicini, et porlo a sedere in una sedia molto alto, come il simulachro di Jupiter, intorno del quale molte donne cantano un certo canto sciocchо et tutto puerile, stendendo le mani verso il morto, empieno la casa de pianti, stirandosi li capelli, et con le unge sgrafigniandosi la faccia, et questo non per un giorno ma per cinquanta, et molte per insino a dui et tre anni [...] la qual consuetudine il Viceré, zeloso del honor de Dio, volendola levare del tutto, con grandi bandi non ha potuto, benché in alcuni lochi si è un poco diminuito.[32]

Accanto alla consueta descrizione del lamento funebre con la sua specifica gestualità, cogliamo qui altri elementi: i vani tentativi dell'autorità politica di associarsi con la pressione dei bandi agli sforzi dei gesuiti per clericalizzare la morte, e le singolari forme dell'esposizione del cadavere (su cui torneremo più oltre), delle quali i padri pensavano di avere ottenuto, sia pure con difficoltà, l'abbandono. Ma nel 1830 Salvatore Salomone-Marino ebbe ad assistere a una scena del tutto simile a quella descritta quasi trecento anni prima:

31. «In luctu funebri, evulsione capillorum, ungulationibus, muliebri eiulatu, praeficarum convocatione, atque aliis id genus idololatriis [...]. Si quis moriebatur, omnes, qui mortuo sanguine coniuncti erant, voces diuersas emittebant, viri barbam, mulieres vero, mortuum circumstantes, comam euellebant: insanire omnes putasses»: *Litterae quadrimestres*, IV, *1556*, Madrid, Augustinus Avrial, 1897, pp. 319, 385.

32. Ivi, p. 306.

> Il cadavere di un uomo sui trent'anni stava accomodato in una sedia a braccioli, vestito di tutto punto, con le mani conserte al petto e il rosario fra le dita [...]. A destra e a sinistra di lui due donne accoccolate sur un panchetto, con le chiome disciolte, le braccia pendenti, immobili, gli occhi fissi a terra. Ad un tratto, come spinte da una forza, entrambe levano in alto le mani e si percuotono il viso con un miserevole grido: indi, palma a palma giungendo, intuonano alternativamente una mesta cantilena ritmica.[33]

Una cristianizzazione del rituale è stata dunque conseguita, ma è davvero limitata: la possiamo cogliere nel rosario posto nelle mani del morto. Senza dubbio la presenza dei gesuiti non ha ottenuto, come alcuni di essi avevano sperato, il contenimento, e men che meno l'abolizione, del lamento funebre; ma è importante sottolineare come il loro passaggio abbia in ogni caso rappresentato uno di quei momenti di tensione e di lotta fra consuetudini e disciplina, che segnalano le fasi di una diversa strutturazione della società. L'esposizione del cadavere seduto in realtà rimase; ma fino a quando? E quale era la sua finalità, alla quale non fanno cenno né i padri né Salomone-Marino?

Alla prima domanda troviamo una risposta, certo tardiva, nelle pagine di Louise Caico Hamilton, una nobildonna di origini franco-irlandesi, vissuta però a Firenze dai due anni di età e sposata con un proprietario siciliano di zolfatare, Eugenio Caico, che l'avrebbe portata a vivere a Montedoro, in provincia di Caltanisetta. Nel 1910 Louise pubblicò un libro sulle sue esperienze siciliane, *Sicilian ways and days*, in cui descriveva fra l'altro gli usi funerari locali:

> Fino a pochi anni fa, quando moriva una persona di riguardo l'uso era di vestirlo – o vestirla – con i suoi abiti migliori, metterlo *a sedere* su un seggiolone a braccioli; qualche ora dopo veniva portato in chiesa, sempre seduto sul suo seggiolone, che veniva posto in una posizione elevata avvolto in un drappo nero, e il cadavere rimaneva lì.[34]

33. Salvatore Salomone-Marino, *Le reputatrici nell'età di mezzo e moderna*, Palermo, Giannone e Lamantia, 1886, p. 19, riportato in De Martino, *Morte e pianto rituale*, p. 118. A De Martino non era invece nota la lettera del 1556.

34. «Until a few years ago, when a person of consideration died, it was the fashion to dress him – or her – in his smartest clothes, place him *sitting up* in an arm-chair [...] a few hours later he was carried, still sitting up in his arm-chair, [...] to the church, where the arm-chair was placed on a high stand shrouded in black cloth, and the corpse remained up there»: Louise Caico Hamilton, *Sicilian ways and days*, Londra, John Long, 1910, p. 151. Il corsivo è nell'originale.

In tal modo, racconta Louise, erano stati onorati alla loro morte i suoi suoceri. Quell'«atrocious custom», aggiunge, era stato soppresso dalla legge ormai da quindici anni, ma ancora dieci anni prima – dunque nel 1900 – era stata fatta un'eccezione alla morte del parroco del paese.

Si sarà notato che in questo racconto non vi è traccia del lamento funebre, probabilmente non più adottato dalle *élite* locali (non dobbiamo dimenticare che la famiglia Caico era una delle principali del paese). Possiamo invece trovare una spiegazione alla posizione seduta dei cadaveri – e rispondere così alla seconda domanda – nell'uso campano e siciliano dei colatoi o cantarelle: siti sotterranei spesso scavati nel tufo, «delle nicchiette a foggia di sedile con vasi sottoposti praticati nel tufo, vi si metteva a sedere il morto [...] ciò diceasi scolare, per modo che nel vaso ne colassero i visceri, e il cadavere si rasciuttasse», come scrive l'autore di una guida ottocentesca della città di Napoli.[35] Presumibilmente, i morti, trasportati seduti, acquistavano il *rigor mortis* in questa posizione, e in tale postura venivano sistemati nei colatoi; disseccati o ridotti a scheletro potevano essere sistemati altrimenti. Sembra di riconoscere in questa pratica, cui allude con macabro sarcasmo Giacomo Leopardi nei suoi *Paralipomeni della Batracomiomachia*,[36] i meccanismi della «doppia sepoltura» di cui parlava Robert Hertz.[37]

Due tradizioni diverse dunque, quella del lamento funebre e quella della doppia morte e doppia sepoltura, sembrerebbero congiunte a metà Cinquecento, e invece separarsi nel corso del XIX secolo: nel 1830 esse risultavano però ancora unite. Gesti, voci e credenze complesse che non è facile chiarire fino in fondo.

35. Gennaro Aspreno Galante, *Guida sacra della città di Napoli* (1872), Napoli, Società Editrice Napoletana, 1985, p. 309, cit. in Francesco Pezzini, *Rane, topi e morti. I* Paralipomeni della Batracomiomachia *di Giacomo Leopardi e la doppia sepoltura nel Regno delle due Sicilie*, in *Riti di passaggio, storie di giustizia. Per Adriano Prosperi*, III, Pisa, Scuola Normale Superiore, 2011, p. 336. Cfr. in argomento, dello stesso Pezzini, *I vivi e i morti nella Napoli preunitaria, Note di ricerca*, in «Études Thanatologiques – Studi Tanatologici – Thanatological Studies», 4 (2008), pp. 119-147, e Diego Carnevale, *L'affare dei morti. Mercato funerario, politica e gestione della sepoltura a Napoli (secoli XVII-XIX)*, Roma, École Française de Rome, 2014, p. 74.

36. Pezzini, *Rane, topi e morti.*

37. Hertz, *Contributo a uno studio sulla rappresentazione collettiva della morte*, in Id., *La preminenza della destra,* pp. 48-137. Osserva peraltro Carnevale, mettendo in dubbio il parallelo con il testo di Hertz, che «manca una qualsiasi attestazione documentaria, letteraria o artistica della ritualizzazione di queste operazioni» (*L'affare dei morti*, p. 74).

12. Gesti "turbolenti" e insultanti

Come abbiamo visto, arrivare a fondo nella comprensione delle forme e degli usi dei gesti e leggerli come fatti storicamente significanti richiede, fra l'altro, di inserirli in un contesto. I gesti non possiedono un significato assoluto e perenne, e considerarli tali ci impedirebbe di comprenderne il senso più profondo. Abbiamo già parlato di un caso paradossale, che richiede la considerazione di un contesto imprevedibile: nella *Madonna annunziata* di Antonello da Messina l'atto della Vergine si può intendere solo se lo collochiamo all'interno di quello che è probabilmente il suo più corretto contesto, cioè la riflessione artistica di Antonello.

Questo vale anche per i gesti oltraggiosi e infamanti. Essi sembrano parlare da sé, o almeno, questo è quanto credono coloro che ne fanno uso; ma non è proprio così. In realtà, i contesti diversi in cui sono agiti e descritti ci lasciano cogliere la varietà dei loro possibili usi e quindi dei loro diversi significati profondi. Alcuni di questi gesti avevano una maggior connotazione locale, salvo poi migrare di paese in paese. Tale, a quanto pare, è il caso dell'atto di mordersi il pollice. Il significato primaziale di questo dito è segnalato anche da Montaigne («I medici dicono che i pollici sono le dita padrone della mano»), che inoltre menziona il significato negativo e insultante dell'atto di morderlo, ricordando come «a Sparta il maestro castigava gli alunni mordendo loro il pollice».[1] Il gesto fu importato in Italia presumibilmente dalla Spagna, ma forse era di origine borgognona: una pala d'altare alsaziana di fine Quattrocento mostra un gruppo di ebrei che irridono Cristo con gesti di scherno: uno tira fuori la lingua, un altro si morde il pollice. Comunque l'atto è menzionato come tipicamente spagnolo in

1. Michel de Montaigne, *Saggi*, Milano, Mondadori, 1986, II, XXVI, *Dei pollici*, p. 389.

un processo tenuto in Inghilterra nel 1657 contro un insolente domenicano irlandese che era stato colà, e che al suo arresto «con grande insolenza si mise le dita in bocca, e in atto di spregio si morse il pollice». Tale gesto, scrive il relatore, era considerato in Spagna «un atto del massimo disdegno e disprezzo».[2] In realtà esso (e così pure il suo significato), sembrerebbe già noto anche in Inghilterra verso la fine del XVI secolo, perché a quell'epoca venne inserito nella prima scena di *Romeo and Juliet*: «Mi morsicherò il pollice davanti a loro, che gli sia di infamia», dichiara Sampson, servitore dei Capuleti, che intende così attaccar briga con gli uomini dei Montecchi.[3] Possiamo supporre che Shakespeare avesse avuto notizia di questa modalità di insulto da studenti di ritorno da università italiane e lo considerasse tipico del paese. John Evelyn segnala nel suo diario di averlo visto fare a Venezia nel 1644, e anche in un processo romano troviamo menzionato il significato infamante del gesto di «mittere le dita in bocca».[4]

In effetti, negli stessi anni troviamo in Italia altri casi di mani e dita morsicate; però a fine Cinquecento c'è il caso che le dita offese non appartengano al morsicatore, bensì alla sua vittima. Ma il gesto è sicuramente insultante, oltre che violento. Ce ne danno relazione le testimonianze di alcuni processi bolognesi:

> Il detto Marino morsigò il detto Bastiano in una guanza et [gli fece] un poco de sbuzzadura nella man dritta.
> Me tolsero il liuto et la berretta sgraffignandome tutto il viso come vedete (*prout ego notarius vidi*) et anco da quello Michele fui con li denti offeso qui in questo dito secondo della man dritta, come vedete (*prout ego notarius vidi et sic annotavi dighitum esse laceratum*).
> Uno di loro mi morsicò in questo deto et mel fece crepare et uscì del sangue come vedete (*ostendens digitum auricularem manus dextere ut dicitur crepato in punta cum apparitione sanguinis*)[5]

Le descrizioni di cui il diligente notaio del tribunale del Torrone prende nota ci lasciano intravvedere scene di rissa, in cui il denunciante ha presumibilmente cercato anch'egli di graffiare il viso dell'avversario, che

2. «Most insolently put finger into his mouth and scornfully bit his thumb [...] a token of scorn and disdain in the highest degree». Cfr. *The Reports of Sir George Croke, Knight*, London, R. Hodgkinsonne, 1657, p. 242, cit. in Walter, *Gesturing at Authority*, pp. 113-114.

3. «I will bite my thumb at them, which is a disgrace to them»: *Romeo and Juliet*, I, 1.

4. Cfr. Burke, *Il linguaggio dei gesti*, p. 82.

5. ASB, *Torrone*, 1410, c. 261r; 2892/1, c. 153v; 3443, c. 21r.

a sua volta si è difeso morsicando il dito, indice o mignolo, che si è trovato all'altezza della bocca. Ora spostiamoci trent'anni in avanti, e assistiamo a un'altra scena. Nel giugno 1630, l'arciprete Cristoforo Vecchi di Capanne di Granaglione, una località dell'Appennino bolognese, presenzia in cotta e stola alla processione di san Pietro; la segue però a cavallo, «per esser vecchio di anni sessantuno et per esser assai corpolento». Ma ecco irrompere, armato di un archibugio a ruota e di «un pugnaletto di punta quadrata» un tal Giovan Battista Vivarelli, che lo copre di insulti, e non solo a parole, ma anche con quell'atto ormai divenuto corrente: «Spione becco falsario, traditore cornuto! [...] Ah briccone spione, sei bene vero spia spione, vien fuora, vien fuora! et si morsicò il dito». Il Vivarelli poi si allontana gridando altre minacce («Quel pretone lo voglio ben sventricare io una mattina»).[6] Conosciamo l'episodio, che non ha seguito, dalla denuncia e dalle relative testimonianze; anche in questo caso potremmo supporre una importazione del gesto dalla Spagna, data la situazione politica italiana dell'epoca e, nello specifico, la presenza nell'università di Bologna di numerosi studenti spagnoli, che potevano appoggiarsi al Collegio di Spagna.

Un atto infamante largamente diffuso è quello di sputare, a terra o su un oggetto o, peggio, sul volto di chi si vuole offendere. Ce ne danno l'esempio due processi, tenuti entrambi nel 1590 ("l'anno cattivo", terribile per il clima e per la carestia susseguente): un tal Marcantonio, sorpreso mentre tenta di notte di rubare il pane ad un fornaio, «sputò nella faccia a suo nepote che se chiama Giacomo, e ancho sputò su per il pane», per mostrar disprezzo, nella sua disperazione, verso quel cibo che si era ridotto a sottrarre per nutrirsi; e ancora, lamenta nello stesso giro di tempo un altro querelante, «detto Gio. Batta arrivò lì da me, e perché io non li volsi dare il muro mi cominciò a ingiuriare [...] e mi sputò ancho tutto il tempo nella faccia».[7] Sappiamo bene dalla ricerca di Elias che è proprio in questi anni che viene ad accentuarsi il significato disonorevole e oltraggioso dell'atto di sputare.[8]

Tra parentesi, osserviamo che il secondo caso citato è interessante anche per la causa delle ingiurie lamentate: «non li volsi dare il muro». È la stessa situazione che nel capitolo IV dei *Promessi Sposi* spingerà Lodovico, il futuro fra Cristoforo, a commettere un omicidio, e che, in ogni modo,

6. ASB, *Torrone*, 5712, cc. non numerate.
7. ASB, *Torrone*, 2264, cc. 153v, 187r.
8. Elias, *La civiltà delle buone maniere*, pp. 292-298.

valeva essa stessa come ingiuria. Ad essa l'avversario ritiene di dover rispondere con contumelie e sputi. Siamo all'interno di quell'ampio ventaglio di gesti insultanti che vanno valutati secondo i principi dell'antropologia giuridica, che distingue, ad esempio, tra il "gestus iniuriosus" dello sputare per terra e l'"actus iniuriae" consistente nello sputare in faccia a qualcuno.[9]

I gesti insultanti sono numerosi, ed è difficile distinguere l'insulto dall'aggressione; si tratta comunque di "ingiurie di fatto", che il giurista valuta con cautela, a seconda delle circostanze,[10] tenendo tacitamente presente il concetto che deve considerarsi offesa all'onore – un valore primario nell'Italia e nell'Europa della prima età moderna – ogni indebita intromissione nei possessi e nello spazio mentale e fisico del singolo. Quindi ogni gesto minaccioso e aggressivo è anche insultante, e costituisce di per sé una grave offesa. Si tratta di un dato almeno europeo: nell'Artois della prima età moderna «passer par devant lui» è considerato un insulto.[11] È interessante cogliere l'esemplificazione di questo principio in un vasto ventaglio di processi criminali aperti a Bologna tra 1581 e 1631, di cui si è già visto qualche esempio: così nel 1630 due ragazzi del contado – sono entrambi sui quattordici anni – si picchiano, come nell'Artois, «sendo venuti a parole per causa che l'uno voleva passare aventi all'altro».[12] Ma già esser guardati da qualcuno è un insulto a cui si può rispondere con le armi o almeno con le percosse:

> Mi dimandò che cosa io guardavo, e dicendoli '*ma perché, non si può guardare?*' lui mi rispose '*se li guarderai tu vedrai quello che te interesserà*', e [...] mi dette con un ferro sotto questo occhio dritto.

> Arrivò lì con la spada detto Francesco, et venne lì dove stavo io guardandomi fisso, et io glie dissi, vedendome così fermarmese inanzi et guardarme così fermo, che me guardasse bene se me conosceva, et se non me conosceva, me haria conosciuto lì et fuori dallì.

9. Bertelli, Centanni, *Il gesto*, p. 13.

10. Giovan Battista De Luca, *Il Dottor Volgare. Ovvero il compendio di tutta la legge civile, canonica, feudale e municipale*, IV, Firenze, Società tipografica, 1843 (1673), XV, V, 96, pp. 408-409. Sul tema all'interno della consuetudine del duello cfr. Cavina, *Il duello giudiziario per punto d'onore*, pp. 244-253.

11. Robert Muchembled, *La violence au village. Sociabilité et comportements populaires en Artois du XVe au XVIIIe siècle*, Turnhout, Brepols, 1989, p. 265.

12. ASB, *Torrone*, 5742, c. 262r.

Tutti dui quelli giovani si fermorno lì in strada [...] quel giovane che ho detto che haveva la barba disse a quell'altro giovane che andava seco '*a chi guarda collui*', dicendo di quel mio amico, et poi si voltò a lui e disse '*a chi guardi ti*' et il mio amico gli rispose '*a chi guardi ti*', et tutti doi si venevano accostando insieme.

un prete che non sa il nome [...] venendo guardato da Gio. Carlo Pizzotto detto della Cera gli disse '*che guardi, razza di b.[ecco] f.[ottuto] bugiarone infame*' e gli diede de pugni.[13]

Non diversamente, nell'Artois è considerata una grave offesa il fatto di «regarder de travers».[14] Si tratta di un comportamento antropologicamente connotato; secondo Desmond Morris lo sguardo diretto appare fonte di minaccia: «è come se pensassimo di poter essere in qualche modo danneggiati da quegli occhi fissi»,[15] tanto che in molte società, in specie in quelle arcaiche, vige una sorta di tabù legato allo sguardo, in quanto «gli occhi non devono dirigersi dove non sono desiderati».[16] Questo principio, del resto, ha lasciato un segno anche nella *bienséance* odierna, in base alla quale consideriamo scortese fissare uno sconosciuto.

Ma tornando ai processi criminali bolognesi, constatiamo dai verbali che anche solo un contatto involontario e casuale può essere considerato un gesto offensivo, soprattutto se chi si sente insultato da un comportamento del genere è un nobile. Ce lo mostrano due casi analoghi, sempre bolognesi, avvenuti nel dicembre 1602, a pochi giorni di distanza l'uno dall'altro. Camillo Grati, appartenente a una famiglia senatoria, va a spasso sotto il portico; ed ecco, denunzia, «sono stato urtato da uno che non conosco né so chi sia [...] al quale io ho detto 'Che procedere è questo?' e lui mi ha risposto 'Mò levate da li", io gli ho risposto 'Io voglio star qui, che proposito è il vostro?'». I due continuano ad affrontarsi («Mò chi siete voi da star lì?» «Mò chi sei tu ti, coglione!») e il colloquio finisce a botte; la settimana dopo il conte Ranuzzo Ranuzzi, urtato involontariamente da un tale sotto il portico, lo ferisce gravemente al capo con una sassata.[17] Non si contano

13. ASB, *Torrone*, 2263, c. 203v.; 2264, c. 324r.; 3439, c. 129v.; 5606, c. 205r.

14. Muchembled, *La violence au village*, p. 265.

15. Morris, *L'uomo e i suoi gesti*, p. 76.

16. Hans Peter Duerr, *Der Mythos vom Zivilizationprozess*, Frankfurt, Suhrkamp, 1988, p. 80, cit. in Hans Belting, *I canoni dello sguardo. Storia della cultura visiva tra Oriente e Occidente*, Torino, Bollati Boringhieri, 2010, p. 253.

17. ASB, *Torrone*, 3443, c. 152r, 154v; 3444, cc. 87r-91r. Sulla vicenda che vede al suo centro il Grati cfr. Niccoli, *Perdonare*, pp. 46-49.

poi le risse o le offese che iniziano prendendo qualcuno per un braccio; i denunzianti non mancano mai di segnalare questo atto, considerato non solo sicuro prodromo di una violenza, ma anche molto offensivo.[18] Un grave insulto è costituito dal gesto di colpire qualcuno con un indumento suo o proprio («mi diede della sua berretta sul mustazzo»; «batterno ancora li ferraioli in testa ad un giovane che stava lì a sedere»),[19] o di toccare, anche senza cattivo intento, il denaro altrui («Non è atto da galant'homo metter mano sopra li dinari d'altro, tiene su le mane!»).[20]

Sono soprattutto i gesti che coinvolgono il volto dell'avversario, e anche la sua immagine, ad essere gravemente infamanti. Come si è già ricordato, alla morte dell'odiato papa Paolo IV, nell'agosto 1559, i disordini rituali consueti nel periodo di sede vacante erano esplosi con inconsueta violenza, e uno dei primi atti dei tumultuanti era stato quello di abbattere la statua del pontefice, decapitarla e tagliargli il naso e le orecchie, per significare che il papa morto aveva "perduto la faccia" e dunque l'onore.[21] Sappiamo di un contadino che insultò un nobile senese dicendogli «Cervo cornuto, te voglio pellare questa barba» e lo aggredì al volto; quindi ne fu ucciso per la gravità dell'offesa.[22] Nel 1597 il cadavere di Alfonso II, l'ultimo duca di Ferrara, secondo il racconto del cronista coevo Claudio Rondoni «veniva vilipeso [...] alcuni li menavano le mani per il volto, altri per la barba, et altri senza rispetto alcuno lo vituperavano».[23] L'atto poteva infatti colpire ritualmente anche il volto del nemico ucciso, sfigurandolo: è quanto accadde ancora nel 1733 a Sassari.[24]

Nell'Inghilterra dell'epoca altri gesti insultanti e "turbolenti", utilizzati talora anche per dare inizio a un tumulto, potevano essere strisciare i piedi, fare smorfie, tirar fuori la lingua, e infine, mostrare le natiche o i genitali.[25] Ma proprio a proposito di quest'ultimo tipo di gesti occorre,

18. ASB, *Torrone*, 2259, c. 18v; 3390, c.193r; 3443, c. 25r e 164r; 5718, c. 120r; 5732, c. 34r; 5752, c. 50r; 5755, c. 211r.

19. ASB, *Torrone*, 2264, c. 22r; 2265, c. 238v.

20. ASB, *Torrone*, 2304, c. 74v.

21. Vedi sopra, p. 49 e note 43 e 44..

22. Cavina, *Il duello giudiziario*, p. 249, nota 201.

23. Cit. in Giovanni Ricci, *Sacralità del potere in Italia dal XVI al XVII secolo. Un caso di studio e una riflessione generale*, in *I linguaggi del potere nell'età barocca*, I, *Politica e religione*, a cura di Francesca Cantù, Roma, Viella, 2009, pp. 193-194.

24. Maria Lepori, *Faide. Nobili e banditi nella Sardegna sabauda del Settecento*, Roma, Viella, 2010, p. 68.

25. Walter, *Gesturing at Authority*, pp. 113-114.

ancora una volta, identificare e distinguere i contesti. Facciamo un esempio concreto a proposito del gesto osceno, ben noto, di "far le fiche", mostrando il pollice inserito tra l'indice e il medio, e quindi mimando una penetrazione sessuale; è un gesto oggi in disuso, a favore dell'esibizione del dito medio, ma era ben conosciuto, raffigurato e descritto sin dall'antichità classica.[26] Infatti è rappresentato in numerosi amuleti di età romana, come pure in altri che li imitano del XVI e XVII secolo (ce ne sono di bellissimi in corallo e oro nella Schatzkammer della Wittelsbacher Residenz di Monaco). Spostandoci nel tempo al periodo al centro della nostra attenzione, a un primo controllo emerge che "le fiche" sono menzionate in innumerevoli luoghi letterari non solo italiani,[27] e in particolare – per citare tre testi in diverso modo cruciali per la vita e la cultura europea – nella *Divina Commedia*, nel *Gargantua et Pantagruel*, nella *Vita* di Teresa d'Avila. Il gesto inoltre si trova menzionato in diversi statuti medievali, ed è riportato in documenti processuali; per esempio, in un processo aperto il 1° febbraio 1590 presso il tribunale criminale di Bologna leggiamo di un villanissimo gabelliere che «scorreggiando» contro il denunciante, gli «disse 'alla barba tua', et gli facea le fiche».[28] Il gesto infine è raffigurato in diversi quadri della comunità di giovani pittori fiamminghi, tedeschi e francesi presenti a Roma nei primi decenni del Seicento[29] (si veda in particolare il *Ritratto di giovane con fichi* di Simon Vouet, 1615-20 ca., fig. 40). Sarà sufficiente identificarne la modalità e il significato primario di mimesi di atto sessuale per intenderlo pienamente in tutte queste testimonianze, come nelle molte altre che si potrebbero menzionare? Evidentemente no. Non è possibile confonderne il significato meramente apotropaico presente negli amuleti con quello violentemente blasfemo dell'atto di Vanni Fucci («il ladro / le mani alzò con amendue le fiche, / gridando:

26. Cfr. in proposito le ampie illustrazioni di Mansueto Lombardi-Lotti, *Facere filaccham*, in «Lingua nostra», 14 (1953), pp. 63-64; e, di conseguenza, di Patrizia Castelli, *Il doppio significato. L'ostensione della vulva nel Medioevo*, in *Il gesto*, pp. 199-223, soprattutto pp. 212-214. Cfr. anche Cocchiara, *Il linguaggio del gesto*, pp. 72-74.

27. Cfr. Salvatore Battaglia, *Grande dizionario della lingua italiana*, Torino, UTET, V, 1968, p. 930.

28. ASB, *Torrone*, 2270, cc.190r, 191r.

29. Cfr. sul gruppo Giuliana Sapori, *La presenza degli artisti nordici a Roma (1530-1630). Alcune osservazioni su costanti e variabili*, in *Venire a Roma, restare a Roma. Forestieri e stranieri fra Quattro e Settecento*, a cura di Sara Cabibbo e Alessandro Serra, Roma, Roma Tre-Press, 2017, pp. 179-196.

"Togli, Dio, ch'a te le squadro!"»),[30] o quello sguaiatamente offensivo del gabelliere bolognese o del giovane ritratto da Vouet (che per sottolineare la trasgressività del suo gesto è ritratto vestito da donna). Quanto a Teresa, fa le fiche alle sue visioni, ma con sofferenza, dietro ordine del suo confessore, secondo il quale esse sono di origine diabolica:

> Questo squadrar le fiche al Signore, allorché mi appariva in visione, mi addolorava indicibilmente, perché quando me lo vedevo dinanzi non avrei potuto credere, nemmeno se mi avessero fatta a pezzi, ch'era il demonio: sicché era proprio una dura penitenza per me. [...] Tenevo in mano una croce e gliela mostravo un'infinità di volte, mentre non me la sentivo, invece, di fargli troppo spesso quel brutto gestaccio.[31]

L'atto di Teresa va quindi posto in relazione con le forme della direzione spirituale della Controriforma e con la diffidenza crescente in quel periodo nei riguardi delle esperienze mistiche femminili, e in specie delle visioni, che richiedono un attento uso, da parte dei confessori, del discernimento degli spiriti.[32]

Invece il gesto di cui ci parla Rabelais si inserisce all'interno di una parodia del linguaggio dei gesti e si riporta piuttosto al tema della *gesticulatio*, del gesto disordinato e buffonesco di cui abbiamo parlato nel capitolo 1. Panurge, compagno di Pantagruel, ha deciso di sposarsi e cerca un oracolo che possa consigliarlo. Ritiene che le parole possano ingannare, e che siano più veritieri gli oracoli espressi per mezzo di segni e gesti; ricorre allora al sordomuto Nazdecabre. Ma ai gesti con cui egli lo interpella questi risponde prima con altri privi di senso, che Pantagruel interpreta con dotti riferimenti all'antichità classica; poi, sollevando in aria la destra aperta,

> infilò il pollice d'essa, sino alla prima articolazione, tra la terza falange del dito anulare e quella del dito medio, stringendole forte attorno al pollice, e rinserrando a pugno le altre due falangi di quelle due dita, mentre allungava in fuori il dito indice e il mignolo.[33]

30. *Inferno*, XXV, vv. 2-3. Un uso blasfemo del gesto è attestato anche dagli Statuti di Prato, che comminavano una multa a chi «ficam fecerit vel monstraverit versus figuram Dei» (Fernando Salsano, *Fica*, in *Enciclopedia Dantesca*, Roma, Istituto dell'Enciclopedia italiana, II, 1970, p. 852-853).

31. Santa Teresa d'Avila, *Vita*, Milano, Rizzoli, 1983, cap. XXIX, p. 224.

32. Zarri, *Uomini e donne nella direzione spirituale*, pp. 60-70.

33. *Gargantua e Pantagruele*, a cura di Mario Bonfantini, Milano, Mondadori, 1961, I, p. 542 (III, 20).

Panurge non comprende e si allontana irritato. Allora Nazdecabre

> gli saltò davanti, lo fermò di forza, e gli fece questo segno: abbassò il braccio destro verso il ginocchio, lungo quanto poteva, stringendo le quattro dita a pugno e infilando il pollice tra il medio e l'indice. Poi, con la mano sinistra si fregava sopra il gomito del detto braccio destro, e a poco a poco così fregando sollevava in aria la mano di quel braccio, fino all'altezza del gomito e anche più; poi l'abbassava d'improvviso come prima e continuava, a intervalli, a elevarla e ad abbassarla, mostrandola a Panurge.[34]

Sbrogliando queste descrizioni apparentemente asettiche, riusciamo a districare un intreccio di gesti osceni e infamanti: le fiche, le corna, il gesto cosiddetto oggi "dell'ombrello". Panurge, seccato, non pare peraltro intendere il senso di questi movimenti. Lungo tutto il capitolo Rabelais sembra irridere il linguaggio dei gesti, ma anche sottintendere la complessità del rapporto tra essi e il loro significato.[35]

In conclusione a questa serie di esempi, possiamo ricordare ancora una volta che è il contesto che detta il senso e l'interpretazione profonda del gesto; nello stesso tempo, il gesto e le forme del suo utilizzo illuminano a loro volta il contesto. Che in questo caso non è un contesto nazionale, o legato ad una specifica società: gli esempi del gesto di "far le fiche" che abbiamo visto riguardano nella prima età moderna numerosi paesi europei (almeno Francia, Italia, Spagna, e anche l'Inghilterra).[36] Ci troviamo di fronte a situazioni diverse, che specificano il significato di atti apparentemente analoghi.

Possiamo verificare questo assunto anche con un'altra tipologia di gesti, quella di mostrare il deretano o i genitali. Tradizionalmente l'esibizione dei genitali, reale o simbolica, ha, a partire dal mondo antico, un significato e uno scopo apotropaico,[37] ma le variabili dei suoi usi tra tardo medioevo e prima età moderna sono davvero numerose. Del gesto di Caterina Riario Sforza, che nel 1488 era riuscita a recuperare la signoria di Forlì lasciando i suoi figli in ostaggio ai congiurati, ci racconta Machiavelli: «per mostrare che de' suoi figliuoli non si curava, mostrò loro [ai con-

34. Ivi, p. 543.

35. Cfr. Julia Kristeva, *Sèméiotikè. Recherches pour une sémanalyse*, Paris, Seuil, 1969, p. 100; Eva Kushner, *Gesture in the Work of Rabelais*, in «Renaissance et Réforme», 10 (1983), pp. 67-77.

36. Per l'Inghilterra della prima età moderna cfr. Walter, *Gesturing at Authority*, p. 113.

37. Patrizia Castelli, *Il doppio significato*, soprattutto pp. 203-204.

giurati] le membra genitali, dicendo che aveva ancora il modo a rifarne».[38] Il gesto voleva denunciare principesca alterigia, sdegno, sentimenti virili in un corpo di donna; altrove è piuttosto evidente un suo significato insultante e derisorio (come attestato dai casi che seguono e sui tempi lunghi).[39] Nell'aprile 1510, nel periodo di forte crisi che segue la sconfitta veneziana di Agnadello, Marin Sanudo scrive nei suoi diari che quando l'imperatore Massimiliano dopo il fallimento dell'assedio di Padova era uscito da Bassano per ritirarsi verso il Tirolo «li villani erano su li monti li mostravano il cullo, dicendo 'Imperator, tu à fato una bella ponta [= combattimento, assalto]'».[40] Possiamo accostare questa descrizione a una delle incisioni di Lucas Cranach: il papa, affiancato da due cardinali, è assiso sotto un baldacchino nell'atto di fulminare una scomunica (come apprendiamo dalla didascalia). Davanti a lui due contadini gli rispondono mostrandogli il sedere (come ci dice la didascalia in uno scorretto italiano: «Ecco qui Papat [sic] mio Belvedere») e scorreggiando. Dunque in entrambi i casi ci troviamo di fronte ad un insulto particolarmente volgare portato dai contadini (sempre puzzolenti, ci dicono i moduli della satira del villano) ad una autorità somma, il papa o l'imperatore. Ma la somiglianza tra i due casi è ulteriore, sia pure con una importante differenza: il fatto riferito da Sanudo potrebbe essersi realmente verificato, non così quello raffigurato da Cranach. Si tratta comunque di rappresentazioni, scritte o figurate, di propaganda. Questo è evidente in particolare per l'incisione, che illustra un testo di Lutero,[41] ma possiamo cogliere lo stesso dato anche nella notizia riportata dal diarista veneziano.

Ricordiamo che si trattava per Venezia di un periodo particolarmente drammatico, quello della guerra della Lega di Cambrai; la città era stata oppressa non solo dalla sconfitta di Agnadello, ma anche dall'interdetto scagliato su di lei da Giulio II. Inoltre l'imperatore Massimiliano tra il 1509 e il 1511 fece compilare, e diffondere in Venezia, tre lettere a stampa in volgare italiano indirizzate alla popolazione, per spingerla a rovesciare il governo della Serenissima.[42] In un periodo certamente di

38. Niccolò Machiavelli, *Discorsi sopra la prima Deca di Tito Livio*, a cura di Corrado Vivanti, Torino, Einaudi, 1983, III, 6.18, p. 396.

39. Cocchiara, *Il linguaggio del gesto*, pp. 70-72.

40. Marino Sanuto, *Diarii*, X, Venezia, Visentini, 1883, col. 101.

41. *Wieder das Papstum zu Rom von Teuffel gestift*, Wittemberg, Hans Lufft, 1545, p. IV.

42. Sulla diffusione di questi testi cfr. Massimo Rospocher, *«Non vedete la libertà di voi stessi essere posta nelle proprie mani vostre?». Guerre d'inchiostro e di parole al*

crisi e di discussione sulla presente situazione politica era dunque con particolare soddisfazione che Sanudo raccoglieva sia notizie sicuramente reali, come il fallimento dell'assedio imperiale di Padova, sia voci che sembravano confermare il rifiuto dei montanari dello stato veneziano di lasciare incrinare la loro fedeltà alla Repubblica. Il linguaggio è quello della costruzione di una propaganda politica offensiva, che agisce evocando atti infamanti nei riguardi di un avversario o addirittura di un nemico armato.

Più sfumato, ma non radicalmente dissimile, il caso di una burla giocata il 4 febbraio 1524 ai danni del podestà di Modena, Paolo Brunori. È il giorno di giovedì grasso, la *zobia giota.* Sulla base delle congiunzioni astrali, ormai da un quarto di secolo gli astrologi avevano previsto proprio per quella data una sorta di ripetizione del diluvio universale.[43] Gli infiniti opuscoli che vennero pubblicati suscitarono forme di panico collettivo in buona parte d'Italia e d'Europa: chi poteva aveva fatto in modo di trasferirsi ai piani alti delle case o di salire in montagna, ovvero aveva murato la porta di casa e aveva ammassato riserve di cibo; ci fu chi, imitando Noè, costruì un'arca, sperando di galleggiare sulle acque. Intanto, confraternite e comunità cittadine avevano organizzato processioni, digiuni, preghiere collettive allo scopo di invocare la misericordia divina.

Ma allo scoppiare del carnevale, all'inizio di febbraio, le cose cambiano. Non accenna a piovere, e la temperatura morale si trasforma; a Venezia, a Roma, a Firenze, si diffondono scritte derisorie e versi burleschi contro gli astrologi e contro il diluvio. Anche Niccolò Machiavelli compone un canto carnevalesco ricco di maliziosi doppi sensi, in cui un gruppo di eremiti invita le belle donne a fuggire il diluvio e a rifugiarsi con loro «sopra la cima de' nostri alti sassi»:

tempo di Cambrai, in *Dal Leone all'Aquila. Comunità, territori e cambi di regime nell'età di Massimiliano I*, a cura di Marcello Bonazza e Silvana Seidel Menchi, Rovereto, Osiride, 2012, pp. 127-147.

43. Sull'attesa del diluvio universale per il 1524 cfr. di chi scrive *Profeti e popolo nell'Italia del Rinascimento*, Roma-Bari, Laterza, 1987, pp. 185-215, e inoltre Paola Zambelli, *Fine del mondo o inizio della propaganda? Astrologia, filosofia della storia e propaganda politico-religiosa nel dibattito sulla congiunzione del 1524*, in *Scienze, credenze occulte*, pp. 291-368, e Ead., *Profezie, intolleranze e incoerenze nell'"Astrologia di terra e di cielo" alla vigilia della congiunzione del 1524*, in *La formazione storica dell'alterità. Studi di storia della tolleranza nell'età moderna offerti a Antonio Rotondò*, I, Firenze, Olschki, 2001, pp. 25-50.

Per questo, donne graziose e belle,
se mai servir vi piacque,
alcuna cosa vi sia di sopra,
[...]
venitene con noi
sopra la cima de' nostri alti sassi.
Quivi starete a i nostri Romitori...[44]

Ma torniamo a Modena. In città si festeggia il giovedì grasso, e due persone mascherate da astrologi passeggiano per la via principale, Canalchiaro:

> uno haveva uno sexto, uno lapis e una spera e andava astrologando, e in quello istante l'altro astrologo alzò suxo li pani et ge mostro il culo, e lo conpagno che astrologava il suo culo con el sexto. [...] El signor governatore [Francesco Guicciardini] con tutti li altri ne ebeno grande piacere, excepto misser lo podestà [Paolo Brunori], perché tal piaxevoleza fu fatta fare a posta per bertezare li astrologi e lo ditto podestà che hanno astrologato in suxo el culo.[45]

Il podestà era oggetto della burla per un duplice motivo. In primo luogo era irriso per la sua credulità nelle previsioni degli astrologi; ma era anche malvisto in quanto non era stato eletto dal consiglio cittadino, come previsto dagli statuti modenesi, ma era stato nominato da Roma (a cui all'epoca Modena apparteneva).[46] Anche qui dunque, sia pure in forma assai blanda, l'esibizione del deretano ha un significato di irrisione per il massimo potere. Non molto diversamente, l'atto di mostrare il sedere è segnalato a Norwich come segno di protesta nel 1549; e sappiamo che nell'Olanda del tardo Seicento il gesto femminile di rialzare le gonne mostrando i genitali valeva come insulto alle autorità durante le manifestazioni popolari.[47]

Radicalmente diverso, invece, il caso di un tal Domenico Landi alias Zarlatta, bolognese, che nell'estate del 1629 «viene nudo alle finestre e mostra il membro [...] e di giorno e di sera mostra le vergogne se bene

44. Niccolò Machiavelli, *Canto de' Romiti*, in Id., *Scritti in poesia e in prosa*, a cura di Francesco Bausi, Roma, Salerno, 2012, pp. 236-239, vv. 15-17, 46-48.

45. Tommasino Lancellotti, *Cronica*, Modena, Biblioteca Estense, ms. α T1, 2 = It. 532, c. 177v. In questo capitolo viene utilizzato il manoscritto anziché l'edizione a stampa, in quanto in essa il passo è censurato.

46. Niccoli, *Profeti e popolo*, pp. 210-211.

47. Walter, *Gesturing at Authority*, p. 114; Rudolf M. Dekker, *Women in Revolt. Popular Protest and Its Social Basis in the Holland in the Seventeenth and Eighteenth Centuries*, in «Theory and Society», 16/3 (1987), p. 343 (pp. 337-362).

ci sono cittelle e da bene».[48] Vale la pena a questo punto ricordare il crescente biasimo incontrato da atti del genere nel corso del Rinascimento e della prima età moderna, sottolineato da Elias;[49] è un biasimo che ne accentua e ne aggrava il significato, quando essi vengono compiuti. Il gesto del Landi è ambivalente: ha valore di esibizione sessuale per le «cittelle», ma, soprattutto, di volontà d'infamia nei riguardi della donna che le tiene in casa per insegnar loro a far cordelle di seta, e che infatti l'ha denunciato sentendosene gravemente offesa. Egualmente, è improntato a una ferma volontà di offendere per vendicarsi il comportamento di un abitante di Villa d'Aiano, una località del contado bolognese, che nel maggio 1630 insulta una vedova, che lo ha denunciato per aver picchiato i suoi figli: «'Porca, s'io ho dato a tuoi figli ce ne darò dell'altre' [...] et dicendo questo, alzò la camiscia et li mostrò le parti vergognose».[50] Il gesto – una pesante offesa sessuale – sottintende in questo caso una proterva volontà di sopraffazione nei riguardi della vedova che ha ritenuto di poter chieder conto delle percosse inflitte ai suoi figli, e per le quali, come ci fa intendere la denuncia, ella sperava probabilmente non tanto un castigo per il colpevole, ma piuttosto qualche forma di risarcimento da parte sua. La pratica della "rinuncia" – con la quale la vittima rinunciava, appunto, a proseguire il procedimento aperto dalla sua denuncia, s'intende dietro compenso – era così diffusa nel contado bolognese da interrompere, secondo un calcolo basato su due diversi campioni, quasi la metà delle azioni intraprese nell'area.[51] Il gesto offensivo e insultante dell'uomo, aggravato dalle minacce, lascia cogliere il suo rifiuto rabbioso a utilizzare lo strumento offerto dagli Statuti cittadini, e vuole rappresentare una rivalsa nei riguardi della denunciante. Peraltro, poiché il processo seguito alla seconda denuncia si interrompe, possiamo supporre che la rinuncia sia stata alla fine chiesta e concessa. I gesti si aggiungono e si intrecciano alle parole e alle scritture nella trattazione dei rapporti sociali: sono segni rilevanti e considerati tali, perciò vengono descritti dai contemporanei, e vanno decrittati da chi fa ricerca storica.

48. ASB, *Torrone*, 5685, cc. 276r, 277v.

49. Elias, *La civiltà delle buone maniere*, pp. 270-271.

50. ASB, *Torrone*, 5738, c. 217r.

51. Cfr. Niccoli, *Perdonare*, pp. 33-34. In generale su queste modalità di giustizia infragiudiziaria, cfr. ivi, pp. 25-67.

13. Donne che picchiano gli uomini

Già dalle prime pagine abbiamo visto che nel periodo che ci interessa vigevano regole ben precise – non necessariamente osservate – sul doveroso contenimento della gestualità degli adulti e, ancor più, dei fanciulli. Ma soprattutto si insisteva sulla gestualità femminile, che doveva essere totalmente disciplinata e modesta. Anzi, «modestissima e bene costumatissima», come scriveva tra il 1432 e 1434 Leon Battista Alberti immaginando di rivolgersi alla moglie. Ad una sposa si addicono, egli scrive, solo gesti composti e gravi:

> Et ramentoti che una grandissima parte di modestia sta in sapere temperarsi con gravità e maturità in ogni gesto [...]. Per questo adunque molto a me sarà grato vedere a te sia in odio questi gesti leggeri, questo gittare le mani qua e là, questo gracchiare qual fanno alcune treccaiuole tutto il dì e in casa e all'uscio e altrove.[1]

Non molti anni prima, Francesco Barbaro aveva dato alle mogli analoghi consigli. La modestia delle spose, aveva scritto, si serba solo se esse mantengono nel guardare, nel camminare, in ogni atto corporeo un tratto eguale e inalterato: «Oculorum enim evagatio, festinatior progressus, et manus ac omnis ceterae partis nimia mutatio sine dedecore fieri non possunt».[2] Dunque, gesti e sguardi contenuti, passo lento, mani a posto: una norma stringente, quest'ultima, imposta a ogni donna. Un comporta-

1. Leon Battista Alberti, *Libri della famiglia*, a cura di Ruggiero Romano e Alberto Tenenti, Torino, Einaudi, 1969, pp. 278-279.

2. Francesco Barbaro, *De re uxoria liber*, a cura di Attilio Gnesotto, in «Atti e memorie della Reale Accademia di scienze lettere e arti in Padova», n.s., 375 (1915-16), pp. 72-73.

mento che non la rispetti è senza dubbio indecoroso, e tanto più, s'intende, in monastero; come leggiamo nella regola di un convento fiorentino risalente al secolo XV, veniva prescritto alle sorelle che «sedendo pongino luna mano sopra dell'altra inmodo dicroce [...] mai non portino le mani spenzoloe».[3] Anche il *Decor puellarum*, un trattato per l'educazione delle fanciulle pubblicato per la prima volta a Venezia nel 1471, suggeriva alle ragazze di camminare tenendo sempre la mano destra sulla sinistra, gesto che si riteneva esprimesse sottomissione.[4]

Era una gestualità che dipendeva da un quadro generale del ruolo della donna e del comportamento che tale ruolo rendeva opportuno. Leon Battista Alberti faceva precedere le sue direttive alla moglie da un ben preciso chiarimento di quelli che avrebbero dovuto essere i loro rapporti:

> Troppo mi spiacciono alcuni mariti i quali si consigliano colle moglie, né sanno serbarsi dentro al petto secreto alcuno: pazzi che stimano in ingegno femminile stare alcuna vera prudenza o diritto consiglio [...]. A me mai piacque in luogo alcuno né con parole né con gesto in quale minima parte si fusse sottomettermi alla donna mia; né sarebbe paruto a me potermi fare ubidire da quella a chi io avessi confessato me essere servo.[5]

Mai dunque chiedere alla moglie un parere, o accettare un suo suggerimento; ad essa competono solo le faccende più strettamente domestiche. Alberti ha un tratto particolarmente accentuato di misoginia, ma la sua posizione è, nella sostanza, quella della sua epoca, che vede una nettissima distinzione e gerarchia di ruoli fra donne e uomini. Né vale a incrinare questa gerarchia la consapevolezza dell'esistenza di alcune «valorose donne [...] né di eloquentia né di dottrina alli huomini inferiori»,[6] ma proprio per questo del tutto estranee alla specificità del genere femminile quale era considerata rispondente alla sua natura tra fine medioevo e inizi dell'età moderna.

Un valore del tutto paradossale dovrà quindi essere riconosciuto a una gestualità femminile particolare, disordinata e offensiva, descritta da Natalie Zemon Davis in un saggio del 1975, apparso anche in italiano nel

3. Cit. in Knox, *Civility, Courtesy and Women*, pp. 12-13.

4. Cit. in Burke, *Il linguaggio dei gesti*, p. 86; cfr. anche Barasch, *Giotto and the Language of Gesture*, p. 77.

5. Alberti, *Libri della famiglia*, pp. 268, 278.

6. [Ortensio Lando], *Lettere di molto valorose donne, nelle quali chiaramente appare non esser né di eloquentia né di dottrina alli huomini inferiori*, Venezia, Giolito, 1548.

1980.[7] Di essa la studiosa americana trovava traccia fra l'altro in alcune immagini dei primi secoli dell'età moderna. È una gestualità totalmente contraddittoria rispetto al modello di compostezza, obbedienza, modestia che veniva proposta; quelle raffigurate sono donne sregolate e disobbedienti, che non si attengono al loro ruolo e addirittura dominano e opprimono il maschio fino a picchiarlo. La loro mente e il loro comportamento capovolgono le buone regole della virtù e il buon ordine della società. Della società domestica innanzitutto – in quanto vengono ad essere capovolti i rapporti di potere ritenuti ovvi nell'ambito famigliare, quelli che descriveva Leon Battista Alberti – ma non soltanto.

I motivi iconografici in cui emerge l'immagine della donna indisciplinata sono soprattutto *Il marito picchiato*, *La lotta per i pantaloni*, e, in misura molto minore, *Il mondo alla rovescia*. Sono temi presenti spesso nelle cosiddette "stampe popolari", termine con il quale si allude alla tipologia fisica del prodotto (anonimato, serialità, alte tirature, modesta qualità del materiale, forte ripetitività dei temi dal XVI al XIX secolo), più che a una sua specificità culturale. In ogni caso, si tratta di materiali che raccolgono molto spesso i sedimenti dei luoghi comuni, cioè la parte più vischiosa di una tradizione, e in sostanza non esaltano la donna indisciplinata, tutt'altro, ma la additano alla pubblica riprovazione. Ma le immagini sfuggono spesso alla volontà di chi le ha foggiate, e possono assumere negli occhi degli osservatori un significato diverso da quello previsto.

Il tema del *Marito picchiato* è uno dei più comuni, tanto che Natalie Zemon Davis ne riporta diversi esempi;[8] ma sarebbe un errore credere che il suo significato sia sempre costante. Vale quindi la pena esaminarne almeno due prove. La prima immagine riportata dalla Zemon Davis è in realtà una carta da gioco. È il Quattro di sonagli di un mazzo le cui figure, databili al 1540 circa, sono opera dell'incisore tedesco Peter Flötner (fig. 41): una donna in cuffia e sottana rialza la camicia sulle natiche nude del marito e le percuote con un fascio di verghe. Potremmo credere che il gesto sancisca una ascesa al potere della donna, o almeno, come scrive la Zemon Davis,

7. Natalie Zemon Davis, *Le donne comandano*, in Ead., *Le culture del popolo. Sapere, rituali e resistenze nella Francia del Cinquecento*, Torino, Einaudi, 1980, pp. 175-209. Cfr. anche Ottavia Niccoli, *Lotte per le brache. La donna indisciplinata nelle stampe popolari d'ancien régime*, in «Memoria. Rivista di storia delle donne», 2 (1981), pp. 49-63, che tratta più largamente del tema, e che ho ampiamente utilizzato in questo capitolo.

8. Davis, *Le donne comandano*, figg. 9, 10, 11.

una «scelta di indocilità all'interno della famiglia»;[9] ma se consideriamo l'incisione accanto alle altre carte del mazzo[10] ci accorgiamo che le cose non stanno proprio così. Infatti le scene raffigurate sulle carte hanno un tono generalmente buffonesco, che però varia a seconda del seme al quale si accordano e che va interpretato. I semi sono ghiande, foglie, cuori e sonagli. Le carte di ghiande e di foglie mostrano porci selvatici o contadini che bevono, si ingozzano, defecano nei campi; quelle di cuori illustrano la follia dell'amore, e quelle di sonagli immagini di *Narren* (giullari, di cui il sonaglio era l'emblema, ma anche folli) e di follia in senso proprio. Dunque la scena della moglie che umilia e picchia il marito è una scena di follia, non troppo diversa da quella evocata da Erasmo nell'*Encomium Moriae*, là dove rievoca le sciocchezze che gli uomini commettono per far piacere alla moglie:

> Ebbene, per qual ragione si raccomandano le donne all'uomo, se non perché pazzerellone? Che cos'è che questi non permetta alla donna? Per qual ricompensa, se non il piacere? E come riesce lei a piacere? Si sa, non per altro che per le sue follie. Nessuno può sostenere che ciò non sia vero: basti riflettere alle assurdità che l'uomo dice, alle sciocchezze che fa, ogni volta che si prefigge di prendersi piacere di una donna.[11]

Anche in uno dei suoi *Colloquia*, il *Dispar Convivium*, Erasmo presenta come motivo farsesco per eccellenza quello della donna che lotta con il marito per ottenere la supremazia domestica («uxorem decertantem cum maritu de principatu»).[12] Dunque il *Narr*, il folle, è l'uomo che abbandonando le sue prerogative permette il rovesciamento del normale rapporto di potere tra i coniugi, consentendo alla moglie di abusare del potere conquistato sino a lasciarsi picchiare. Si noti infatti che le percosse, anche con bastone, erano consentite all'interno della famiglia, ma, s'intende, da parte del marito, che poteva esercitare questa prerogativa sulla moglie a scopo educativo; il giurista toscano Marcantonio Savelli riteneva nella seconda metà del Seicento che la «moglie possa esser corretta dal marito anco

9. Ivi, p. 195.

10. Friedrich W. H. Hollstein, *German engravings, etchings and woodcuts ca. 1400-1700*, XI, Amsterdam, M. Hertzberger, 1968, pp. 159-160.

11. Erasmo da Rotterdam, *Elogio della pazzia*, a cura di Tommaso Fiore, Torino, Einaudi, 1964, 17, pp. 30-31.

12. Desiderio Erasmo, *Familiarium colloquiorum [...] opus*, Basilea, Froben, 1537, p. 565; Erasmo da Rotterdam, *I colloqui*, Milano, Feltrinelli, 1967, p. 304.

con percosse leggieri [...] li pugni anco con sangue si hanno per leggier percossa».[13] Quello evidenziato qui e in altre immagini analoghe è dunque un rovesciamento non solo della pratica domestica, ma anche delle indicazioni del legislatore, dunque di un aspetto fondamentale della vita associata.

Fortissima è la pregnanza simbolica di una incisione del tedesco Martin Treu, pure del 1540 circa (fig. 42). In essa l'autore è riuscito a concentrare due immagini diverse, *La lotta per le brache* (su cui ci soffermeremo più avanti), e *Il marito picchiato*. L'uomo è prostrato a terra, è senza brache e coperto solo dalla camicia, il volto è imberbe e impaurito. La donna, una vera virago, dall'aspetto nettamente femminile ma virile nel comportamento e nell'abito, leva un bastone per percuoterlo e lo afferra per i capelli. È il gesto che abbiamo imparato a conoscere nel secondo capitolo, e che Aby Warburg aveva definito *Griff nach dem Kopf*; un gesto che rappresenta l'«espressione di un'ideologia di potere»,[14] di un rapporto di assoluta superiorità del vincitore sul vinto, in questo caso della donna sull'uomo. L'accento è posto su di lei, che ha i capelli lunghi e sciolti e il seno nudo e fiorente; indossa però le brache ed esibisce con ogni evidenza la braghetta, la parte dell'abbigliamento maschile che non solo indica, ma sottolinea vistosamente il sesso di chi la indossa, e per questo veniva biasimata da predicatori e moralisti. A Modena nel 1530 il francescano Giovanni da Fano predicò ripetutamente contro le «bragete disonestissime [...] bragetazze longe mezo brazo» cucite da un sarto, che a seguito di queste denunzie ebbe la bottega devastata.[15] Nell'incisione di Martin Treu le brache (e con esse la braghetta) non sono solo il simbolo del potere in famiglia per il quale si lotta, ma del coraggio e delle virtù in genere definite come "virili", grazie alle quali la donna prevale sull'avversario imbelle e può rappresentare una minaccia per il consueto ordine della società.

Sono quindi le brache indossate dalla donna l'elemento che più intensamente definisce il valore simbolico dell'incisione, e che dà il nome al tema iconografico di maggior diffusione e di più lunga durata, *La lotta per le brache*. L'origine del motivo è letteraria, dovendosi individuare in un *fabliau* del XIII secolo opera del giullare Hugues Piaucele, *Sire Hain et*

13. Marco Antonio Savelli, *Pratica universale estratta in compendio per alfabeto dalle principali leggi*, Firenze, Vincenzo Baglini, 1681, p. 246.
14. Cieri Via, *"Griff nach dem Kopf"*, p. 21.
15. Lancellotti, *Cronaca modenese*, III, 1865, pp. 24-25, 28, 33-36, 43-44.

Dame Anieuse.[16] I due protagonisti sono sempre in lotta per il carattere protervo della donna; il marito propone quindi una sorta di duello giudiziario per il possesso delle brache. Il vincitore sarà il padrone di casa. Segue un vero e proprio duello parodiato che si conclude con la vittoria dell'uomo e la sottomissione della moglie.

È interessante che le immagini che abbiamo di *Lotte per le brache* capovolgano quest'esito, e ci mostrino invece la donna che sta prevalendo sul suo avversario o lo ha già definitivamente vinto. Si riteneva evidentemente che il contenuto farsesco della scena la rendesse più piccante e appetibile. Una incisione del fiammingo Israel van Meneckem, del 1480 circa, ci mostra la donna che leva il bastone sul marito già a terra, che tenta invano, quasi strisciando, di raggiungere le brache che giacciono al suolo. In aria, un diavolo ride godendo di questa scena peccaminosa. In un'altra immagine dello stesso autore la donna, infilandosi le brache, minaccia con la conocchia (un oggetto altamente simbolico del mondo alla rovescia) il marito, obbligato a lavorare con l'aspo e con il fuso. Il tema ebbe ampia fortuna soprattutto con l'avanzare del Cinquecento,[17] in particolare in Francia e nei Paesi Bassi. Straordinaria una grande incisione del Monogrammista WL (attivo nelle Fiandre intorno al 1560; fig. 43),[18] complessa e ricca di personaggi, che mostra una vera e propria scena di guerra fra i sessi. A sinistra vediamo una donna seduta in atto di tirarsi su le brache, e, contemporaneamente, di minacciare col pugno alzato il marito in gonna, accucciato ai suoi piedi nel vano tentativo di sfilargliele. Al centro e a sinistra, altri uomini picchiati, obbligati a girar l'aspo, chinati a chieder misericordia in ginocchio, a mani giunte, alle mogli armate di vari oggetti donneschi (un mestolo, una conocchia), e persino di un vessillo di battaglia con l'immagine di una mano aperta e la scritta *D'Overhandt* ("la mano sopra", cioè vittoria, sopraffazione). Sullo sfondo, una figura maschile tenta di snudare una spada, ma viene trattenuto da altre donne dall'aspetto brutale e maligno. Il quadro dunque si è ampliato, e anche il ventaglio dei gesti: da parte delle donne, il pugno alzato per colpire, le mani puntate sui fianchi (atto che indica orgoglio esibito, arroganza, «fie-

16. Anatole de Montaiglon, *Recueil général et complet des fabliaux des XIII. et XIV. siècles imprimés ou inédits*, I, Paris, Librairie des Bibliophiles, 1872, pp. 97-111.

17. Niccoli, *Lotte per le brache*, p. 53.

18. Notizie tratte dal sito del British Museum, che possiede copia della stampa (BM 1974, 0615.5).

rezza e determinazione»),[19] le dita tese a prendere per il mento il marito, quasi a vezzeggiarlo per scherno, con il gesto che un uomo poteva usare per un approccio sessuale, dunque anch'esso con un significato evidente di rovesciamento dei ruoli. Da parte degli uomini, genuflessioni e mani giunte. Siamo usciti dal quadro limitato dei rapporti interni a una singola coppia: la stessa società, divisa in due grandi schiere, è coinvolta da una guerra generale. E può essere significativo ricordare a questo proposito che l'Olanda – da cui proviene questa incisione – ha in età moderna una robusta tradizione di tumulti popolari capeggiati da donne, o nei quali gruppi di donne avevano avuto un ruolo di spicco.[20]

L'immagine della lotta per le brache penetrò, ma in forma molto limitata, anche in Italia, sulla scia del *fabliau* del Piaucele e di una novella di Franco Sacchetti che probabilmente ne dipendeva. Un ser Bonanno, stanco di sopportare l'insubordinazione della moglie, cui fanno seguito anche le prevaricazioni di servi e fantesche, si arma fino ai denti,

> e ritorna in sala; e nel mezzo di quella, cavate e poste le brache, grida vie più forte: 'Chi vuol portare le brache or ne venga per esse' [...] facendo intorno alle brache grandissimi colpi e grandissime menature [...] 'Ecci nessuno che si vogli mettere le mie brache? elle sono qui in terra, vada per esse. Io sono il signore'.[21]

La novella si interrompe qui, mancando della conclusione, ma dall'andamento del racconto, e dall'antecedente da cui esso probabilmente deriva, sembra di poter supporre che il marito uscirà vincitore dalla lotta. Il relativo tema iconografico non ebbe però successo in Italia, e il fortunatissimo schema del *Mondo alla rovescia* mostra (per esempio in una stampa del 1580 circa) donne armate e mariti che filano, ma senza scambi di gonna e brache o lotte per impadronirsene.[22] Perciò la sopravvivenza del soggetto è testimoniata in Italia apparentemente solo da due incisioni di Giuseppe Maria Mitelli. La prima, del 1678, faceva parte di una serie di *Proverbi*

19. Dalli Regoli, *Il gesto e la mano*, p. 67; Burke, *Il linguaggio dei gesti*, p. 92; Shearman, *Arte e spettatore*, p. 27.

20. Dekker, *Women in Revolt.*

21. Franco Sacchetti, *Trecentonovelle*, a cura di Emilio Faccioli, Torino, Einaudi, 1970, novella CXXXVIII, p. 382.

22. Nella stampa di Nicolò Nelli, *Il mondo alla riversa* (1575-1590). Sul tema in generale cfr. Giuseppe Cocchiara, *Il mondo alla rovescia*, Torino, Paolo Boringhieri, 1981, con presentazione e aggiornamenti bibliografici di Piero Camporesi.

figurati, ed era intitolata *Trista è quella casa dove la gallina canta e il gallo tace* (fig. 44). Il marito, in atteggiamento penitente e in gonna, è inginocchiato davanti alla donna, che ha i capelli lunghi e sciolti, indossa il corsetto e le brache, e punta il pugno sinistro sul fianco piegando il braccio ad angolo retto: un gesto che come sappiamo indica una esibizione di superiorità e di orgoglio. Un'altra incisione di Mitelli, appartenente alla serie *Così va il mondo*, del 1685, è intitolata *Condur ti vo' così perché sei pazzo*,[23] e mostra una donna, anch'essa in corsetto e brache, che conduce un uomo in sottana e con gli occhi bendati menandolo per il naso, rappresentando così un evidente complemento dell'immagine precedente.

In conclusione. La gestualità descritta in queste immagini voleva avere un significato di satira e disprezzo nei riguardi di un rapporto fra i sessi capovolto rispetto a quello considerato ovvio: la moglie non obbedisce docilmente ma comanda, non viene percossa, come la legge considera accettabile e giusto, ma percuote; il marito anziché sottomettere la moglie ne viene sottomesso con violenza beffarda. Il rapporto uomo/donna non è più in queste immagini un fatto privato, ma una vera e propria immagine della società: una società funzionale e gerarchica, in cui i compiti delle due parti erano all'origine ben distinti e chiaramente differenziati tra chi doveva comandare e chi doveva obbedire. Ma nelle raffigurazioni che abbiamo esaminato essa è colta in un momento di alterazione e di sovvertimento di una gerarchia stabilita, sottintendendo dunque un rovesciamento di tutto l'ordine sociale. Come nell'incisione intitolata *D'Overhandt*, la cancellazione o lo stravolgimento della gerarchia fra i sessi, definito attraverso i gesti aggressivi di colei che avrebbe dovuto essere composta, disciplinata e sottomessa, poteva farsi emblema di uno stravolgimento generale della società.

23. Franca Varignana, *Le Collezioni d'arte della Cassa di Risparmio in Bologna. Le incisioni. Giuseppe Maria Mitelli*, Bologna, Cassa di Risparmio in Bologna, 1978, n. 360.

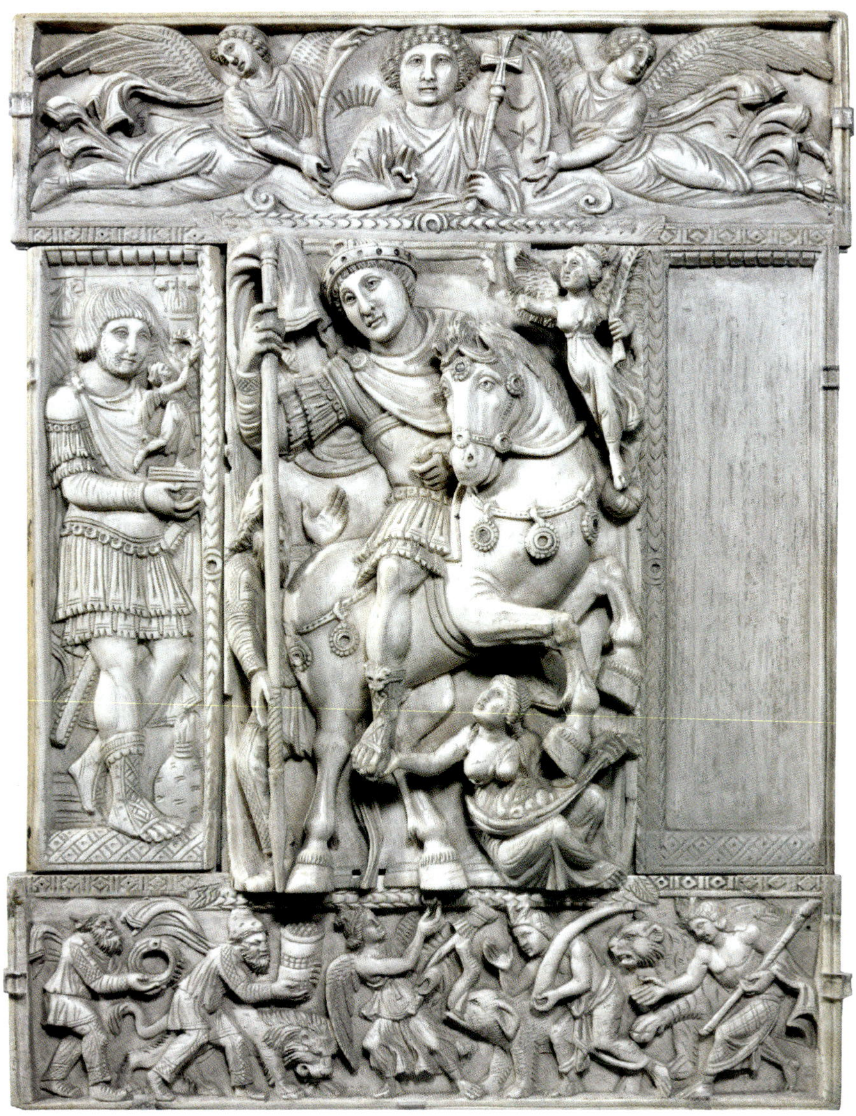

Fig. 1. *Avorio Barberini*, inizi VI secolo. Parigi, Museo del Louvre.

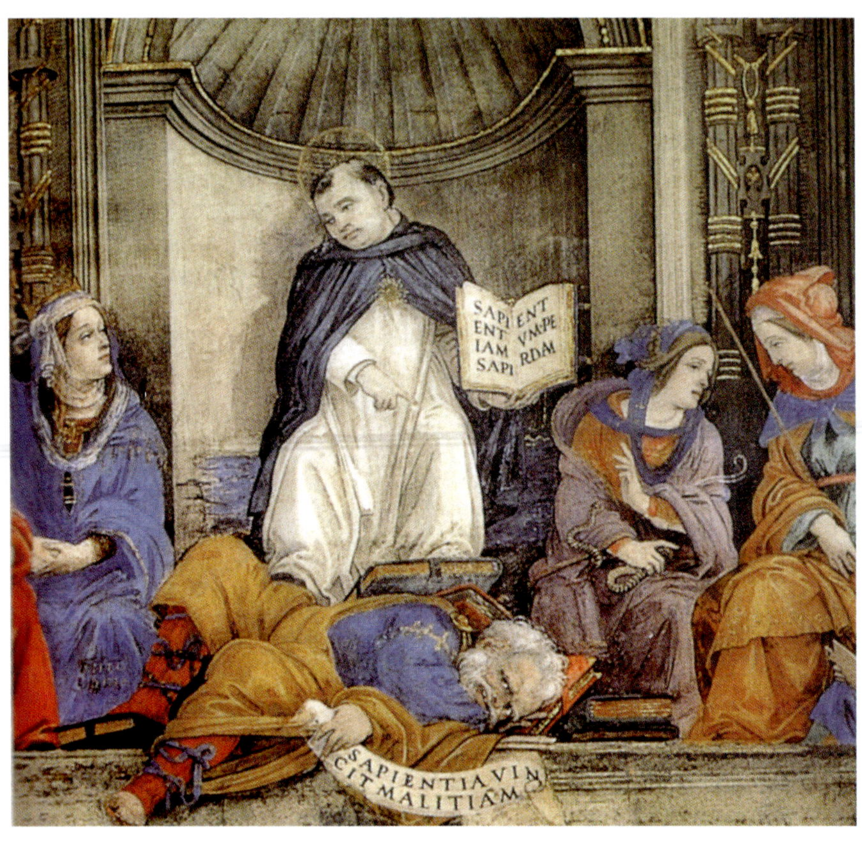

Fig. 2. Filippino Lippi, *San Tommaso trionfa sull'eresia*, 1490 ca. (particolare). Roma, Santa Maria sopra Minerva.

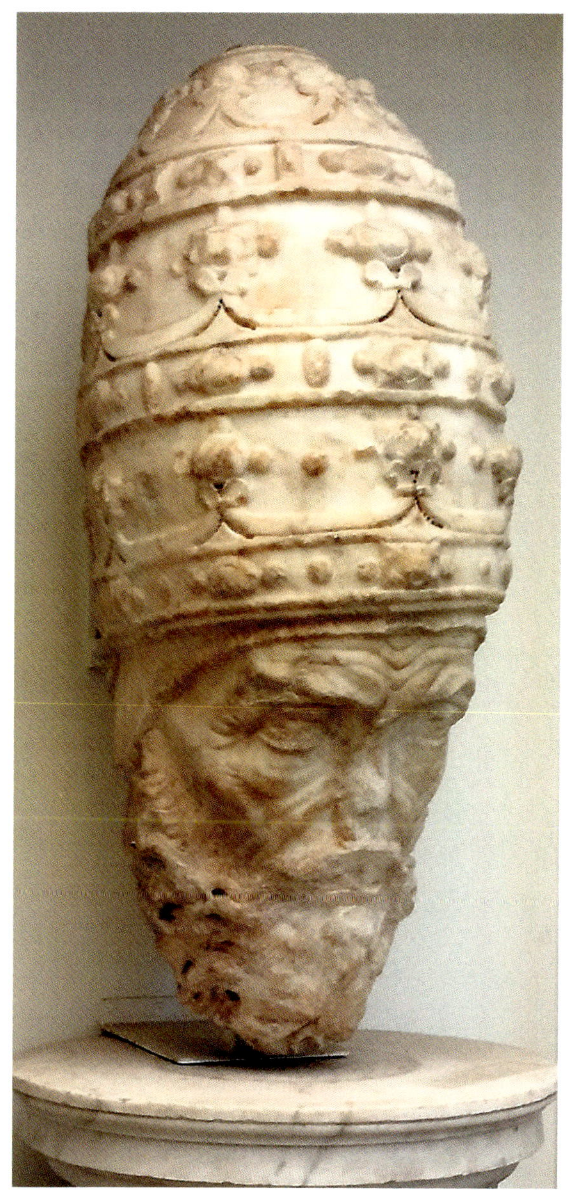

Fig. 3. Testa della statua decapitata di Paolo IV, 1555 ca. Roma, Museo di Palazzo Venezia.

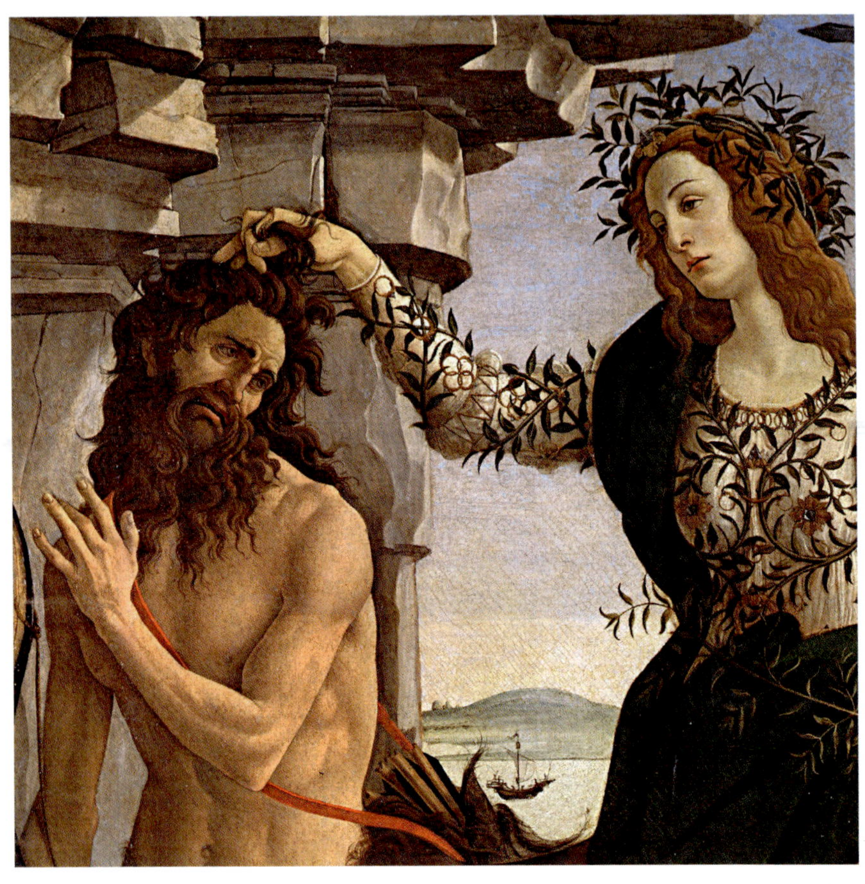

Fig. 4. Botticelli, *Pallade e il centauro*, 1482-83 ca. (particolare). Firenze, Museo degli Uffizi.

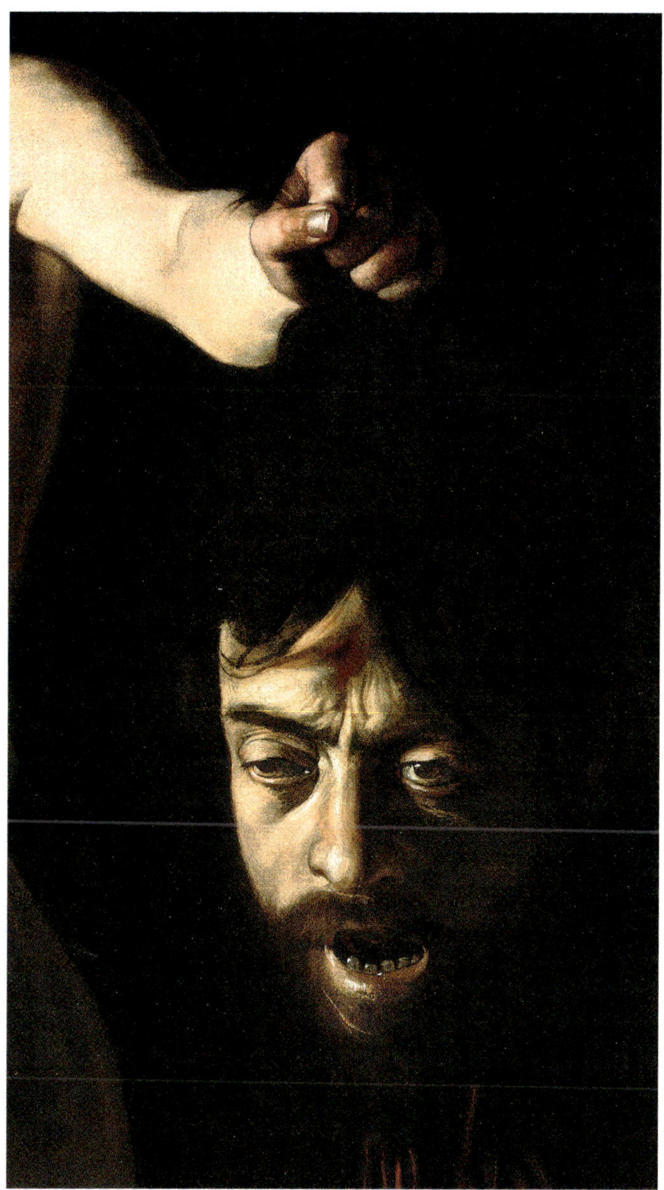

Fig. 5. Caravaggio, *Davide e Golia*, 1609-10 ca. (particolare). Roma, Galleria Borghese.

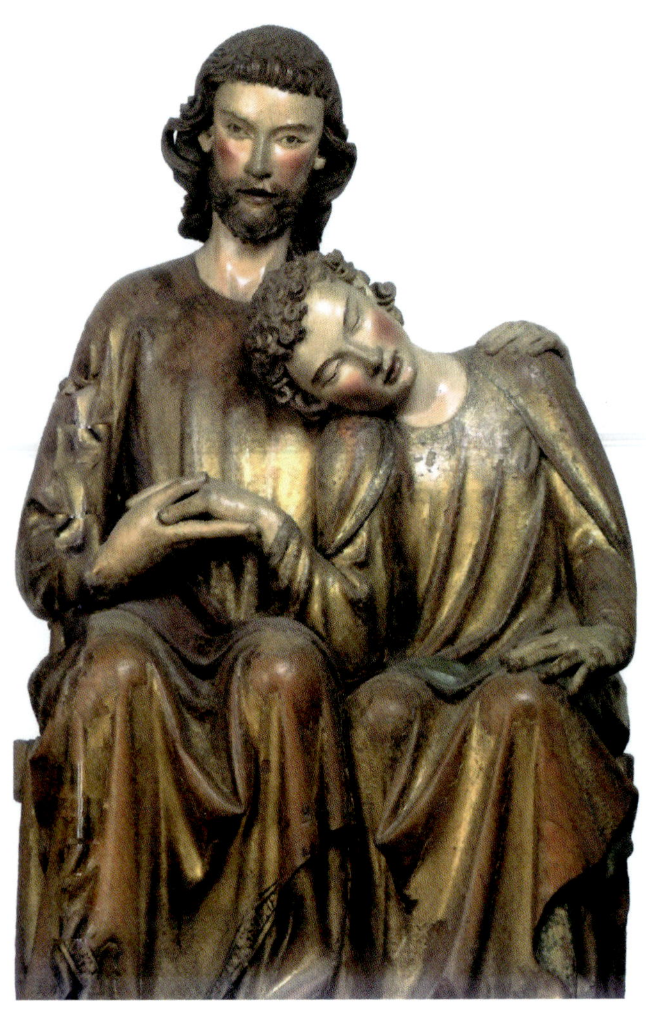

Fig. 6. Heinrich von Konstanz, *San Giovanni sul petto di Cristo*, 1280-90 ca. Anversa, Museo Majer van der Bergh.

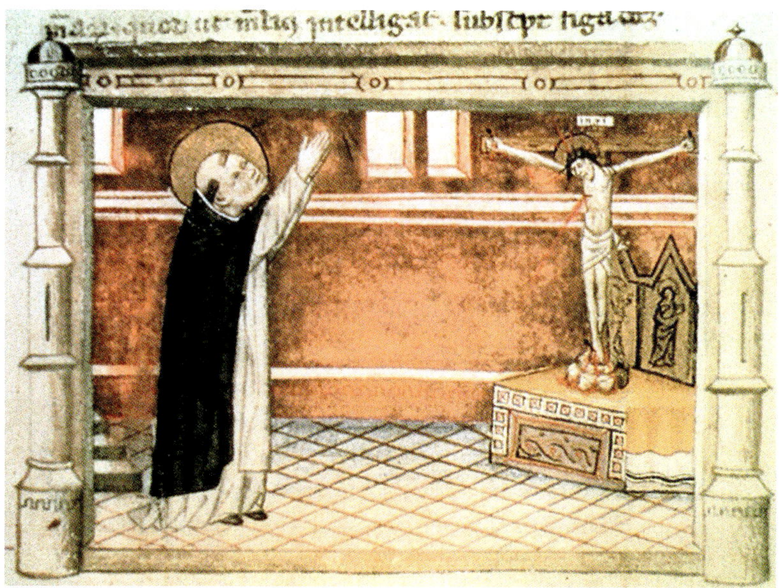

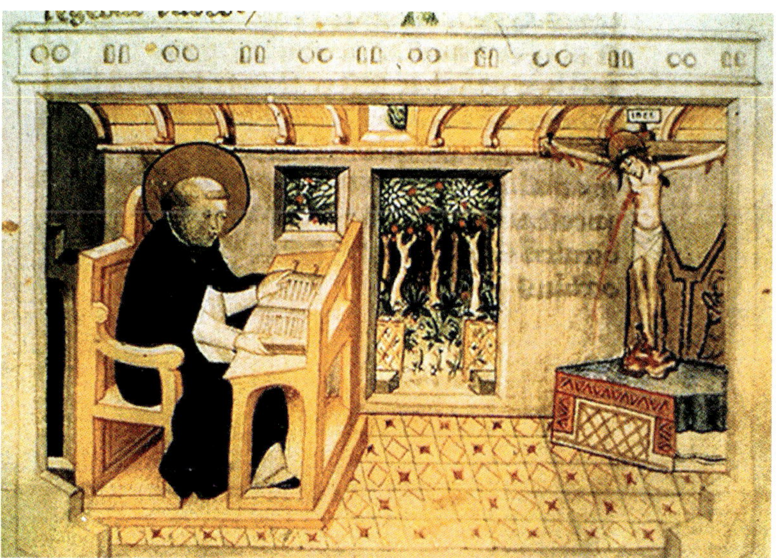

Fig. 7a. Anonimo, XV sec., *San Domenico prega levando le braccia*, dal Ms. lat. Rossianus 3. Città del Vaticano, Biblioteca Apostolica Vaticana.

Fig. 7b. Anonimo, XV sec., *San Domenico prega leggendo*, dal Ms. lat. Rossianus 3. Ivi.

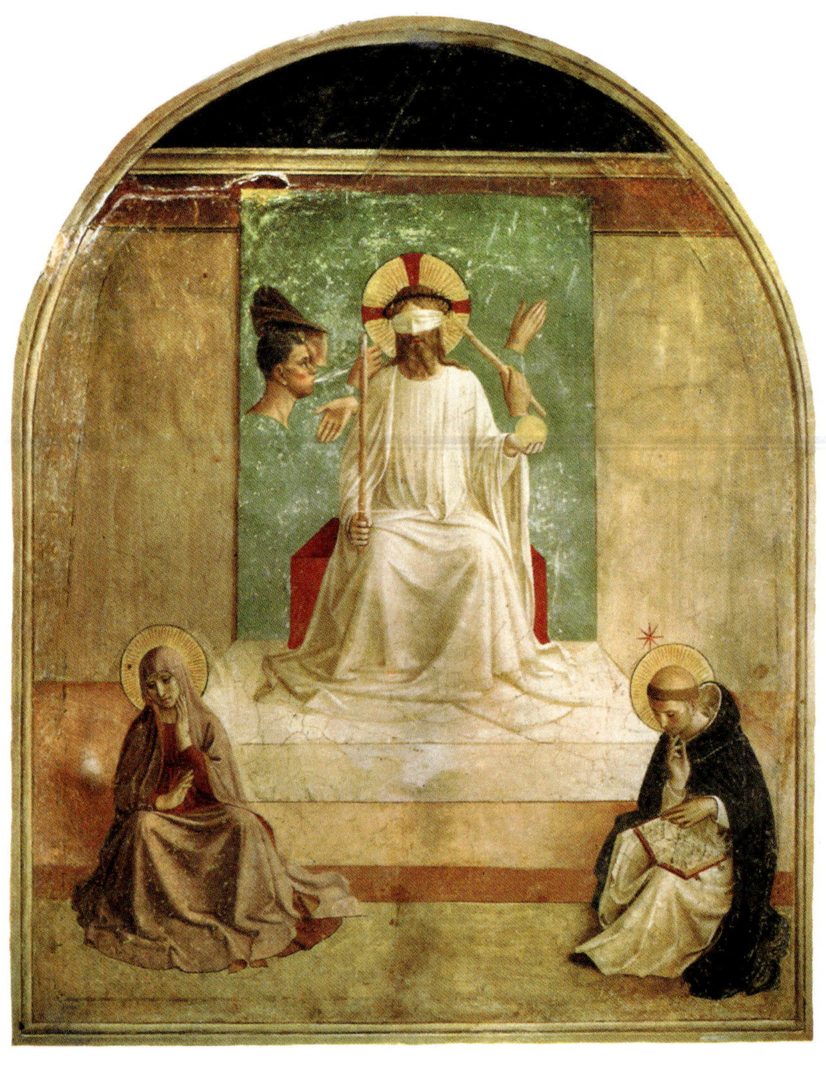

Fig. 8. Beato Angelico, *Il Cristo deriso*, 1439-40 ca. Firenze, Convento di San Marco.

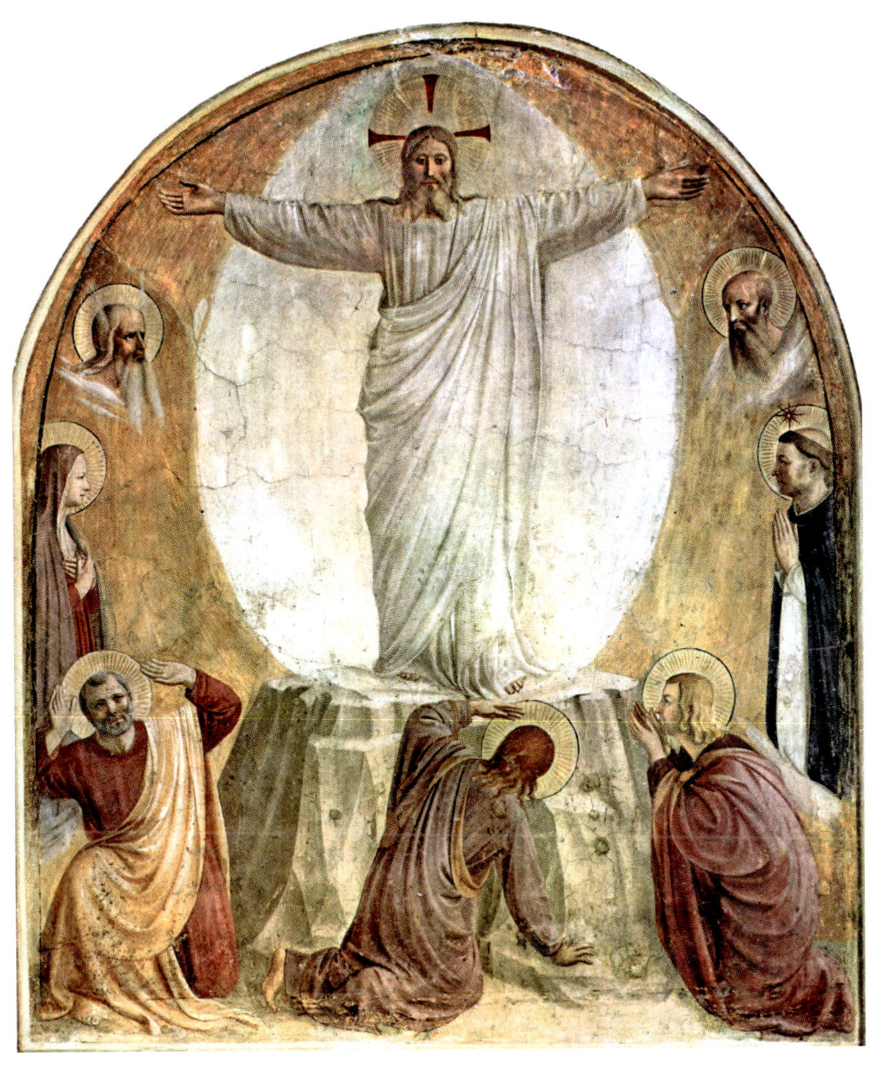

Fig. 9. Beato Angelico, *La trasfigurazione*, 1439-40 ca. Firenze, Convento di San Marco.

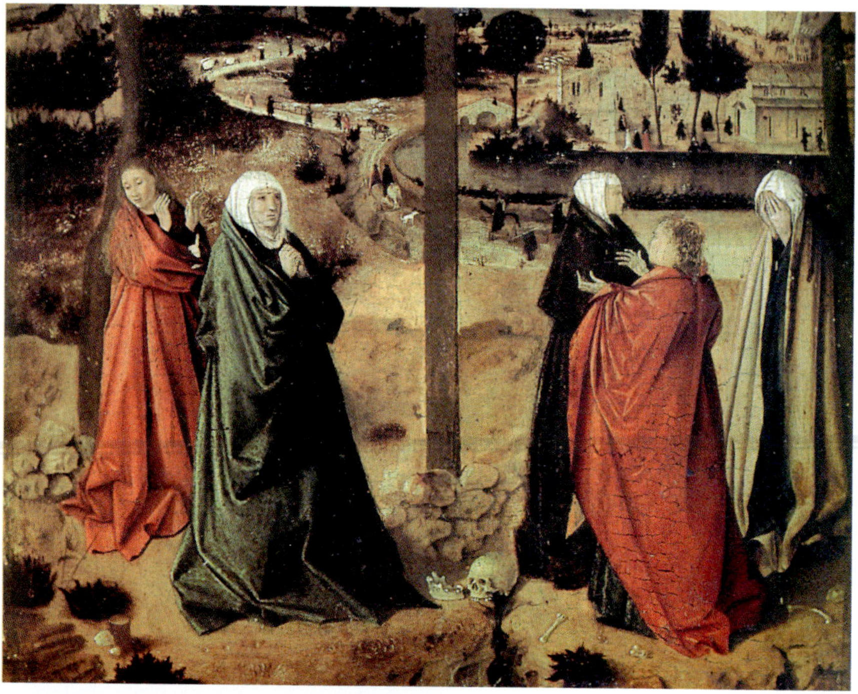

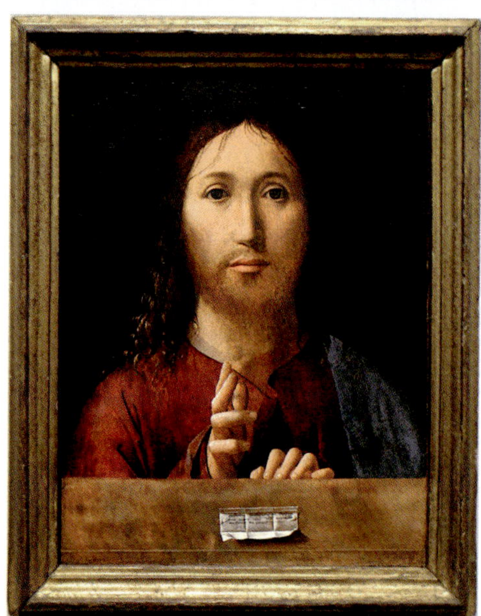

Fig. 10. Antonello da Messina, *Crocifissione*, 1463-65 ca. (particolare). Bucarest, Muzeu Naţional de Artă al României.

Fig. 11. Antonello da Messina, *Cristo benedicente*, 1475. Londra, National Gallery.

Fig. 12. Antonello da Messina, *Cristo morto sostenuto da tre angeli*, 1475-76. Venezia, Museo Correr.

Fig. 13. Giovanni Bellini, *Compianto*, 1470. Milano, Galleria di Brera.

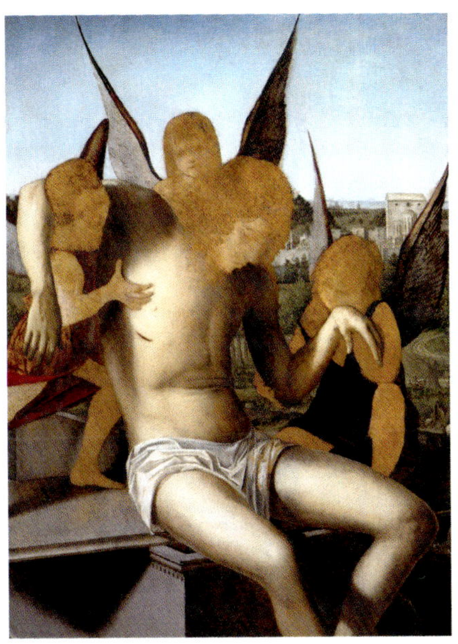

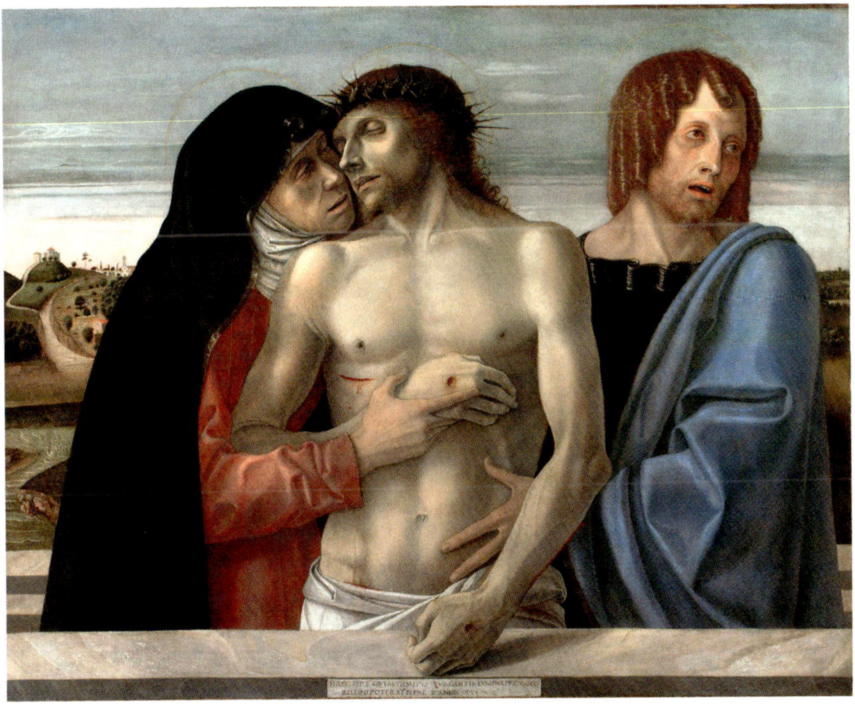

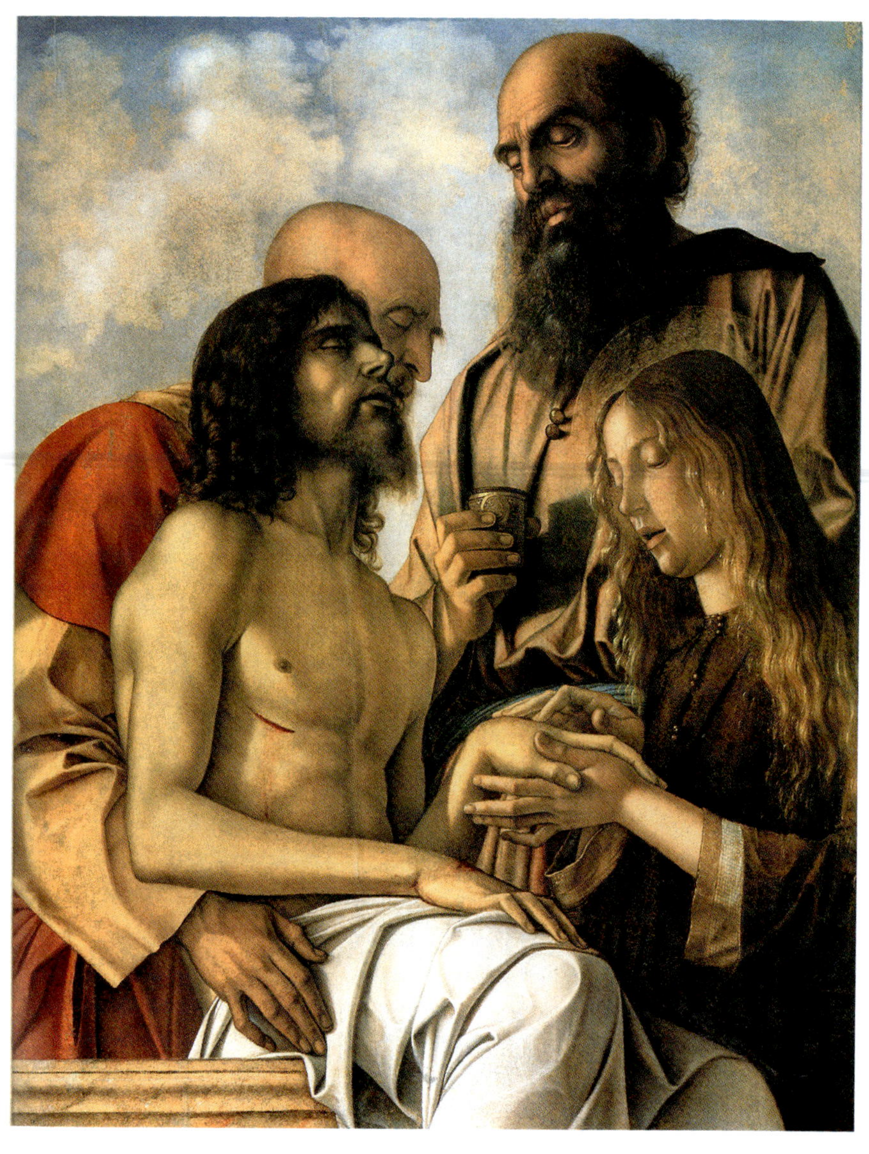

Fig. 14. Giovanni Bellini, *Compianto* (cimasa della Pala Pesaro), 1473-76. Città del Vaticano, Pinacoteca Vaticana.

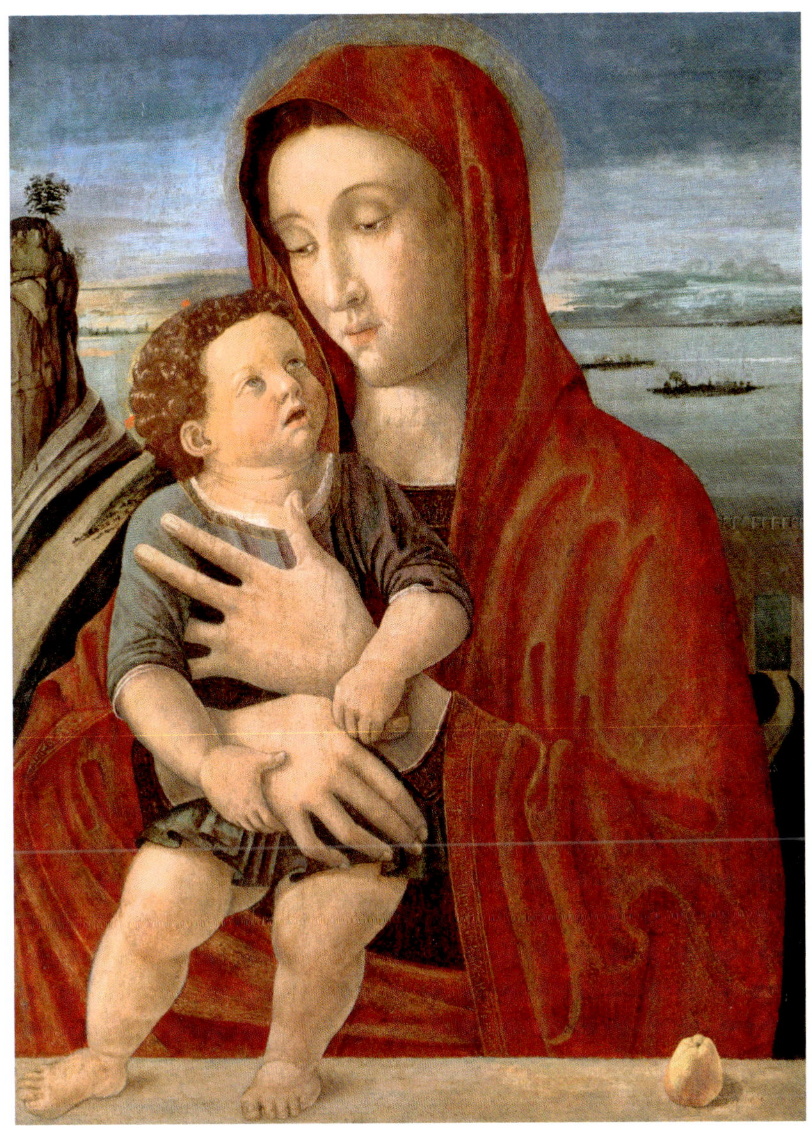

Fig. 15. Giovanni Bellini, *Madonna con il bambino*, 1455-60. Amsterdam, Rijksmuseum.

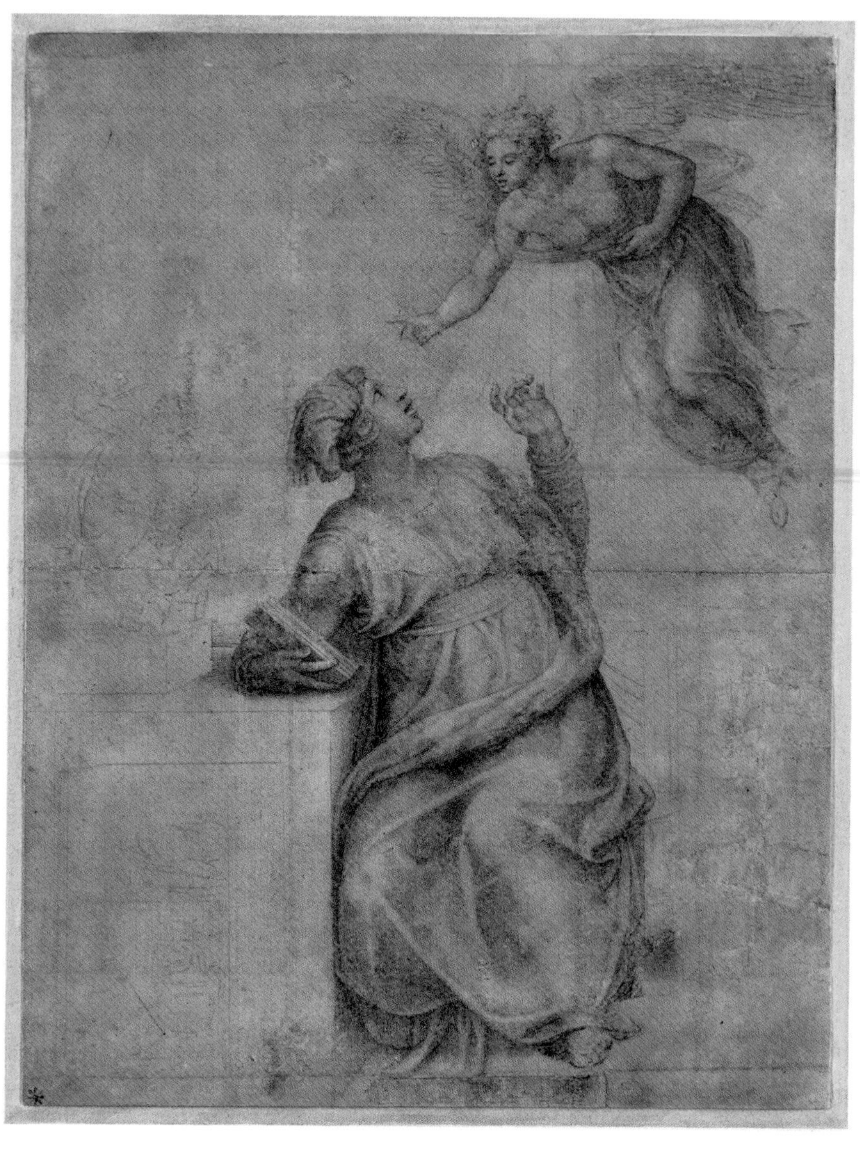

Fig. 16. Michelangelo Buonarroti, *Annunciazione*, 1501-03. New York, Pierpoint Morgan Library.

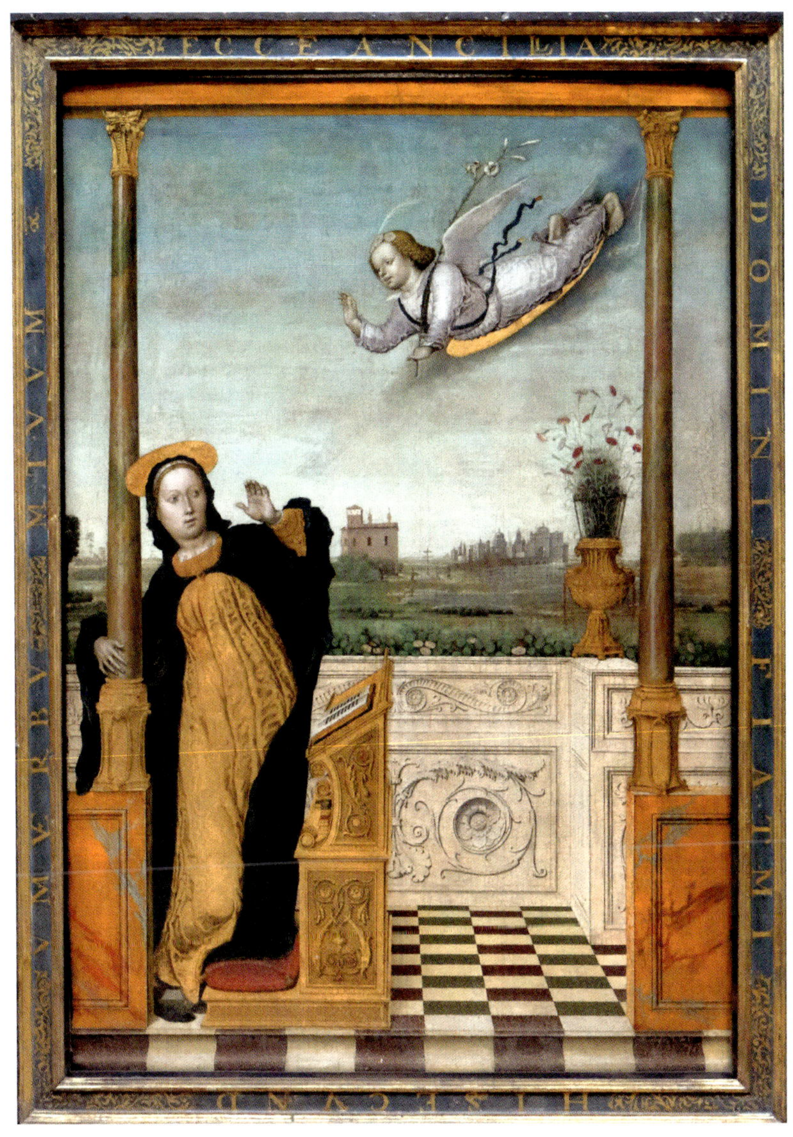

Fig. 17. Carlo Braccesco, *Annunciazione*, 1490-1500. Parigi, Museo del Louvre.

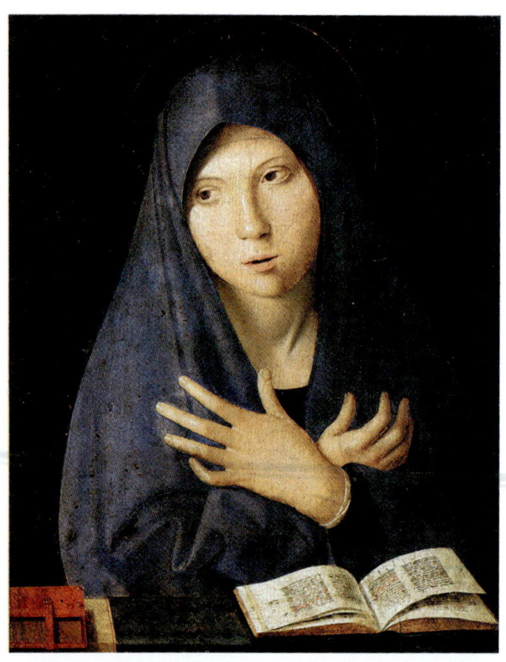

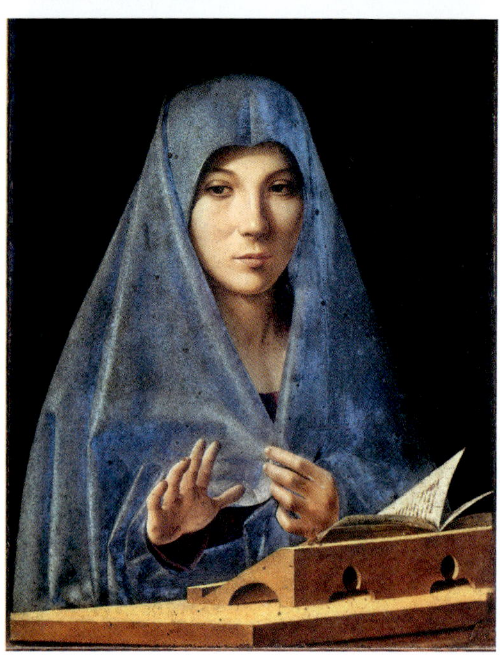

Fig. 18. Antonello da Messina, *Annunziata*, 1476-77. Monaco, Alte Pinakothek.

Fig. 19. Antonello da Messina, *Annunziata*, 1475. Palermo, Galleria di Palazzo Abatellis.

Fig. 20. Anonimo renano, 1375-1400, *Vesperbild*. New York, Metropolitan Museum.

Fig. 21. Giovanni Bellini, *Pietà Martinengo*, 1505 ca. Venezia, Galleria dell'Accademia.

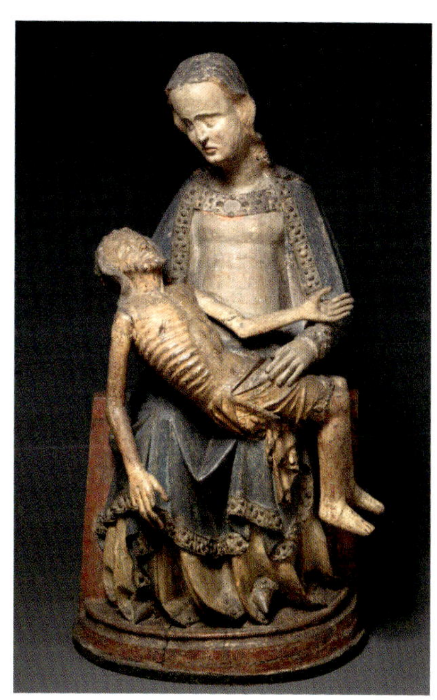

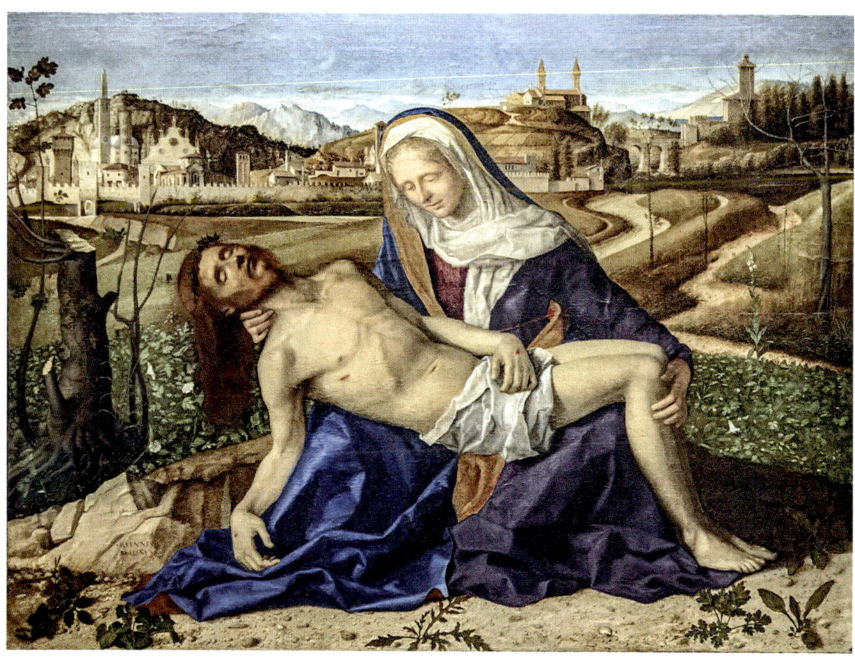

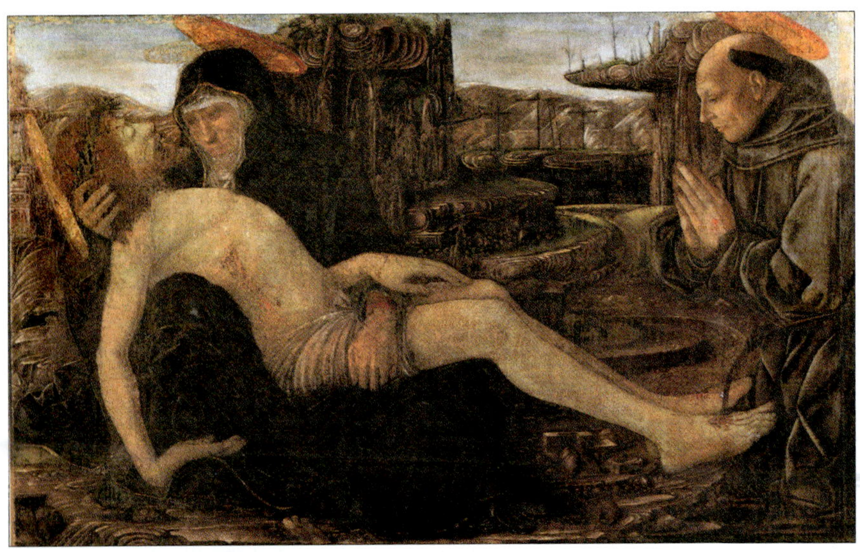

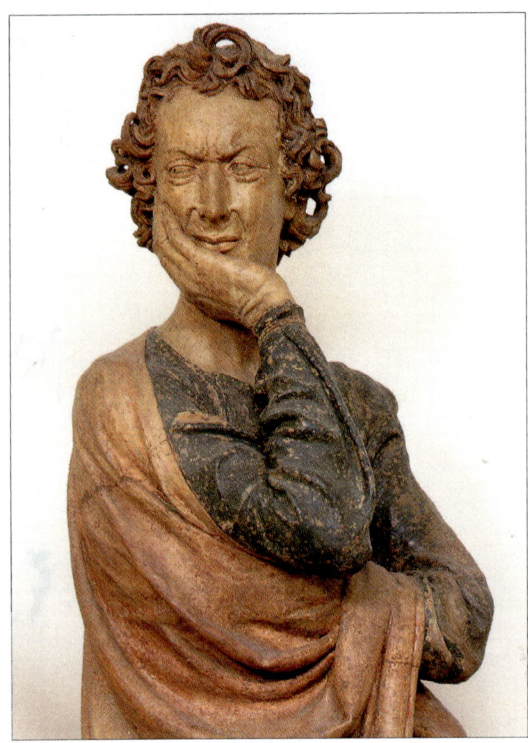

Fig. 22. Francesco del Cossa, *Pietà con san Francesco*, metà XV sec. Parigi, Museo Jacquemart-André.

Fig. 23. Nicolò dell'Arca, *Compianto* (particolare), seconda metà XV sec. Bologna, chiesa di Santa Maria della Vita.

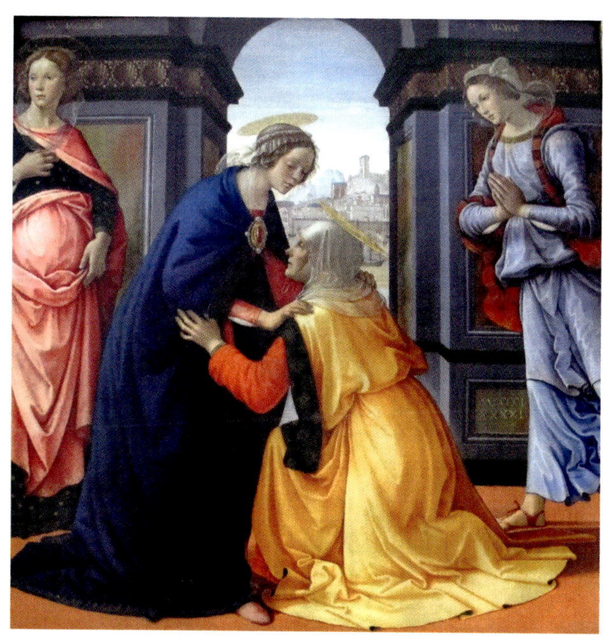

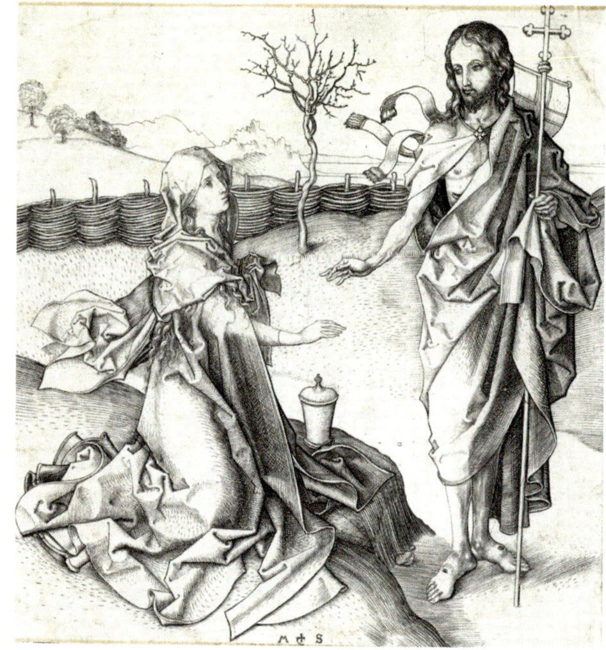

Fig. 24. Martin Schongauer, *Cristo appare alla Maddalena*, 1477. Pavia, Pinacoteca Malaspina.

Fig. 25. Domenico Bigordi, detto il Ghirlandaio, *Visitazione*, 1491. Parigi, Museo del Louvre.

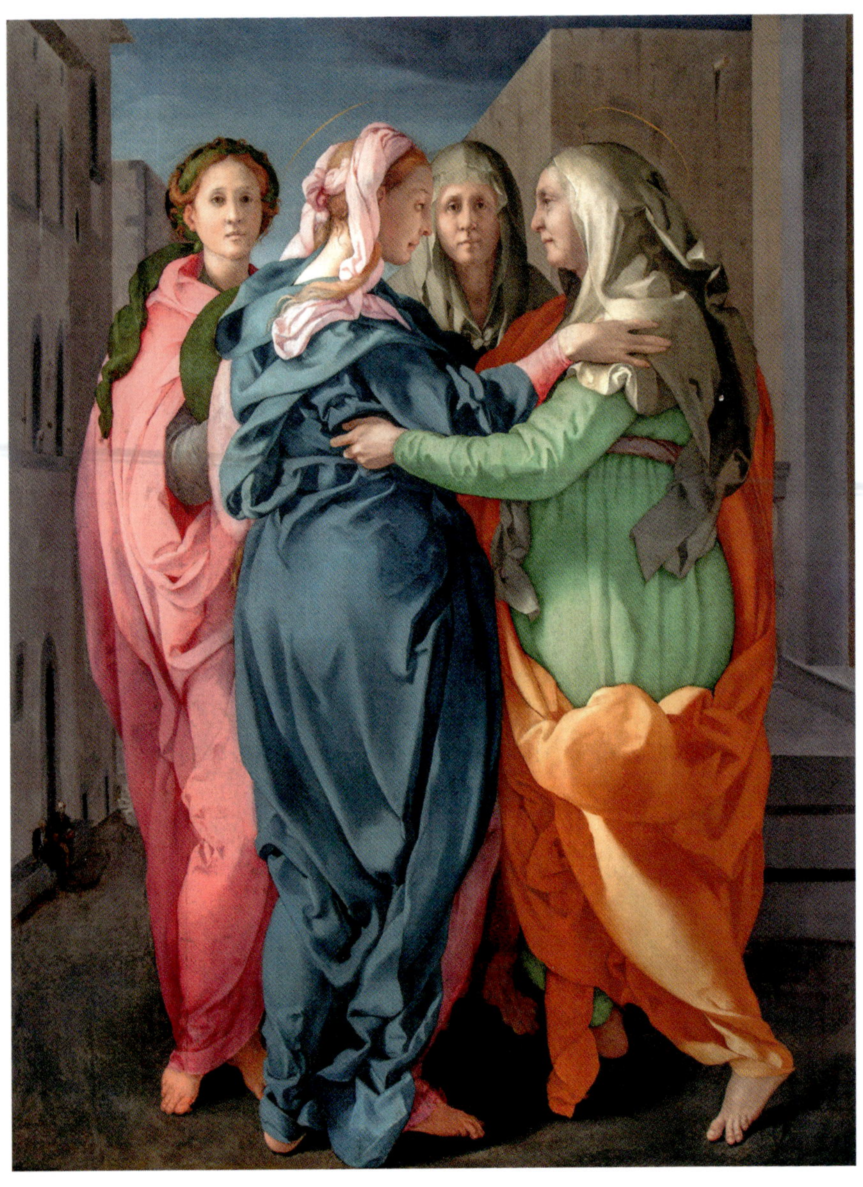

Fig. 26. Pontormo, *Visitazione*, 1525-30. Carmignano, Propositura dei Santi Michele e Francesco.

Fig. 27. Piero di Cosimo, *Visitazione*, 1490 ca. Washington, National Gallery of Art.

Fig. 28. Mariotto Albertinelli, *Visitazione*, 1503. Firenze, Galleria degli Uffizi.

Fig. 29. Sebastiano Filippi, *Visitazione*, 1525. Lendinara, chiesa di San Biagio.

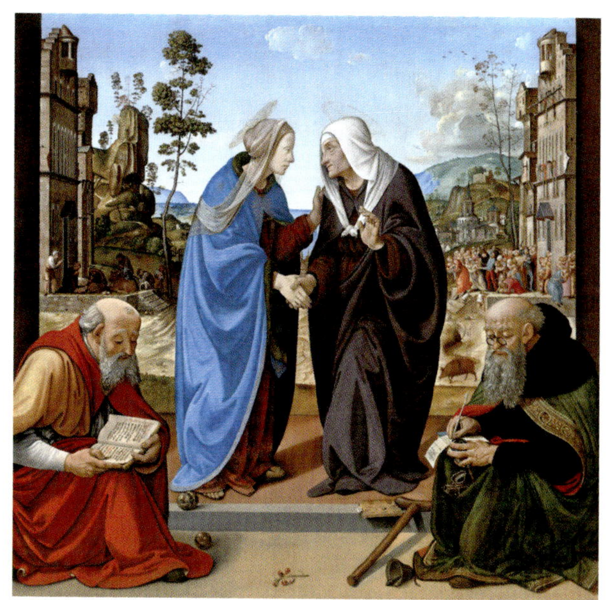

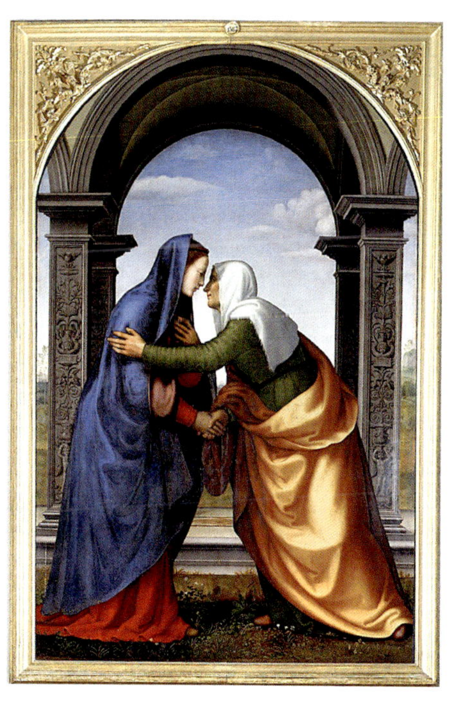

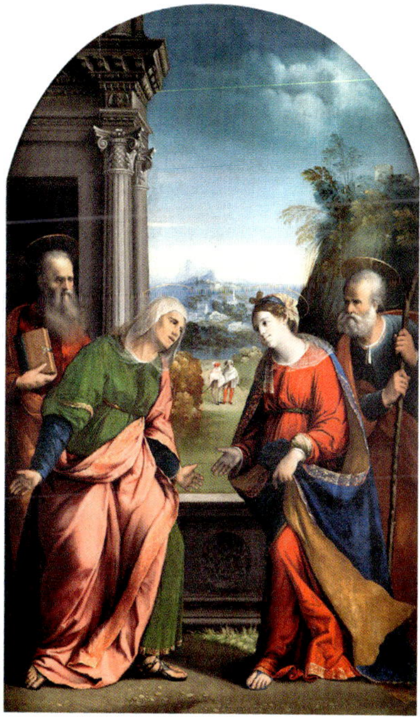

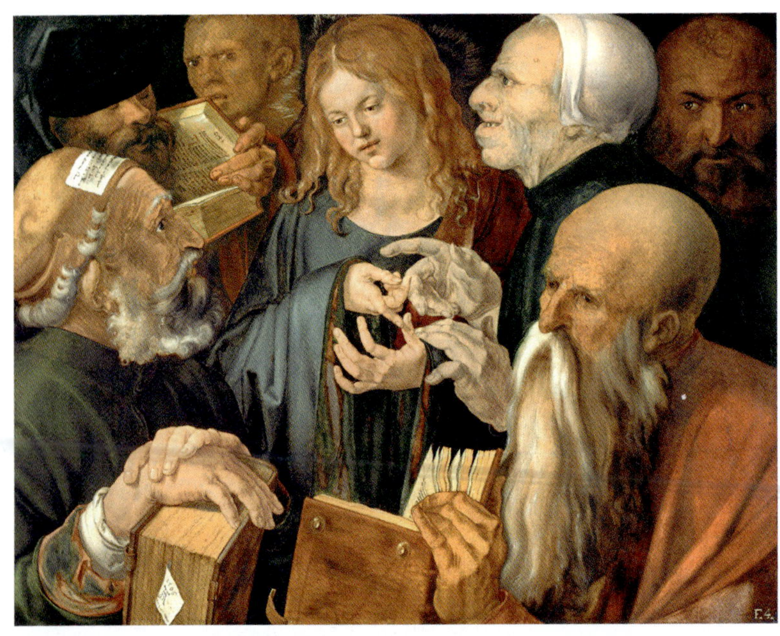

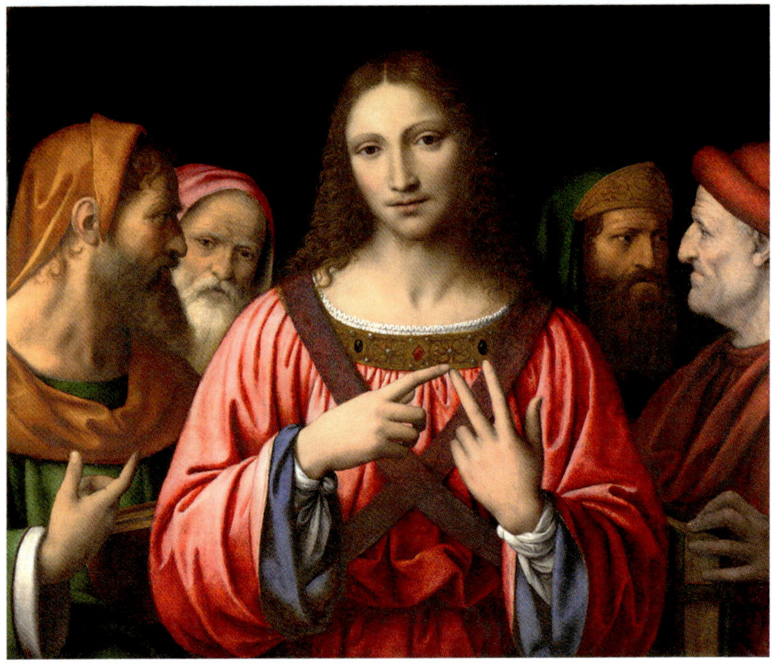

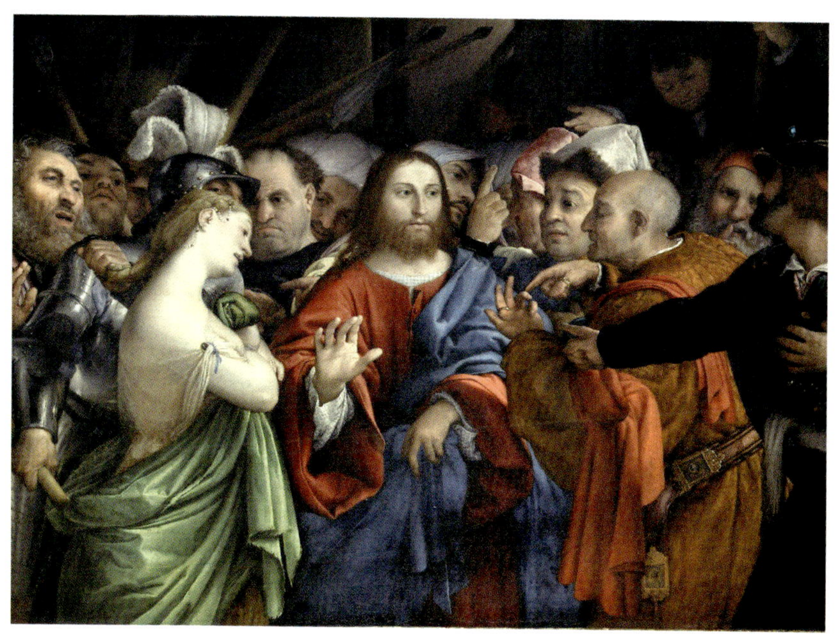

Fig. 30. Albrecht Dürer, *Cristo e i dottori*, 1506. Madrid, Museo Thyssen-Bornemisza.

Fig. 31. Bernardino Luini, *Cristo e i dottori*, 1515-30. Londra, National Gallery.

Fig. 32. Lorenzo Lotto, *Cristo e l'adultera*, 1526-28. Parigi, Museo del Louvre.

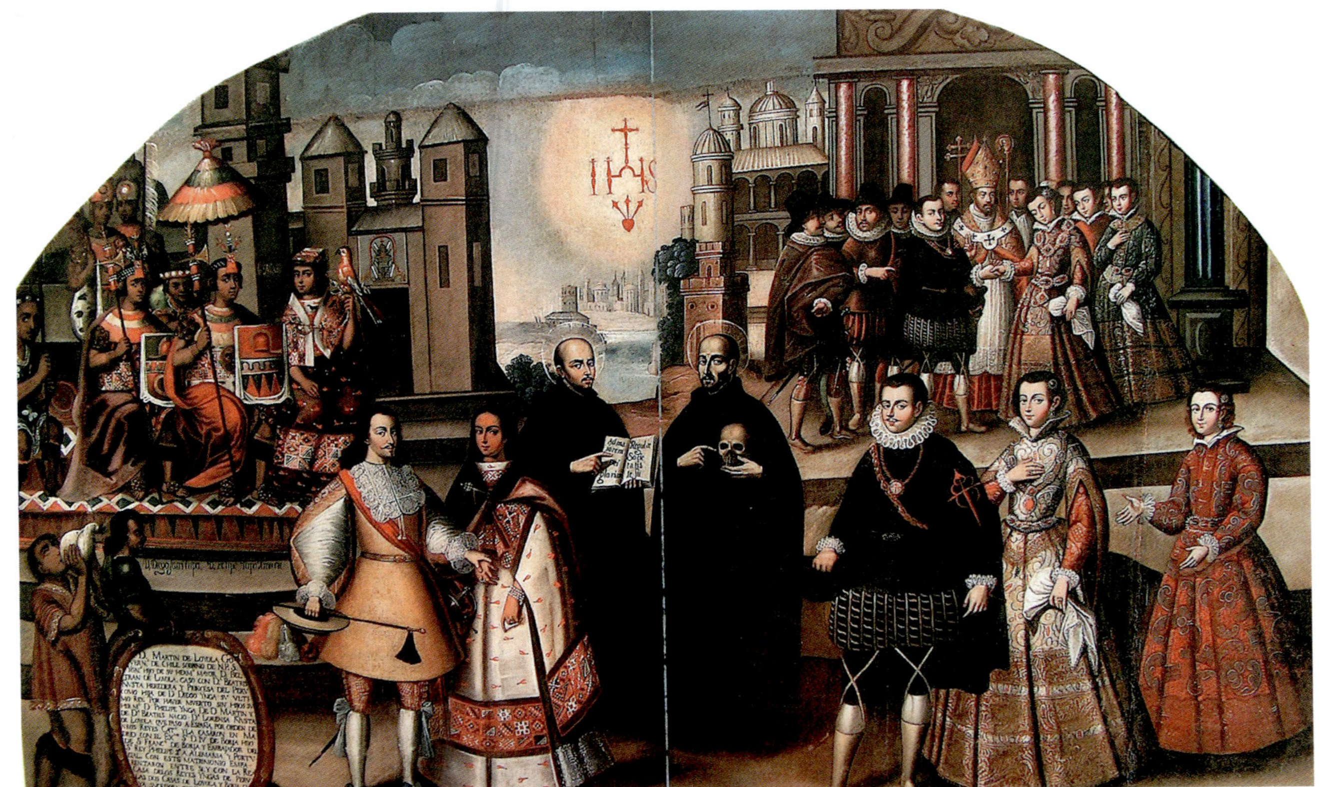

Fig. 33. Scuola pittorica del Cuzco, *Matrimonio di don Martín de Loyola e donna Beatriz Ñusta*, fine XVII secolo. Lima, Museo Pedro de Osma.

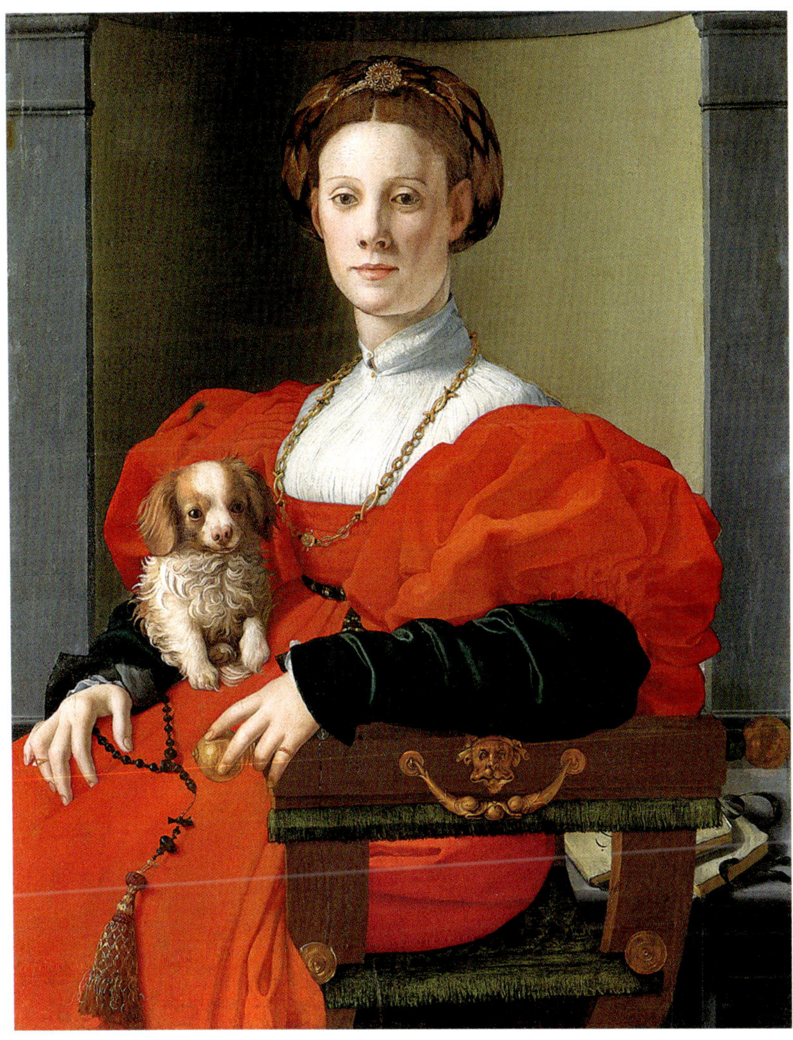

Fig. 34. Bronzino, *Ritratto di dama con cagnolino e rosario al polso*, 1530-32 ca. Francoforte, Städel Museum.

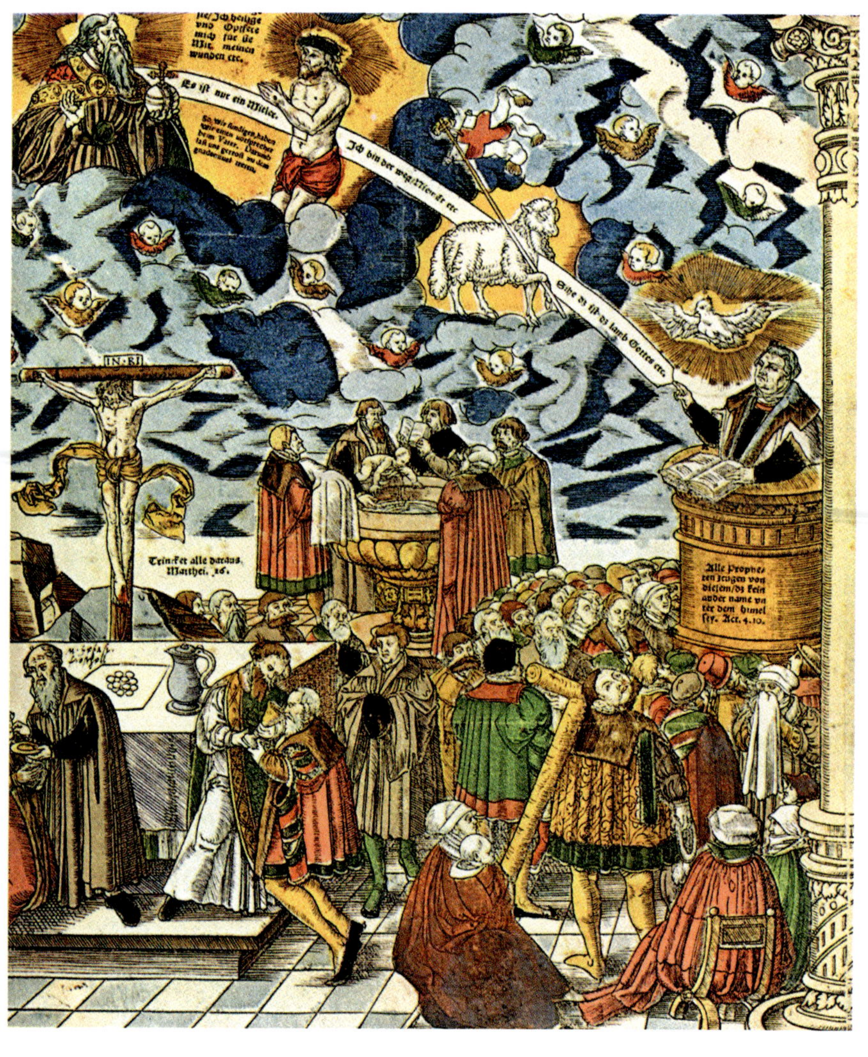

Fig. 35. Lucas Cranach il Giovane, *Unterscheid zwischen der waren Religion Christi…*, 1546 (particolare), Berlino, Staatliche Museen.

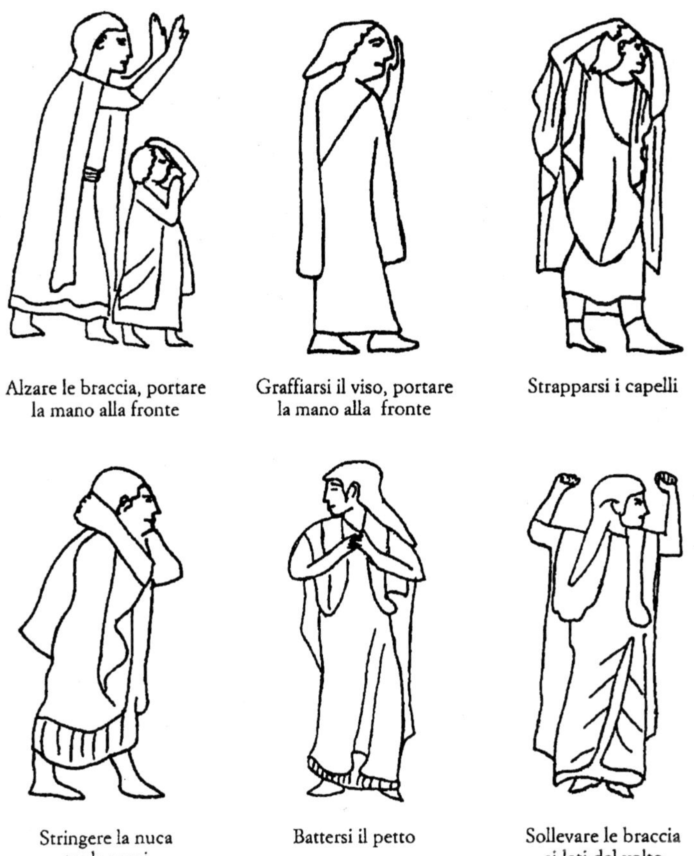

Fig. 36. Gesti di lutto nel mondo etrusco (ricostruzione grafica di Costanza Pastore), Pastore, *Di alcuni riti funebri nel mondo etrusco*, p. 196.

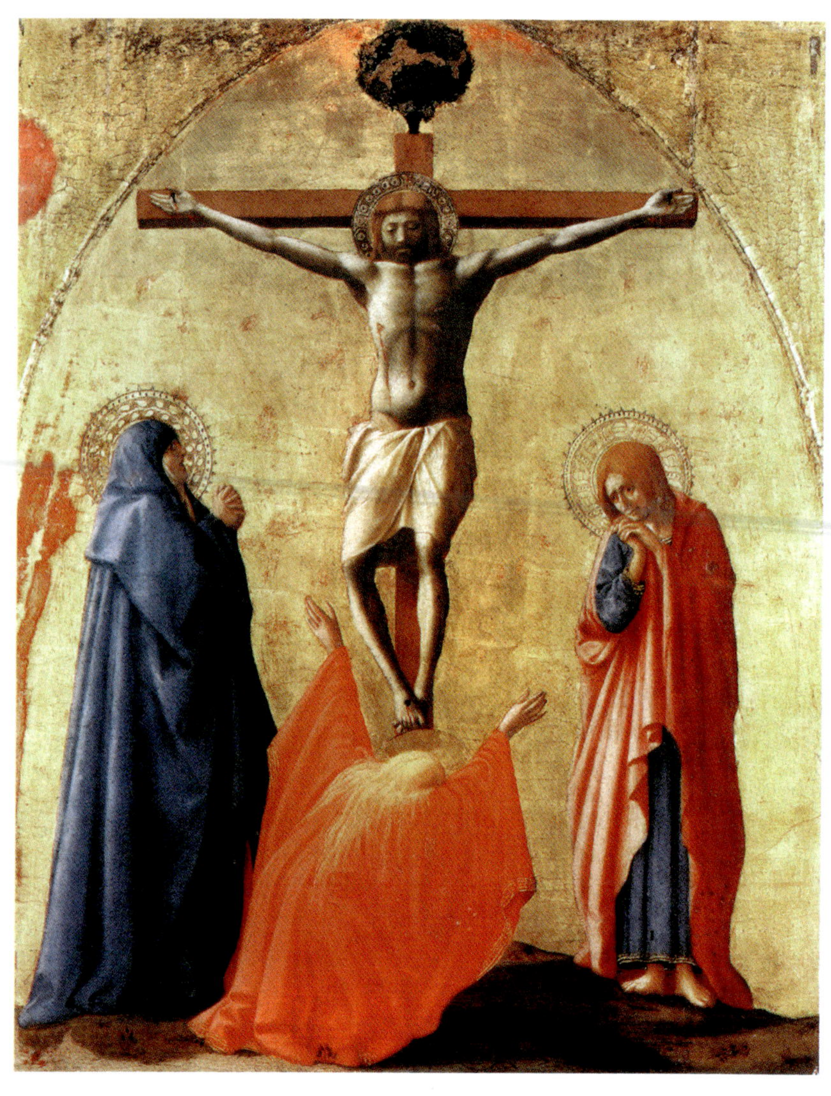

Fig. 37. Masaccio, *Crocefissione*, 1426. Napoli, Museo Nazionale di Capodimonte.

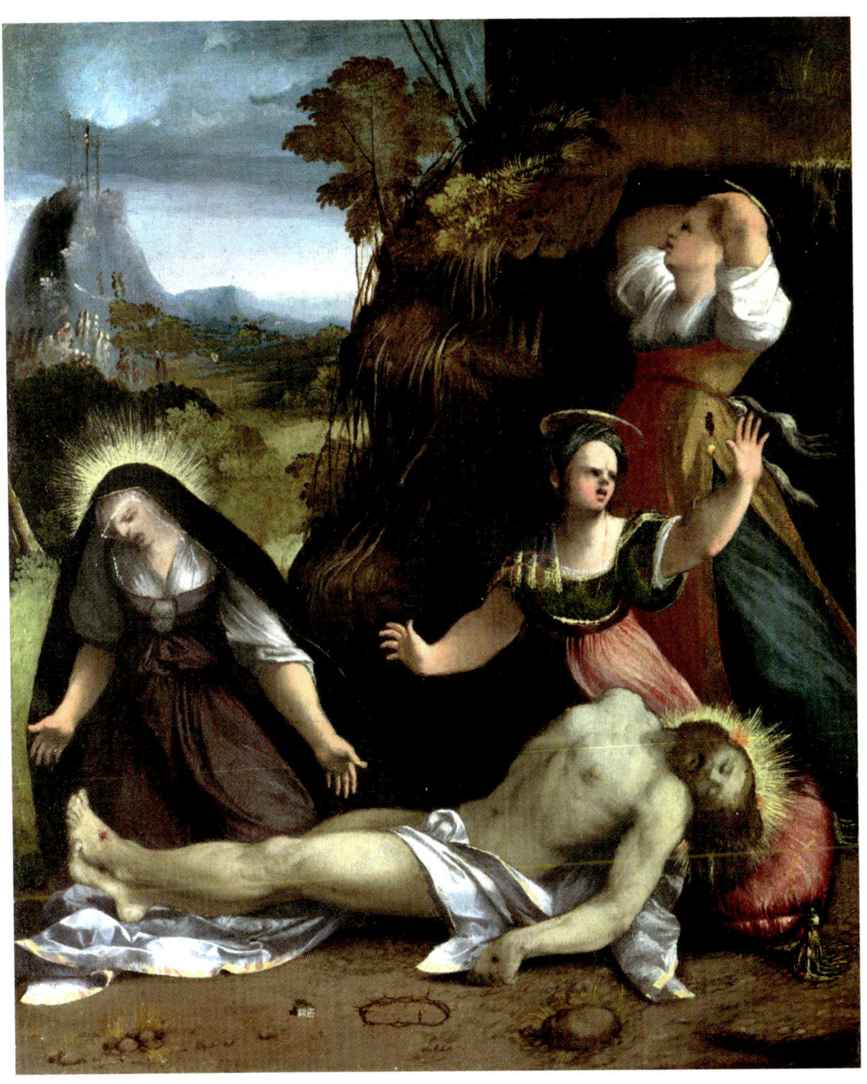

Fig. 38. Dosso Dossi, *Compianto*, 1517 ca. Londra, National Gallery.

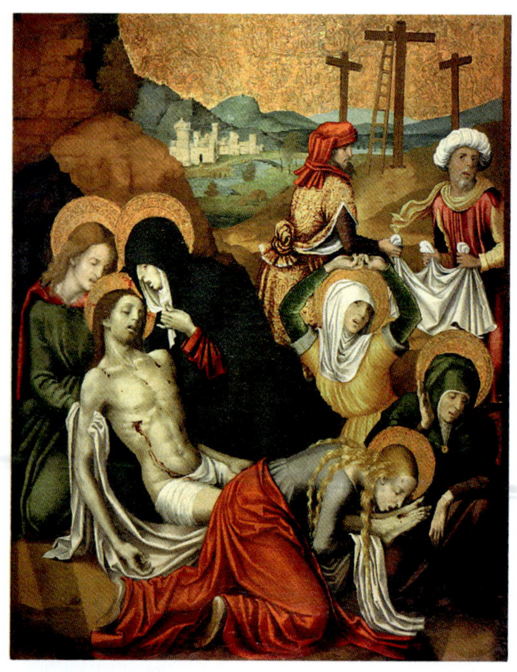

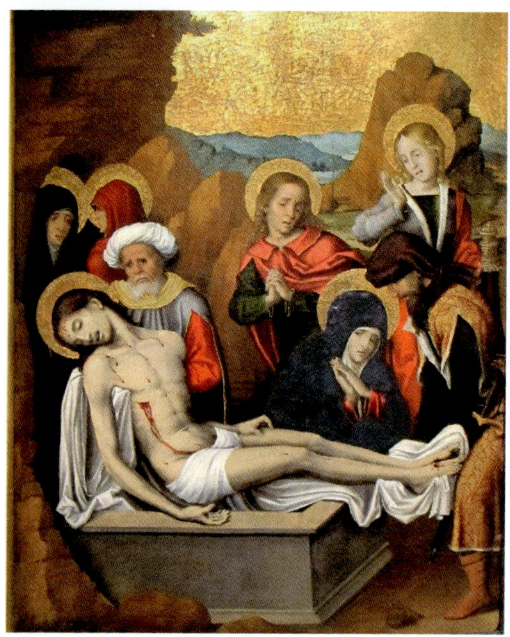

Fig. 39a. Pietro Cavaro, *Compianto*, 1515-25. Cagliari, Pinacoteca nazionale.

Fig. 39b. Pietro Cavaro, *Deposizione*, 1515-25. Cagliari, Pinacoteca nazionale.

Fig. 40. Simon Vouet, *Giovane con un fico*, 1615-20. Caen, Musée des Beaux Arts.

Fig. 41. Peter Flötner, *Quattro di sonagli*, 1540 ca. (da un mazzo di carte da gioco). Norimberga, Germanisches Nationalmuseum.

Fig. 42. Martin Treu, *Il marito picchiato*, 1540 ca. Londra, British Museum.

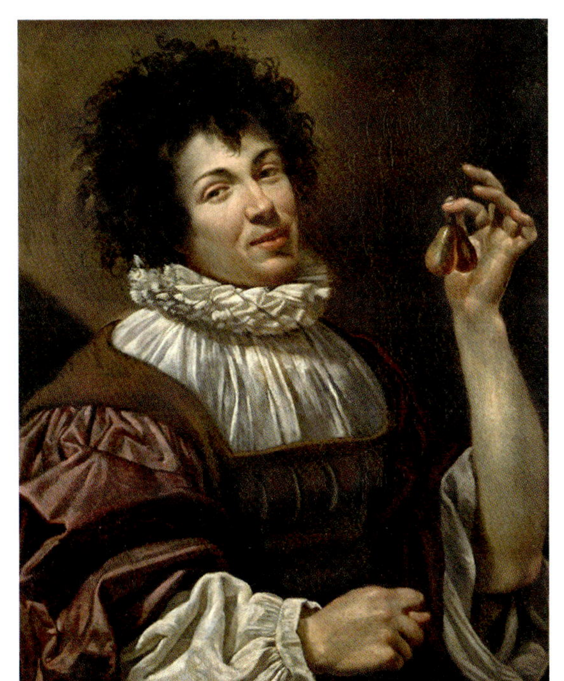

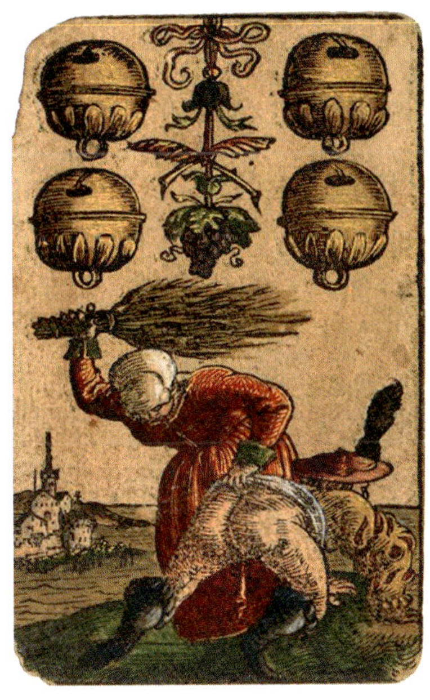

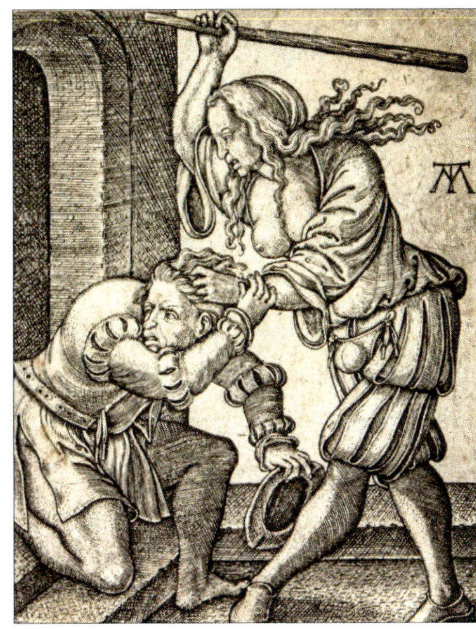

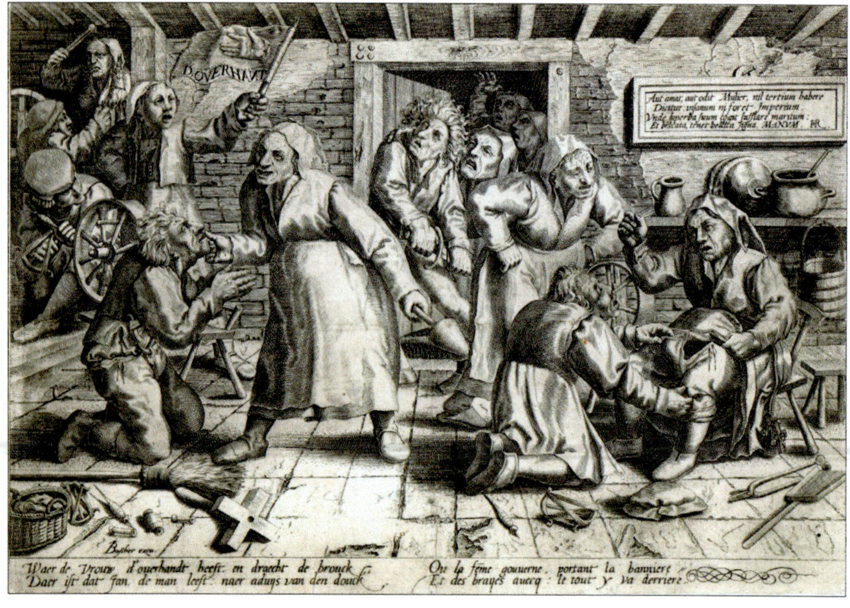

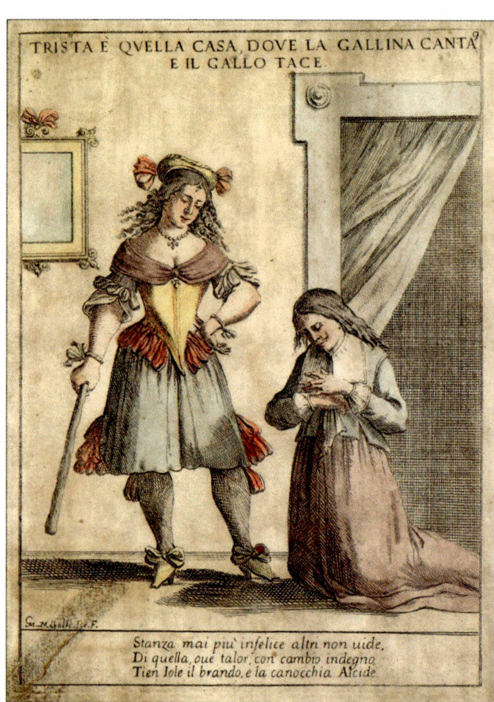

Fig. 43. Monogrammista WL, *Battaglia per i pantaloni*, 1560 ca. Londra, British Museum.

Fig. 44. Giuseppe Maria Mitelli, *Trista è quella casa dove la gallina canta e il gallo tace*, 1678. Londra, British Museum.

Fonti e bibliografia

Fonti archivistiche

Archivio di Stato di Bologna: *Tribunale del Torrone*, voll. 1410, 2259, 2263, 2264, 2265, 2270, 2304, 3390, 3439, 3443, 3444, 5606, 5685, 5712, 5718, 5732, 5738, 5742, 5746, 5752, 5755, 5762.

Biblioteca Estense, Modena, Tommasino Lancellotti, *Cronica*, ms. α T1, 2 = It. 532.

Fonti edite

Alberti, Leon Battista, *Libri della famiglia*, a cura di Ruggiero Romano e Alberto Tenenti, Torino, Einaudi, 1969.

Amaseo, Gregorio, *Diarii udinesi*, in *Monumenti storici pubblicati dalla R. Deputazione Veneta di Storia Patria*, 3ª serie, *Cronache e diarii*, vol. 1, Venezia, a spese della Società, 1884.

Antoniano, Silvio, *Tre libri dell'education christiana dei figliuoli*, Verona, Sebastiano delle Donne, 1584.

Baglione, Luca, *L'arte del predicare contenuta in tre libri*, Venezia, Andrea Torrentino, 1562.

Baldi, Camillo, *Delle mentite et offese di parole et su come possino accomodarsi*, Bologna, Mascheroni e Ferroni, 1623.

Baldo degli Ubaldi, *In secundam Digesti veteris partem commentaria*, Venezia, Giunta, 1559.

Barbaro, Francesco, *De re uxoria liber*, a cura di Attilio Gnesotto, in «Atti e memorie della Reale Accademia di scienze, lettere e arti in Padova», n.s., 32 (1915-1916), pp. 6-105.

Bernardino da Siena, *Le prediche volgari*, I, a cura di Ciro Cannarozzi, Pistoia, Tipografia Alberto Pacinotti, 1934.

Bernardino da Siena, *Le prediche volgari. Predicazione del 1425 in Siena*, a cura di Ciro Cannarozzi, Firenze, Rinaldi, 1958.

Boni, Giuseppe Omobono, *De processionibus ecclesiasticis opus historico-theologico-canonicum*, Milano, Giovan Battista Bianchi, 1773.

Bonifacio, Giovanni, *L'arte de' cenni con la quale formandosi favella visibile si tratta della muta eloquenza che non è altro che un facondo silentio*, Vicenza, Francesco Grossi, 1616.

Bulwer, John, *Chirologia: or the Natural Language of the Hand*, London, Thomas Harper, 1644.

Burigozzo, Giovan Marco (Burigozzo Merzaro), *Cronica milanese [...] dal 1500 al 1544*, in «Archivio Storico Italiano», 3 (1842), pp. 419-552.

Caico Hamilton, Louise, *Sicilian ways and days*, London, John Long, 1910.

Camilla Battista da Varano, *Opere spirituali*, a cura di Giuseppe Boccanera, Jesi, Scuola tipografica Francescana, 1958.

Caracciolo, Roberto, *Spechio de la fede vulgare. Novamente impresso. Diligentemente correcto et historiato*, Venezia, Pietro Quarenghi, 1517.

Castiglione, Baldassarre, *Il libro del Cortegiano*, a cura di Amedeo Quondam, Milano, Garzanti, 1981.

Colombo, Cristoforo, *Giornale di bordo [...] (1492-1493)*, a cura di Rinaldo Caddeo, Milano, Mondadori, 1973.

Conciliorum Oecumenicorum Decreta, a cura di Giuseppe Alberigo *et al.*, Bologna, Istituto per le scienze religiose, 1973.

Corio, Bernardino, *Storia di Milano*, Milano, F. Colombo, 3 voll., 1855-1857.

Darwin, Charles, *L'espressione delle emozioni nell'uomo e negli animali*, Torino, Boringhieri, 1982.

De Jorio, Andrea, *La mimica degli antichi investigata nel gestire napoletano*, Napoli, Stamperia del Fibreno, 1832.

Della Casa, Giovanni, *Il Galateo overo de' costumi*, a cura di Emanuela Scarpa, Modena, Panini, 1990.

[Della Casa, Giovanni], *Galateus seu de morum honestate et elegantia liber ex italico latinus, interprete Nathane Chytraeo*, s.l., s.d. [1579].

Del Rio, Martin, *Disquisitionum magicarum libri sex*, Colonia, sumpt. Hermanni Demen, 1679.

De Luca, Giovan Battista, *Il Dottor Volgare. Ovvero il compendio di tutta la legge civile, canonica, feudale e municipale*, I-IV, Firenze, Società tipografica, 1839-1843.

Discorsi spirituali e civili secondo il catechismo per instruzzione de' giovani desiderosi far profitto nella vita spirituale e civile, Firenze, Giorgio Marescotti, 1583.

Erasmo da Rotterdam, *I colloqui*, a cura di Gian Piero Brega, Milano, Feltrinelli, 1967.

Erasmo da Rotterdam, *De civilitate morum puerilium libellus*, Antverpiae, apud Michaelem Hillenium, 1536.

Erasmo da Rotterdam, *Elogio della pazzia,* a cura di Tommaso Fiore, Torino, Einaudi, 1964.

Erasmo, Desiderio, *Familiarium colloquiorum* [...] *opus*, Basilea, Froben, 1537.

[Erasmo, Desiderio], *Operetta utile del costumare i fanciulli, portata di latino in volgare*, Modena, Antonio Gadaldino, s.d.
[Estienne, Henri], *Deux Dialogues du nouveau Langage François Italianizé...*, Genève, 1578.

Fantaguzzi, Giuliano, *Caos. Cronache Cesenati del Sec. XV*, a cura di Dino Bazzocchi, Cesena, Bettini, 1915.
Fausto da Longiano, *Duello* [...] *regolato à le leggi de l'honore*, Venezia, Valgrisi, 1551.

Gerson, Jean, *La mendicité spirituelle*, in Id., *Oeuvres complètes*, a cura di Palémon Glorieux, VII, Paris, Desclée, 1966, pp. 220-280.
[Ghetti] Andrea da Volterra, *Discorso sopra la cura et diligenza che debbono havere i Padri et le Madri verso i loro figliuoli*, Bologna, Alessandro Benacci, 1572.
Giaccaro, Vincenzo, *Enchiridio christiano qual è specchio della sincera vita christiana et vero magisterio di riformar se stesso in ogni grado di persone al puro stato evangelico*, Venezia, Piero Nicolini da Sabio per Lucantonio Giunti, 1538.
Giacomo della Marca, *Comenza la confessione...*, [Napoli, Francesco del Tuppo, 1490 ca.].
Guazzini, Sebastiano, *Tractatus de pace, tregua, verbo dato* [...] *de cautione de non offendendo*, Macerata, Grisei e Piccini, 1669.

[Hackeborn, Mechtild von], *Liber gratiae spiritualis visionum et revelationum de beatae Mechtildis virginis devotissimae, ad fidelium Instructionem*, Venezia, ad signum Spei, 1558.

Incominciano le devote meditatione sopra la passione del Nostro Signore, Venezia [1485 ca.].

Lancellotti, Tommasino, *Cronaca modenese*, 12 voll., Parma, P. Fiaccadori, 1862-1884.
[Lando, Ortensio], *Lettere di molto valorose donne, nelle quali chiaramente appare non esser né di eloquentia né di dottrina alli huomini inferiori*, Venezia, Giolito, 1548.
La legislazione suntuaria. Secoli XIII-XVI, Emilia-Romagna, a cura di Maria Giuseppina Muzzarelli, Roma, Ministero per i beni e le attività culturali, 2002.
Lessing, Gotthold Ephraim, *Laocoonte*, a cura di Michele Cometa, Palermo, Aestetica, 1991.
Levi, Carlo, *Cristo si è fermato a Eboli*, Milano, Mondadori, 1963.
Libri [sic] *sacerdotalis de officio sacerdotis*, Venezia, Vittore Rabani e soci, 1537.
Litterae quadrimestres ex universis praeter Indiam et Brasiliam locis in quibus aliqui de Societate Jesu versabantur Romam missae, III, *1554-1555*, Madrid, Augustinus Avrial, 1896.
Litterae quadrimestres ex universis praeter Indiam et Brasiliam locis in quibus aliqui de Societate Jesu versabantur Romam missae, IV, *1556*, Madrid, Augustinus Avrial, 1897.
Locke, John, *A Strange and Lamentable accident that appened lately at Mears Ashby in Kirkham Paris in Lancashire* [...], London, Harper and Wine, 1642.
Lombardelli, Orazio, *Degli uffizi e costume de' giovani libri III*, Firenze, G. Marescotti, 1579.

Luigi da Porto, *Lettere storiche* […] *dall'anno 1509 al 1528*, a cura di Bartolommeo Bressan, Firenze, Le Monnier, 1857.
[Lutero, Martino], *Wieder das Papstum zu Rom von Teuffel gestift*, Wittenberg, Hans Lufft, 1545.
Lutero, Martino, *Briefe*, a cura di Hanns Rückert, Berlin, Walter de Gruyter & co., 1966.

Machiavelli, Niccolò, *Discorsi sopra la prima Deca di Tito Livio*, a cura di Corrado Vivanti, Torino, Einaudi, 1983.
Machiavelli, Niccolò, *Canti carnascialeschi e Rime varie*, a cura di Antonio Corsaro e Nicoletta Marcelli, in Id., *Scritti in poesia e in prosa*, a cura di Francesco Bausi, Roma, Salerno, 2012, pp. 221-289, 534-592.
Marsili, Ippolito, *Tractatus bannitorum*, Bononiae, Soc. Typograph. Bononien, 1574.
Il modo e forma di far Orationi nelle Scuole de Putti, così delle Huomini come delle Donne. E d'andare alle Processioni…, Milano, Pacifico Pontio, 1572.
Montaiglon, Anatole de, *Recueil général et complet des fabliaux des XIII. et XIV. siècles imprimés ou inédits,* I, Paris, Librairie des Bibliophiles, 1872.
Montaigne, Michel de, *Saggi*, I-III, Milano, Mondadori, 1986.
[Muzio, Girolamo], *Il duello del Mutio Iustinopolitano, con le risposte cavalleresche*, Venezia, Gabriele Giolito de' Ferrari, 1563.
Muzzi, Salvatore, *Annali della città di Bologna dalla sua origine al 1796*, Bologna, pe' tipi di San Tommaso d'Aquino, 1840.

[Niccolò da Osimo?], *Zardino de Oration fructuoso*, Venezia, Bernardino Benalio, 1494.
Novelli, Mauro, *Trattato della Pittura di Leonardo da Vinci (condotto sul Cod. Vaticano Urbinate 1270)*, http://www.mauronovelli.it/Leonardo%20Trattato%20della%20pittura.pdf.
Il novo corteggiano de vita cauta e morale, s.l., s.d. [Venezia, Tacuino, 1530?].

Opera nuova dove si contiene le piacevoli et morali sentenze sopra la vita dell'huomo et per corregger gli suoi figliuoli [...], Trino, Bernardo Grasso, 1594.

Patrizi, Francesco, *Della Retorica dieci dialoghi*, Venezia, Francesco Senese, 1562
Phiston, William, *The Schoole of Good Manners or, A new schoole of vertue*, London, W. W[hite] for William Iones, 1609.
Prato, Giovanni Andrea, *Storia di Milano*, in «Archivio storico italiano», 3 (1842), pp. 217-418.

Rabelais, François, *Gargantua e Pantagruele*, a cura di Mario Bonfantini, I-II, Milano, Mondadori, 1961.
The refin'd courtier, London, Royston, 1663.
Regulae Societatis Jesu (1540-1556), a cura di Dionysius Fernández Zapico, Roma, Monumenta Historica Societatis Jesu, 1948.

Sacchetti, Franco, *Trecentonovelle*, a cura di Emilio Faccioli, Torino, Einaudi, 1970.
Sadoleto, Jacopo, *De pueris recte instituendis*, Parigi, Simon de Colines, 1534.

Sansovino, Francesco, *Lettere i M. Francesco Sansovino sopra le diece giornate del Decamerone di M. Giovanni Boccaccio*, Venezia, Baldassarre Costantini, 1543.
Sanuto, Marino, *Diarii*, 58 voll., Venezia, Visentini, 1879-1903.
Savelli, Marco Antonio, *Pratica universale estratta in compendio per alfabeto dalle principali leggi*, Firenze, Vincenzo Baglini, 1681.
Savonarola, Girolamo, *Trattato in defensione e commendazione dell'orazione mentale*, in Id., *Operette spirituali*, a cura di Mario Ferrara, I, Roma, Belardetti, 1976, pp. 159-185.
Silvio, Antoniano, *Tre libri dell'education christiana dei figliuoli*, Verona, Sebastiano delle Donne, 1584.
Spinola, Andrea, *Scritti scelti*, a cura di Carlo Bitossi, Genova, Sagep, 1981.

Teresa d'Avila, *Vita*, a cura di Italo A. Chiusano, Milano, Rizzoli, 1962.
Tesauro, Emanuele, *Il Cannocchiale aristotelico, o sia idea delle argutezze heroiche vulgarmente chiamate Imprese*, Venezia, Paolo Baglioni, 1655.
Todesco, Andrea, *Annali della città di Modena, 1501-1547*, Modena, Panini, 1979.
Tommaso di Silvestro, *Diario*, *RIS*[2], 15/5, vol. 2, a cura di Luigi Fumi, Bologna, Zanichelli, 1922-1929.
Toussaint Dinouart, Joseph Antoine, *L'Éloquence du corps dans le ministere de la chaire ou l'action du prédicateur*, Paris, Desprez, 1761[2].
Tractatus illustrium in utraque tum pontificii, tum caesarei iuris facultate iurisconsultorum de Matrimonio et Dote, Venezia, Ziletti, 1584.

Valignano, Alessandro, *Il cerimoniale per i missionari del Giappone. Advertimentos e avisos acerca dos costumes e catangues de Jappão*, Roma, Edizioni di Storia e Letteratura, 1946.
Vega, Garcilaso de la, *Historia Generál del Perú*, Madrid, Oficina Réal, 1722.
Vita e processo di suor Virginia Maria de Leyva monaca di Monza, a cura di Umberto Colombo, Milano, Garzanti, 1985.
Vives, Juan Luis, *De l'ufficio del marito* [...] *De l'istitutione della femmina christiana, vergine, maritata o vedova* [...], Venezia, Valgrisi, 1546.

Zentgraff, Johann Jacob, *Disputatio prior de Tactu Regis Franciae quo Strumis laborantes restituuntur*, Wittenberg, Schrödter, 1675.
Zuccolo, Lodovico, *Dialoghi* [...] *De' saluti...*, Venezia, Marco Ginammi, 1625.

Bibliografia

Accidentes del alma. Las Emociones de la Etad Moderna, a cura di María Tausiet e James S. Amelang, Madrid, Abada Editores, 2009.
Aikema, Bernard, Brown, Beverly L., *Painting in Fifteenth-Century Venice and the* ars nova *of the Netherlands*, in *Renaissance Venice and the North: Crosscurrents in the Time of Bellini, Dürer, and Titian*, a cura di Bernard Aikema, Beverly L. Brown, Milano, 1999, pp. 31-41.

Alexander, Jeffrey C., Mast, Jason L., *Introduction: symbolic action in theory and practice: the cultural pragmatics of symbolic action*, in *Social Performance. Symbolic Action, Cultural Pragmatics, and Ritual*, a cura di Jeffrey C. Alexander, Bernhard Giesen e Jason L. Mast, Cambridge, Cambridge UP, 2006, pp. 1-28.

Allegra, Luciano, *Il parroco: un mediatore fra alta e bassa cultura*, in *Storia d'Italia*, Annali 4, *Intellettuali e potere*, a cura di Corrado Vivanti, Torino, Einaudi, 1981, pp. 895-947.

Allegri, Agostino, Mazzotta, Antonio, *Vesperbild. Un percorso attraverso la mostra*, in *Vesperbild* [v.], pp. 35-125.

Amelang, James S., *Mourning Becomes Eclectic: Ritual Lament and the Problem of the Continuity*, in «Past and Present», 187 (2005), pp. 3-31.

Amelang, James S., *La Viuda Alegre. Miedo y Luto en el Llanto Ritual*, in *Accídentes del Alma* [v.], pp. 203-226.

Annese, Andrea, *"Irsuta manu percutitur foedus": sfiorare. Storia notturna a partire dal* Sermo CCLXXI *di Cusano*, in *Streghe, sciamani, visionari* [v.], pp. 219-239.

Antonello da Messina. L'opera completa, a cura di Mauro Lucco, Milano, Silvana Editoriale, 2006.

Arana Bustamante, Luis, *Un incidente en la vida de Francisco Chilche, kuraka del Valle de Yucai (1555)*, in «Investigaciones sociales», 13 (2009), pp. 171-186.

Arasse, Daniel, *Entre dévotion et culture. Fonction de l'image religieuse au XVe siècle*, in *Faire croire. Modalités de la diffusion et de la réception du message religieux du XIIe au XVe siècle*, Roma, École Française de Rome, 1981, pp. 131-146.

Arasse, Daniel, *La chair, la grâce, le sublime*, in *Histoire du corps*, I, *De la Renaissance aux Lumières*, a cura di Georges Vigarello, Paris, Seuil, 2005, pp. 431-500.

Arasse, Daniel, *L'Annunciazione italiana: una storia della prospettiva*, Firenze, Usher arte, 2009.

Aria, acqua, terra, fuoco: i quattro elementi e le loro metafore. Luft, Erde, Wasser, Feuer: die vier Elemente und ihre Metaphern, a cura *di* Francesca Rigotti, Pierangelo Schiera, Bologna-Berlin, il Mulino - Dunker & Humblot, 1996.

Ashley, Kathleen, *Introduction*, in *The Moving Subjects. Processional Performance in the Middle Ages and the Renaissance*, a cura di Kathleen Ashley e Wim Hüsken, Amsterdam-Atlanta, Rodopi, 2001, pp. 7-34.

Auerbach, Erich, *Mimesis. Il realismo nella cultura occidentale*, Torino, Einaudi, 1956.

Bacci, Michele, *"Pro remedio animae". Immagini sacre e pratiche devozionali in Italia centrale (secoli XIII e XIV)*, Pisa, GISEM, 2000.

Bacci, Michele, *"Imaginariae repraesentationes": l'iconografia evangelica e il pio esercizio della memoria*, in *Iconografia evangelica a Siena dalle origini al Concilio di Trento*, a cura di Id., Siena, Monte dei Paschi, 2009, pp. 7-25.

Barasch, Moshe, *Giotto and the Language of Gesture*, Cambridge, Cambridge UP, 1987.

Baratta, Luca, *«A Monstrous Regiment of Women»: nascite mostruose come stigma del dissenso religioso delle donne negli anni delle guerre civili inglesi (1642-1652*), in «Storia delle Donne», 11 (2015), pp. 129-162.

Barbierato, Federico, *Nella stanza dei circoli. Clavicula Salomonis e libri di magia a Venezia nei secoli XVII e XVIII*, Milano, Sylvestre Bonnard, 2002.

Bassetti, Sandro, *Erasmo Gatamelatha, 1370-1443*, Cologno Monzese, Lampi di stampa, 2012.
Battaglia, Salvatore, *Grande dizionario della lingua italiana*, I-XXI, Torino, Utet, 1961-2002.
Baxandall, Michael, *Pittura ed esperienze sociali nell'Italia del Quattrocento*, Torino, Einaudi, 1978.
Beccaria, Gian Luigi, *Spagnolo e spagnoli in Italia. Riflessi ispanici sulla lingua italiana del Cinque e del Seicento*, Torino, Giappichelli, 1968.
Bell, Catherine, *Ritual Theory, Ritual Practice*, New York-Oxford, Oxford UP, 1992.
Bellabarba, Marco, *Racconti famigliari. Scritti di Tommaso Tabarelli de Fatis e altre storie di nobili cinquecenteschi*, Trento, Società di Studi trentini di scienze storiche, 1997.
Belting, Hans, *Il culto delle immagini. Storia dell'icona dall'età imperiale al tardo Medioevo*, Roma, Carocci, 2001.
Belting, Hans, *I canoni dello sguardo. Storia della cultura visiva tra Oriente e Occidente*, Torino, Bollati Boringhieri, 2010.
Bennassar, Bartolomé, Bennassar, Lucile, *I cristiani di Allah*, Milano, Rizzoli, 1991.
Bériou, Nicole, *Introduction*, in *Prier au Moyen Âge. Pratiques et Expériences (Ve-XVe siècles)*, a cura di Nicole Bériou, Jacques Berlioz e Jean Longère, Turnhout, Brepols, 1991, pp. 9-15.
Bernard, Carmen, Gruzinski, Serge, *Dell'idolatria. Un'archeologia delle scienze religiose*, Torino, Einaudi, 1995.
Bertelli, Sergio, Centanni, Monica, *Il gesto. Analisi di una fonte storica di comunicazione non verbale*, in *Il gesto* [v.], pp. 9-28.
Bertelli, Sergio, Maxwell, Hope, *Imposizioni di mani e gesti regali*, in *Il gesto* [v.], pp. 104-139.
Bianco, Furio, *La crudel zobia grassa. Rivolte contadine e faide nobiliari in Friuli fra '400 e '500*, Udine, Biblioteca del Messaggero veneto, 2004.
Bing, Gertrud, *Introduzione*, in Aby Warburg, *La rinascita del paganesimo antico. Contributi alla storia della cultura,* Firenze, La Nuova Italia, 1966, pp. VII-XXXI.
Birdwhistell, Ray L., *Kinesis and Context. Essays on Body-Motion Communication*, Hardmondsworth, Penguins Books, 1973.
Bloch, Marc, *I re taumaturghi. Studi sul carattere sovrannaturale attribuito alla potenza dei re particolarmente in Francia e in Inghilterra*, Torino, Einaudi, 1975.
Boiteaux, Martine, *Parcours rituels romains à l'époque moderne*, in *Cérémonial et rituel* [v.], pp. 27-87.
Boiteaux, Martine, *Violences rituelles: Juifs et Chrétiens dans la Rome pontificale*, in *Le destin des rituels* [v.], pp. 191-207.
Bonora Elena, *I conflitti della Controriforma. Santità e obbedienza nell'esperienza religiosa dei primi barnabiti*, Firenze, Le Lettere, 1998.
Boquet, Damien, Nagy, Piroska, *Une histoire des émotions incarnées*, in «Médiévales», 61 (2011), pp. 5-24.
Boquet, Damien, Nagy, Piroska, *Una storia diversa delle emozioni*, in «Rivista Storica Italiana», 128 (2016), pp. 481-520.
Braddick, Michael J., *Introduction: the Politics of Gesture*, in *The Politics of Gesture* [v.], pp. 9-35.

Brambilla, Elena, *La fine dell'esorcismo: possessione, santità, isteria dall'età barocca all'illuminismo*, in «Quaderni storici», 38 (2003), pp. 117-163.

Brambilla, Elena, *Corpi invasi e viaggi dell'anima. Santità, possessione, esorcismo dalla teologia barocca alla medicina illuminista*, Roma, Viella, 2010.

Brandileone, Francesco, *Saggi sulla storia della celebrazione del matrimonio in Italia*, Milano, Hoepli, 1906.

Brilliant, Richard, *Gesture and Rank in Roman Art. The Use of Gestures to denote Status in Roman Sculture and Coinage*, New Haven, Connecticut Academy of Arts and Sciences, 1963.

Brockey, Liam M., *Journey to East. The Jesuit Mission to China*, Harvard, Harvard UP, 2007.

Burke Peter, *Il linguaggio dei gesti in Italia all'inizio dell'età moderna*, in Id., *Sogni, gesti, beffe. Saggi di storia culturale*, Bologna, il Mulino, 2000, pp. 79-98.

Burke, Peter, *Scene di vita quotidiana nell'Italia moderna*, Roma-Bari, Laterza, 1988.

Caffiero, Marina, *La maestà del papa. Trasformazioni dei rituali del potere a Roma tra XVIII e XIX secolo*, in *Cérémonial et Rituel à Rome* [v.], pp. 295-302.

Caffiero, Marina, *Religione e modernità in Italia (secoli XVII-XIX)*, Pisa-Roma, ISPI, 2000.

Camporesi, Piero, *La condizione vegetale: uomini, erbe, bestie*, in *Cultura popolare dell'Emilia Romagna. Medicina, erbe e magia*, a cura di Piero Camporesi, Milano, Editoriale Silvana, 1981, pp. 117-135.

Cancellieri, Francesco, *Storia de' solenni possessi de' Sommi Pontefici*, Roma, Luigi Lazzerini, 1802.

Canetti, Luigi, *Posseduti e sognatori. Assonanze notturne nei ricordi e negli studi di uno scolaro bolognese*, in *Streghe, sciamani, visionari* [v.], pp. 199-218.

Cantù, Francesca, *Ideologia politica e simbolismo religioso: la monarchia Cattolica e la rappresentazione del potere nella Cuzco vicereale*, in *I Linguaggi del potere nell'età barocca* [v.], pp. 421-456.

Capriotti, Giuseppe, *Visions, Mental Images, Real Pictures. The Mystical Experience and the Artistic Patronage of Sister Battista da Varano*, in «Ikon», 6 (2013), pp. 213-224.

Carnaille, Camille, *L'art du geste entre esthétique et émotions*, in *Le geste de l'art* [v.], pp. 29-37.

Carnevale, Diego, *L'affare dei morti. Mercato funerario, politica e gestione della sepoltura a Napoli (secoli XVII-XIX)*, Roma, École Française de Rome, 2014.

Castelli, Patrizia, *Il doppio significato. L'ostensione della vulva nel Medioevo*, in *Il gesto* [v.], pp. 199-223.

Catholic Missionaries in Early Modern Asia. Patterns of Localisation, a cura di Nadine Amsler, Andreea Badea, Christian Windler e Bernard Heyberger, Abingdon-New York, Routledge, 2020.

Cavalca, Cecilia, *Pietà con donatore in veste di san Francesco*, in *Cosmè Tura e Francesco del Cossa: l'arte a Ferrara nell'età di Borso d'Este*, a cura di Mauro Natale, Ferrara, Ferrara Arte, 2007, p. 384.

Cavina, Marco, *Il duello giudiziario per punto d'onore. Genesi, apogeo e crisi nell'elaborazione dottrinale italiana (sec. XIV-XVI)*, Torino, Giappichelli, 2003.

Cérémonial et Rituel à Rome (XVIe-XIXe siècle), a cura di Maria Antonietta Visceglia e Catherine Brice, Roma, École Française de Rome, 1997.

Certeau, Michel de, *L'homme en prière, cet arbre de gestes*, in Id., *La faiblesse de croire*, Paris, Seuil, 1987, pp. 13-24.

Chastel, André, *Le geste dans l'art*, Paris, Liana Levi, 2001.

Chomentovskaja, Olga, *Le comput digital. Historire d'un geste dans l'art de la Renaissance italienne*, in «Gazette des Beaux-Arts», 20 (1938), pp. 157-172.

Christian, William A. jr., *Llanto religioso provocado en la España en la Edad Moderna*, in *Accidentes del alma* [v.], pp. 143-165.

Cieri Via, Claudia, *"Griff nach dem Kopf". Vincitori e vinti. Sopravvivenza di un* topos *antico nell'età moderna*, in *La storia e le immagini della storia. Prospettive, metodi, ricerche*, a cura di Matteo Provasi e Cecilia Vicentini, Roma, Viella, 2015, pp. 15-36.

Cocchiara, Giuseppe, *Il linguaggio del gesto*, Palermo, Sellerio, 1977.

Cocchiara, Giuseppe, *Il mondo alla rovescia*, Torino, Paolo Boringhieri, 1981.

Contò Agostino, Cristani Caterina, *Un testo quattrocentesco inedito: "Del modo che si die tenire in chiexia"*, in «Quaderni di storia religiosa», 5 (1999), pp. 215-235.

Croce, Benedetto, *Il linguaggio dei gesti*, in «La Critica», 29 (1931), pp. 223-228.

A Cultural History of Gesture, a cura di Jan Bremmer e Herman Roodenburg, London, Polity Press, 1991.

Cumont, Franz, *Il Sole vindice dei delitti ed il simbolo delle mani alzate*, Città del Vaticano, Tip. Poliglotta Vaticana, 1923.

Dalli Regoli, Gigetta, *Il gesto e la mano. Convenzione e invenzione nel linguaggio figurativo tra Medioevo e Rinascimento*, Firenze, Olschki, 2000.

Dall'Olio, Guido, *Alle origini della nuova esorcistica. I maestri bolognesi di Girolamo Menghi*, in *Inquisizioni: percorsi di ricerca*, a cura di Giovanna Paolin, Trieste, Università di Trieste, 2001, pp. 81-129.

Dal Pozzolo, Enrico Maria, *I* Due amici *di Giorgione*, in *Labirinti d'amore. Giorgione e le stagioni del sentimento tra Venezia e Roma*, Napoli, Prismi, 2017, pp. 33-57.

Darnton, Robert, *Il bacio di Lamourette*, Milano, Adelphi, 1994.

Darnton, Robert, *An Early Information Society: News and the Media in Eighteeth-Century Paris*, in «American Historical Review», 105 (2000), pp. 1-35.

De Benedictis, Angela, *Diritto e religione nei tumulti dell'Europa moderna: l'*exemplum *dei Maccabei come popolo resistente*, in *Providencialisme i secularització a l'Europa moderna (segles XVI-XIX). Moment maquiavelià o moment macabeu?*, a cura di Xavier Torres, Girona, Documenta Universitaria, 2018, pp. 38-52.

De Giorgio, Teodoro, *Il piede del papa. Il bacio della sacra pantofola tra Medioevo ed Età moderna: origine, significato e nuove prospettive di indagine iconografica*, in «Annali della Scuola Normale Superiore di Pisa», Classe di Lettere e Filosofia, s. 5, 11/2 (2019), pp. 581-599.

Dekker, Rudolf M., *Women in Revolt. Popular Protest and Its Social Basis in the Holland in the Seventeenth and Eighteenth Centuries*, in «Theory and Society», 16 /3 (1987), pp. 337-362.

Delcorno, Carlo, *Il 'parlato' dei predicatori. Osservazioni sulla sintassi di Giordano da Pisa*, in «Lettere italiane», 51 (2000), pp. 3-50.

Delcorno, Carlo, *Pietà personale e di famiglia nella predicazione quattrocentesca,* in «Quaderni di storia religiosa», 8 (2001), pp. 117-146.

De Martino, Ernesto, *Morte e pianto rituale dal lamento funebre antico al pianto di Maria*, Torino, Boringhieri, 1983[3].

Le destin des rituels. Faire corps dans l'espace urbain. Italie-France-Allemagne, a cura di Gilles Bertrand e Ilaria Taddei, Roma, École Française de Rome, 2008.

Di Biase, Andrea, *Dominio, obbedienza, mansuetudine. Effetti dell'immagine del Christus Hortolanus fra Cinquecento e Seicento*, 2020 (montesquieu.unibo.it>article>download).

Didi-Huberman, Georges, *L'image survivante. Histoire de l'art et temps des fantômes selon Aby Warburg*, Paris, Editions de minuit, 2002.

Disciplina dell'anima, disciplina del corpo e disciplina della società fra Medioevo ed Età Moderna, a cura di Paolo Prodi, Bologna, il Mulino, 1994.

Di Simplicio, Oscar, *Inquisizione stregoneria medicina. Siena e il suo stato (1580-1721)*, Monteriggioni, Il Leccio, 2000.

Efrón, David, *Gesto, razza e cultura. Indagine preliminare su alcuni aspetti spazio-temporali e "linguistici" del comportamento gestuale di ebrei orientali e italiani meridionali abitanti a New York in condizioni ambientali sia simili che differenti*, Milano, Bompiani, 1974.

Eibl-Eibesfeldt, Irenäus, *Amore e odio. Per una storia naturale dei comportamenti elementari*, Milano, Adelphi, 1971.

Elias, Norbert, *La civiltà delle buone maniere*, Bologna, il Mulino, 1982.

Falcinelli, Riccardo, *Figure. Come funzionano le immagini dal Rinascimento a Instagram*, Torino, Einaudi, 2020.

Fantini, Maria Pia, *La circolazione clandestina dell'orazione di Santa Marta: un episodio modenese*, in *Donna, disciplina, creanza cristiana dal XV al XVII secolo. Studi e testi a stampa*, a cura di Gabriella Zarri, Roma, Edizioni di Storia e Letteratura, 1996, pp. 45-65.

Feo, Michele, *Cosa leggeva la Madonna? Quasi un romanzo per immagini*, Firenze, Polistampa, 2019.

Ferrante, Lucia, *Il matrimonio a Bologna prima del Concilio di Trento*, relazione presentata al convegno internazionale *Mutamenti della famiglia nei paesi occidentali* (Bologna, 6-8 ottobre 1984).

Ferrante, Lucia, *Il matrimonio disciplinato: processi matrimoniali a Bologna nel Cinquecento*, in *Disciplina dell'anima, disciplina del corpo e disciplina della società*, pp. 901-927.

Firpo, Massimo, *Paola Antonia Negri monaca Angelica (1508-1555)*, in *Rinascimento al femminile*, a cura di Ottavia Niccoli, Roma-Bari, Laterza, 1998, pp. 35-82.

Franzoni, Claudio, *Persistenze iconografiche e persistenze gestuali: una traccia*, in *La Forza del Bello*, a cura di Mara Pasetti, Mantova, Associazione ca' Gioiosa, 2009, pp. 39-56.

Frugoni, Chiara, *La voce delle immagini. Pillole iconografiche dal Medioevo*, Torino, Einaudi, 2010.

Gaudemet, Jean, *Le mariage en Occident. Les moeurs et le droit*, Paris, Les Editions du Cerf, 1987.

Gaye, Giovanni, *Carteggio inedito d'artisti del secolo XIV. XV. XVI.*, II, Firenze, Giovanni Molini, 1840

Gélis, Jacques, *Le corps, l'Église et le sacré*, in *Histoire du corps*, I, *De la Renaissance aux Lumières*, a cura di Georges Vigarello, Paris, Seuil, 2005, pp. 17-113.

Gentilcore, David, *Healers and Healing in Early Modern Italy,* Manchester, Manchester UP, 1998.

Il gesto nel rito e nel cerimoniale dal mondo antico ad oggi, a cura di Sergio Bertelli e Monica Centanni, Firenze, Ponte alle Grazie, 1995.

Ginzburg, Carlo, *Prefazione* a Bloch, *I re taumaturghi* [v.], pp. XI-XIX.

Ginzburg, Carlo, *Paura reverenza terrore. Cinque saggi di iconografia politica*, Milano, Adelphi, 2015.

Ginzburg, Carlo, *I benandanti. Stregoneria e culti agrari tra Cinquecento e Seicento,* Milano, Adelphi, 2020.

Ginzburg, Carlo, *«I benendanti». Cinquant'anni dopo*, in *I benandanti* [v.], pp. 281-300.

Ginzburg, Silvia, *Dopo una rilettura dell'Alibrando*, in Cola Giacomo d'Alibrando, *Il Spasmo di Maria Vergine. Ottave per un dipinto di Polidoro da Caravaggio di Messina*, a cura di Barbara Agosti, Giancarlo Alfano e Ippolita di Majo, Napoli, Paparo Edizioni, 1999, pp. 39-54.

Giovanni Bellini, a cura di Mauro Lucco e Giovanni Carlo Federico Villa, Cinisello Balsamo, Silvana Editoriale, 2008.

Giovanni Bellini. La nascita della pittura devozionale umanistica, a cura di Emanuela Daffra, Milano, Skira, 2014.

Goffman, Erwin, *Il comportamento in pubblico. L'interazione sociale nei luoghi di riunione*, Torino, Einaudi, 1971.

Goffman, Erwin, *Il rituale dell'interazione*, Bologna, il Mulino, 1988.

Gombrich Ernst H., *Arte e illusione. Studio sulla psicologia della rappresentazione pittorica*, Torino, Einaudi, 1962.

Gombrich, Ernst H., *Aby Warburg. Una biografia intellettuale*, Milano, Feltrinelli, 1983.

Gombrich, Ernst H., *L'immagine e l'occhio,* Torino, Einaudi, 1985.

Gombrich, Ernst H., *Espressioni di disperazione*, in Id., *Riflessioni sulla storia dell'arte*, Torino, Einaudi, 1991, pp. 43-47.

Gombrich Ernst H., *Immagini e parole*, a cura di Lucio Biasiori, Roma, Carocci, 2019.

Gostanza, la strega di San Miniato, a cura di Franco Cardini, Roma-Bari, Laterza, 1989.

Grassi, Umberto, *Genere, conversioni religiose e sessualità nel Mediterraneo del Cinquecento*, in «Riforma e movimenti religiosi», 8 (2020), pp. 81-96.

Gri, Gian Paolo, *Altri modi. Etnografia dell'agire simbolico nei processi friulani dell'Inquisizione,* Trieste, Edizioni dell'Università di Trieste, 2001.

Gröbner, Valentin, *Loosing Face, Saving Face: Noses and Honour in the Late Medieval Town*, in «History Workshop Journal», 40 (1995), pp. 1-15.

Gruzinski, Serge, *La colonizzazione dell'immaginario. Società indigena e occidentalizzazione nel Messico spagnolo*, Torino, Einaudi, 1994.

Guidi, José, *'Vivacità' française et 'gravità' espagnole: la casuistique du comportement et son évolution dans le livre du Courtisan*, in *Problèmes interculturels en Europe (XVe-XVIIe siècles)*, Paris, Presses de de la Sorbonne Nouvelle, 1998, pp. 105-114.

Hertz, Rudolf, *La preminenza della mano destra. Studio sulla polarità religiosa*, in *La preminenza della mano destra e altri saggi*, a cura di Adriano Prosperi, Torino, Einaudi, 1994, pp. 137-163.

Hespanha, Antonio M., *Early Modern Law and the Anthropological Imagination of Old European Culture*, in *Early modern History and Social Sciences. Testing the Limits of Braudel's Mediterranean*, a cura di John A. Marino, Kirksville, Truman State UP, 2002, pp. 191-204.

Hillman, David, *Salutation and Salvation in Early Modern Theology*, in «Renaissance Quarterly», 73 (2020), pp. 821-865.

A History of Emotions, 1200-1800, a cura di Jonas Liliequist, London-New York, Routledge, 2012.

Hobsbawm, Eric J., *Introduzione. Come si inventa una tradizione*, in *L'invenzione della tradizione*, a cura di Eric J. Hobsbawm e Terence Ranger, Torino, Einaudi, 2002, pp. 3-17.

Hochschild, Arlie Russell, *The Managed Heart. Commercialization of Human Feeling*, Berkeley, California UP, 1983.

Hollstein, Friedrich W.H., *German engravings, etchings and woodcuts ca. 1400-1700*, XI, Amsterdam, M. Hertzberger, 1968.

Hood, William, *Fra Angelico at San Marco. Art and the Liturgy of the Cloistered Life*, in *Christianity at the Renaissance. Image and Religious Imagination in the Quattrocento*, a cura di Timothy Verdon e John Henderson, Syracuse-New York, Syracuse UP, 1990, pp. 108-131.

Hood, William, *Fra Angelico at San Marco*, New Haven-London, Yale UP, 1993.

Kantorowicz, Ernst H., *Laudes Regiae. A Study in Liturgical Acclamations and Medieval Ruler Worship*, Berkeley-Los Angeles, California UP, 1958.

Keenan, William, Arweck, Elisabeth, *Introduction: Material Varieties of Religious Expression*, in *Materializing Religion. Expression, Performance and Ritual*, a cura di Elisabeth Arweck e William Keenan, Aldershot, Ashgate, 2006, pp. 1-20.

Kendon, Adam, *Andrea de Jorio and His Work on Gesture*, in Andrea de Jorio, *Gesture on Neaples and Gesture in Classical Antiquity*, a cura di Adam Kendon, Bloomington-Indianapolis, Indiana UP, 2000, pp. XVII-CVII.

Kendon, Adam, *Gesture. Visible Action as Utterance*, Cambridge, Cambridge UP, 2004.

Kertzer, David J., *Riti e simboli del potere*, Roma-Bari, Laterza, 1989.

The Kiss in History, a cura di Karen Harvey, Manchester, Manchester UP, 2005.

Klibanski, Raymond, *Panofsky Erwin, Saxl Fritz, Saturno e la melanconia. Studi di storia della filosofia naturale, religione e arte*, Torino, Einaudi, 1983.

Knox, Dilwyn, *Ideas on Gesture and Universal Languages*, in *New Perspectives on Renaissance Thought*, a cura di John Henry e Sarah Hutton, London, Duckworth, 1990, pp. 126-133.

Knox, Dilwyn, *Disciplina. The Monastic and Clerical Origins of European Civility*, in *Renaissance Society and Culture. Essays in Honor of Eugene F. Rice Jr.*, a cura di John Monfasani e Ronald G. Musto, New York, Italica press, 1991, pp. 107-135.

Knox, Dilwyn, *"Disciplina". Le origini monastiche e clericali della civiltà delle buone maniere in Europa*, in «Annali dell'Istituto storico italo-germanico in Trento», 18 (1992), pp. 335-370.

Knox, Dilwyn, *Le origini monastiche e clericali del buon comportamento nell'Europa cattolica del Cinquecento e del primo Seicento,* in *Disciplina dell'anima, disciplina del corpo e disciplina della società* [v.], pp. 63-99.

Knox, Dilwyn, *Erasmus'* De civilitate *and the religious origins of civility in protestant Europe*, in «Archiv für Reformations Geschichte», 86 (1995), pp. 7-55.

Knox, Dilwyn, *Civility, Courtesy and Women in the Italian Renaissance*, in *Women in Italian Renaissance Culture*, a cura di Letizia Panizza, Oxford, European Humanities Research Center, 2000, pp. 2-17.

Kolpacoff Deane, Jennifer, *Medieval Domestic Devotion*', in «History Compass», 11 (2013), pp. 65-76.

Koslofsky, Craigh, *The Kiss of Peace in the German Reformation*, in *The Kiss in History* [v.], pp. 18-35.

Koziol, Geoffrey, *Begging Pardon and Favor. Ritual and Political Order in Early Medieval France*, Ithaca- London, Cornell UP, 1992.

Kristeva, Julia, *Semeiotiké. Recherches pour una sémanalyse*, Paris, Éditions du Seuil, 1969.

Kushner, Eva, *Gesture in the Work of Rabelais*, in «Renaissance et Réforme», 10 (1983), pp. 67-77.

Lasagne, J.C., *Le corps dans la prière*, in *Dictionnaire de spiritualité, ascetique et mystique*, XII/2, Paris, Beauchesne, 1986, coll. 2339-2347.

Legaré, Anne-Marie, *Allégorie et Gestualité dans un manuscrit du* Pèlerinage de vie humaine *en prose*, in *Le geste et les gestes au Moyen Âge*, a cura di Jean Subrenat, Aix-en-Provence, CUER MA, 1998, pp. 342-367.

Le Goff, Jacques, *Il corpo nel Medioevo*, Roma-Bari, Laterza, 2005.

Lepori, Maria, *Faide. Nobili e banditi nella Sardegna sabauda del Settecento*, Roma, Viella, 2010.

Lewis, Cynthia, *Soft Touch on the Renaissance Staging and Meaning of the 'Noli me tangere' Icon*, in «Comparative Drama», 36 (2001-2002), pp. 53-73.

Lincoln, Bruce, *Discourse and the Construction of the Society. Comparative Studies of Myth, Ritual, and Classification*, Oxford, Oxford UP, 1989.

I linguaggi del potere nell'età barocca, I, *Politica e religione*, a cura di Francesca Cantù, Roma, Viella, 2009.

Lombardi, Daniela, *Matrimoni di antico regime,* Bologna, il Mulino, 2001.

Lombardi-Lotti, Mansueto, "*Facere fileccham*", in «Lingua nostra», 14 (1953), pp. 63-64.

Lucas, Corinne, *Parure française et parure espagnole à la cour de Ferrare dans la première moitié du XVIe siècle*, in *Problèmes interculturels en Europe (XVe-XVIIe siècles)*, pp. 81-97.

Macioce, Stefania, *Quando la pittura parla. Retoriche gestuali e sonore nell'arte*, Roma, Gangemi, 2018.

Martinell Gifre, Emma, *La comunicación entre Españoles e Indios: palabras y gestos*, Madrid, Mapfre, 1992, p. 128.

Martini, Youri, *Akbar e i Gesuiti. Missionari cristiani alla corte del Gran Moghul*, Trapani, il Pozzo di Giacobbe, 2018.

Mateos, Pablo, *Mexico: Creating Mixed Ethnicity Citizens for the Mestizo Nation*, in *The Palgrave International Handbook of Mixed Racial and Ethnic Classification*, a cura di Zarine L. Rocha e Peter J. Aspinall, London, Palgrave Macmillan, 2020, pp. 137-162.
Mauss, Marcel, *Le tecniche del corpo*, in Id., *Teoria generale della magia e altri saggi*, Torino, Einaudi, 1965, pp. 383-409.
Merkle, Sebastian, *Die Ambrosianischen Tituli*, in «Römische Quartalschrift für Christliche Altertumskunde und für die Kierchengeschichte», 10 (1896), pp. 185-222.
Molin, Jean-Baptiste, *Symbole, rite et geste du mariage au Moyen Age latin*, in *La celebrazione cristiana del matrimonio: simboli e testi*, a cura di Giustino Farnedi, Roma, Benedictina, 1986, pp. 107-127.
Molinié, Antoinette, *Introducción* a *Celebrando el Cuerpo de Diós*, a cura di Antoinette Molinié, Lima, Pontificia Universitad Católica del Perú, 1999.
Monaco, Angelo Maria, *Ritratto di dama con cagnolino*, in *Bronzino pittore e poeta alla corte dei Medici*, a cura di Carlo Falciani e Antonio Natali, Firenze, Mandragora, 2010, p. 258.
Moretti, Massimo, *Gli occhiali del Caravaggio*, in *Caravaggio alla fine del Rinascimento*, a cura di Claudio Strinati, Roma, Erreciemme edizioni, 2017, pp. 24-45.
Morris, Desmond, *L'uomo e i suoi gesti*, Milano, Mondadori, 1982.
Muchembled, Robert, *La violence au village. Sociabilité et comportements populaires en Artois du XVe au XVIIIe siècle*, Turnhout, Brepols, 1989.
Muir, Edward, *Ritual in Early Modern Europe*, Cambridge, Cambridge UP, 2005.

Nagy, Piroska, *Le don des larmes au Moyen Age: un instrument spirituel en quête d'institution (Ve-XIIIe siècle)*, Paris, Albin Michel, 2000.
Niccoli, Ottavia, *Lotte per le brache. La donna indisciplinata nelle stampe popolari d'ancien régime*, in «Memoria. Rivista di storia delle donne», 2 (1981), pp. 49-63.
Niccoli, Ottavia, *Profeti e popolo nell'Italia del Rinascimento*, Roma-Bari, Laterza, 1987.
Niccoli, Ottavia, *Il seme della violenza. Putti, fanciulli e mammoli nell'Italia tra Cinque e Seicento*, Roma-Bari, Laterza, 1995.
Niccoli, Ottavia, *Baci rubati. Gesti e riti nuziali in Italia prima e dopo il Concilio di Trento*, in *il Gesto* [v.], pp. 224-247.
Niccoli, Ottavia, *Orazio Lombardelli: "Degli uffizi e costumi de' giovani". Sopravvivenze erasmiane*, in *Erasmo, Venezia e la cultura padana nel '500*, a cura di Achille Olivieri, Rovigo, Minelliana, 1995, pp. 241-247.
Niccoli, Ottavia, *Bambini in preghiera nell'Italia tra tardo medioevo ed età tridentina*, in «Quaderni di storia religiosa», 8 (2001), pp. 273-299.
Niccoli, Ottavia, *L'esorcista prudente. Il* Manuale exorcistarum ac parochorum *di fra Candido Brugnoli da Sarnico*, in *Il piacere del testo. Saggi e studi per Albano Biondi,* a cura di Adriano Prosperi, Roma, Bulzoni, 2001, pp. 193-215.
Niccoli, *Ottavia, Rinascimento anticlericale. Infamia, propaganda e satira tra Quattro e Cinquecento*, Roma-Bari, Latera, 2005.
Niccoli, Ottavia, *Gesti e posture del corpo in Italia fra Rinascimento e Controriforma*, in «Micrologus», 15 (2007), pp. 379-398.
Niccoli, Ottavia, *Perdonare. Idee, pratiche, rituali in Italia tra Cinque e Seicento*, Roma-Bari, Laterza, 2007.

Niccoli, Ottavia, *Vedere con gli occhi del cuore. All'origine del potere delle immagini*, Roma-Bari, Laterza, 2011.

Niccoli, Ottavia, *Pregare con la bocca, con gli occhi e col cuore nell'Italia della prima Età Moderna*, in «The Italianist», 34/3 (2014), pp. 418-436.

Niccoli, Ottavia, *Voci, scritture, stampe per la battaglia di Ravenna*, in *1512. La battaglia di Ravenna, l'Italia, l'Europa*, a cura di Dante Bolognesi, Ravenna, Longo editore, 2014, pp. 223-235.

Niccoli, Ottavia, *Immagini e parole. Una discussione*, in «Studi storici», 61 (2020), pp. 229-242.

Niccoli, Ottavia, *Malintesi. Fenomeni di incomprensione fra livelli di cultura*, in *Un mondo perduto? Religione e cultura popolare*, a cura di Lucia Felici e Pierroberto Scaramella, Roma, Aracne, 2020, pp. 33-58.

Niccoli, Ottavia, *Gesti devoti, gesti sacri in Italia tra tardo medioevo e prima età moderna: una discussione*, in «Riforma e Movimenti Religiosi», 10 (2021), pp. 7-34.

Niccoli, Ottavia, *Processioni: ritualità pubblica nelle città italiane della prima età moderna*, in *Una nuova Santa Rosa. Il recupero del culto fra Quattro e Cinquecento*, a cura di Eleonora Rava, Viterbo, Sette città, 2021, pp. 169-186.

Niccoli, Ottavia, *Storie di ogni giorno in una città del Seicento*, Roma, Officina libraria, 2021.

Nobile, Bernardo, *"Romiti" e vita religiosa nella cronachistica italiana fra '400 e '500,* in «Cristianesimo nella storia», 5 (1984), pp. 303-340.

Nyrop, Kristoffer, *Storia del bacio*, Roma, Donzelli, 1995.

Papato e politica internazionale nella prima età moderna, a cura di Maria Antonietta Visceglia, Roma, Viella, 2013.

Paradisi, Bruno, *Rito e retorica in un gesto della mano*, in *Raccolta di scritti in onore di A.C. Jemolo*, IV, Milano, Giuffré, 1963, pp. 333-360.

Paravicini Bagliani, Agostino, Visceglia, Maria Antonietta, *Il Conclave. Continuità e mutamenti dal Medioevo a oggi*, Roma, Viella, 2018.

Pastore, Costanza, *Di alcuni riti funebri nel mondo etrusco: l'esposizione del cadavere e il lamento*, in «Études Thanatologiques – Studi Tanatologici – Thanatological Studies», 1 (2005), pp. 177-204.

Pastore Stocchi, Manlio, *Forme e figure: retorica e poetica dal Cinquecento all'Ottocento*, Firenze, Cesati, 2008.

Il pensiero pedagogico dell'umanesimo, a cura di Eugenio Garin, Firenze, Coedizioni Giuntine-Sansoni, 1958.

Pericolo, Lorenzo, *The Invisible Presence: Cut-In, Close Up, and Off-Scene in Antonello da Messina's Palermo Annunciate*, in «Representations», 107/1 (2009), pp. 1-29.

Pertile, Antonio, *Storia del diritto italiano dalla caduta dell'Impero Romano alla codificazione*, V, *Storia del diritto penale,* Bologna, Forni, 1968.

Perusini, Teresa, *"Descaviglietur corpus totum et detur in gremio Mariae". I crocifissi mobili per la liturgia drammatica e i drammi liturgici del triduo pasquale: nuovi esempi dal nord-est d'Italia*, in *In hoc signo. Il tesoro delle croci*, a cura di Paolo Goi, Milano, Skira, 2006, pp. 191-205.

Pezzini, Francesco, *I vivi e i morti nella Napoli preunitaria, Note di ricerca*, in «Études Thanatologiques – Studi Tanatologici – Thanatological Studies», 4 (2008), pp. 119-147.

Pezzini, Francesco, *Rane, topi e morti. I* Paralipomeni della Batracomiomachia *di Giacomo Leopardi e la doppia sepoltura nel Regno delle due Sicilie*, in *Riti di passaggio, storie di giustizia. Per Adriano Prosperi*, III, Pisa, Scuola Normale Superiore, 2011, pp. 329-345.

Pinotti, Andrea, *Si possono leggere le immagini?*, in *Parole & immagini: tra arte e comunicazione*, a cura di Ilaria Bonomi e Luca Clerici, Torino, Accademia UP, 2012, pp. 31-48.

Plamper, Jan, *Storia delle emozioni*, Bologna, il Mulino, 2018.

Platen, August von, *Storia del Reame di Napoli dal 1414 al 1443*, Napoli, A. Detken, 1864.

Plaza Picón, Francisca del Mar, González Marrero, José Antonio, *«De computo vel loquela digitorum». Beda y el cómputo digital*, in «Faventia», 28 (2006), pp. 115-123.

Politi, Giorgio, *Aristocrazia e potere politico nella Cremona di Filippo II*, Milano, Sugar, 1976.

The Politics of Gesture. Historical Perspectives, a cura di Michael J. Braddick, Oxford, Oxford UP, 2009.

Pozzi, Giovanni, "*Occhi bassi*", in Id., *Alternatim*, Milano, Adelphi, 1996, pp. 93-142.

Pozzi, Giovanni, *Dall'orlo del "visibile parlare"*, in *"Visibile parlare". Le scritture esposte nei volgari italiani dal Medioevo al Rinascimento*, a cura di Claudio Ciociola, Napoli, ESI, 1997, pp. 15-41.

Prosperi, Adriano, *Incontri rituali: il papa e gli ebrei*, in *Gli ebrei in Italia*, a cura di Corrado Vivanti, Torino, Einaudi, 1997, I, pp. 497-520.

Prosperi, Adriano, *Il volto della Gorgone. Studi e ricerche sul senso della morte e sulla disciplina delle sepolture tra medioevo ed età moderna*, in *La morte e i suoi riti in Italia tra medioevo e prima età moderna*, a cura di Francesco Salvestrini, Gian Maria Varanini e Anna Zangarini, Firenze, Firenze UP, 2007, pp. 1-27.

Ricci, Giovanni, *Sacralità del potere in Italia dal XVI al XVII secolo. Un caso di studio e una riflessione generale*, in *I linguaggi del potere nell'età barocca* [v.], pp. 185-205.

Righi, Davide, *Il "Sacerdotale" di Alberto da Castello e le sue numerose edizioni (1523-1603)*, Bologna, s.n., 2016.

Ringbom, Sixten, *Icon to Narrative. The Rise of the Dramatic Close-Up in Fifteenth-Century Devotional Painting*, Doornspijk, Davaco, 1984.

Roodenburg, Herman, *The "Hand of friendship": shaking hands and other gestures in the Dutch Republic*, in *A Cultural History of Gesture* [v.], pp. 152-189.

Romeo, Giovanni, *Inquisitori, esorcisti e streghe nell'Italia della Controriforma*, Firenze, Sansoni, 1990.

Romeo, Giovanni, *Esorcisti, confessori e sessualità femminile nell'Italia della Controriforma,* Firenze, Le Lettere, 1998.

Rosenwein, Barbara H., *Generazioni di sentimenti. Una storia delle emozioni, 600-1700*, Roma, Viella, 2016.

Rospocher, Massimo, *«Non vedete la libertà di voi stessi essere posta nelle proprie mani vostre?». Guerre d'inchiostro e di parole al tempo di Cambrai*, in *Dal Leone all'Aquila. Comunità, territori e cambi di regime nell'età di Massimiliano I*, a cura di Marcello Bonazza e Silvana Seidel Menchi, Rovereto, Osiride, 2012, pp. 127-147.

The Routledge History of Emotions in Europe 1100-1700, a cura di Andrew Lynch e Susan Broomhal, London, Routledge, 2020.

Rubin, Miri, *Gesture of Pain, Implications of Guilt: Mary and the Jews*, in *The Politics of Gesture* [v.], pp. 80-95.

Saenger, Paul, *Prier de bouche et prier de coeur. Les livres d'heures du manuscrit a l'imprimé*, in *Les usages de l'imprimé*, a cura di Roger Chartier, Paris, Fayard, 1987, pp. 191-227.

Saladino, Vincenzo, *Dal saluto alla salvezza: valori simbolici della mano destra nell'arte greca e romana*, in *Il gesto* [v.], pp. 31-52.

Salomone-Marino, Salvatore, *Le reputatrici nell'età di mezzo e moderna,* Palermo, Giannone e Lamantia, 1886.

Salsi, Claudio, *Ragioni di una mostra*, in *Vesperbild* [v.], pp. 11-23.

Sapori, Giuliana, *La presenza degli artisti nordici a Roma (1530-1630). Alcune osservazioni su costanti e variabili*, in *Venire a Roma, restare a Roma. Forestieri e stranieri fra Quattro e Settecento*, a cura di Sara Cabibbo e Alessandro Serra, Roma, Roma Tre-Press, 2017, pp. 179-196.

Sbriccoli, Mario, *La benda della giustizia. Iconografia, Diritto e leggi penali dal Medioevo all'Età moderna,* in Id., *Storia del diritto penale e della giustizia. Scritti editi e inediti (1972-2007)*, Milano, Giuffré, 2009, I, pp. 155-207.

Scaratti, Marta, *Il lamento funebre nel bacino mediterraneo*, in «Études Thanatologiques – Studi Tanatologici – Thanatological Studies», 9 (2017-2018), pp. 149-158.

Schmitt, Jean-Claude, *Between Text and Image: the Prayer Gestures of Saint Dominic*, in «History and Anthropology», 1 (1984), pp. 127-162.

Schmitt, Jean-Claude, *Il gesto nel Medioevo,* Roma, Bari, Laterza, 1990.

Schmitt, Jean-Claude, *The rationale of gestures in the West: third to thirteenth century*, in *A cultural History of Gestures* [v.], pp. 59-70.

Schwedt, Herman H., *Gli inquisitori generali di Aquileia e Concordia, poi Udine, 1556-1806*, in *L'Inquisizione del Patriarcato di Aquileia e della diocesi di Concordia. Gli atti processuali, 1557-1823*, a cura di Andrea Del Col, Udine, Istituto Pio Paschini, 2009, pp. 161-204.

Scienze, credenze occulte, livelli di culture, Convegno internazionale di studi (Firenze, 26-30 giugno 1980), Firenze, Olschki, 1982.

Scudieri, Magnolia, *Il ciclo affrescato nel convento di San Marco a Firenze*, in *Beato Angelico. L'alba del Rinascimento*, a cura di Alessandro Zuccari, Giovanni Morello, Gerardo de Simone, Milano, Skira, 2009, pp. 109-123.

Seidel Menchi, Silvana, *Erasmo in Italia. 1520-1580*, Torino, Bollati-Boringhieri, 1987.

Shearman, John, *Arte e spettatore nel Rinascimento italiano*, Milano, Jaca Book, 1995.

Sortkaer, Allan, *The little girl who could not stop crying : the use of emotions as signifiers of true conversion in Eighteenth-century Greenland*, in *A History of Emotions* [v.], pp. 167-179.

Steinberg, Leo, *The Sexuality of Christ in the Renaissance Art and in Modern Oblivion*, Chicago, Chicago UP, 1996.

Stollberg-Rilinger, Barbara, *Rituale*, Frankfurt, Campus, 2019.

Stone, Lawrence, *La crisi dell'aristocrazia. L'Inghilterra da Elisabetta a Cromwell*, Torino, Einaudi, 1972.

Streghe, sciamani, visionari. In margine a "Storia notturna" di Carlo Ginzburg, a cura di Cora Presezzi, Roma, Viella, 2019.

Sweet, James H., *Recreating Africa: Culture, Kinship and Religion in the African-Portuguese World, 1441-1770*, Chapel Hill, North Carolina UP, 2003, pp. 54-57.

Sweet, James H., *Mutual Misunderstandings. Gesture, Gender and Healing in African Portuguese World,* in *The Politics of Gesture* [v.], pp. 128-143.

Taddei, Ilaria, Bertrand, Gilles, *Introduction* a *Le destin des rituels* [v.], pp. 1-19.

Tausiet, María, *Agua en los ojos: el "don de lácrimas" en la España moderna*, in *Accidentes del Alma* [v.], pp. 167-202.

Tausiet, Maria, Amelang James S., *Introducción. Las emociones en la historia*, in *Accidentes del Alma* [v.], pp. 7-31.

Thomas, Keith, *Afterword*, in *The Kiss in History* [v.], pp. 187-203.

Thompson, Edward P., *L'economia morale delle classi popolari inglesi nel secolo XVIII*, introduzione di Filippo de Vivo, Milano, et. al., 2009.

Tilliette, Jean-Yves, *Les mains de l'orateur*, in *Les Gestes de l'art*, a cura di Guillemette Bolens, Camille Carnaille, Yasmina Foehr-Janssens, Laurent Jenny e Jean-Yves Tilliette, Paris, Garnier, 2020, pp. 13-16.

Trexler, Richard C., *Aztec Priests for Christian Altars: the Teory and Practice of Reverence in New Spain*, in *Scienze, credenze occulte, livelli di culture*, pp. 175-196.

Tronu, Carla, *The post-Tridentine parish in the port-city of Nagasaki*, in *Catholic Missionaries* [v.], pp. 82-95.

Vaccari, Alberto, *Le "Meditazioni della vita di Cristo" in volgare*, in *Scritti di erudizione e di filologia*, I, Roma, Edizioni di Storia e Letteratura, 1952, pp. 341-378.

Valerio, Adriana, *Il "ruminare dell'anima": la preghiera in Girolamo Savonarola*, in *Savonarola e la mistica,* a cura di Gian Carlo Garfagnini, Firenze, Edizioni del Galluzzo, 1999, pp. 13-22.

Varignana, Franca, *Le Collezioni d'arte della Cassa di Risparmio in Bologna. Le incisioni. Giuseppe Maria Mitelli*, Bologna, Cassa di Risparmio in Bologna, 1978.

Vesperbild. Alle origini delle Pietà di Michelangelo, a cura di Antonio Mazzotta e Claudio Salsi, Milano, Officina libraria, 2018.

Viotti, Laura, *Guida parziale ad Antonello per uso femminista*, in «Lotta continua», 28 ottobre 1981.

Visceglia, Maria Antonietta, *La città rituale. Roma e le sue cerimonie in età moderna*, Roma, Viella, 2002.

Visceglia, Maria Antonietta, *Guerre e reti di pacificazione: le spedizioni di Giulio II a Bologna nelle pagine del cerimoniere del papa (1506-1512)*, in *Città in guerra. Bologna nelle guerre d'Italia*, a cura di Gian Mario Anselmi e Angela De Benedictis, Bologna, Minerva Edizioni, 2008, pp. 85-117.

Visceglia, Maria Antonietta, *Riti di corte e simboli della regalità. I regni d'Europa e del Mediterraneo dal Medioevo all'Età moderna*, Roma, Salerno, 2009.

Visceglia, Maria Antonietta, *Morte e elezione del papa. Norme, riti e conflitti. L'Età moderna*, Roma, Viella, 2013.

Visceglia, Maria Antonietta, *La Roma dei papi. La corte e la politica internazionale (secoli XV-XVII)*, a cura di Elena Valeri e Paola Volpini, Roma, Viella, 2018.

Wachtel, Nathan, *La visione dei vinti. Gli indios del Perù di fronte alla conquista spagnola*, Torino, Einaudi, 1977.

Wachtel, Nathan, *La fede del ricordo. Ritratti e itinerari di marrani in America (XVI-XX secolo)*, Torino, Einaudi, 2003.

Walter, John, *Gesturing and Autority: Deciphering the Gestural Code of Early Modern England*, in *The Politics of Gesture* [v.], pp. 96-127.

Warburg, Aby M., *La rinascita del paganesimo antico. Contributi alla storia della cultura*, a cura di Gertrud Bing, Firenze, La Nuova Italia, 1966.

Warburg, Aby M., *Dürer und die italienische Antike*, in Id., *Ausgewählter Schriften und Würdigungen*, a cura di Dieter Wuttke, Baden-Baden, Koerner, 1980, pp. 125-135.

Wille, Dagmar von, *Giaccari (Giaccaro, Zaccari), Vincenzo*, in *Dizionario Biografico degli Italiani*, Roma, Istituto dell'Enciclopedia italiana, vol. 54, 2000, pp. 89-91.

Williams, Burma P., Williams, Richard S., *Finger Numbers in the Greco-Roman World and the Early Middle Ages*, in «Isis», 86 (1995), pp. 587-608.

Wölfflin, Heinrich, *Destra e sinistra nell'immagine*, in Andrea Pinotti, *Il rovescio dell'immagine. Destra e sinistra nell'arte*, Mantova Tre lune, 2010, pp. 179-207.

Zambelli, Paola, *Fine del mondo o inizio della propaganda? Astrologia, filosofia della storia e propaganda politico-religiosa nel dibattito sulla congiunzione del 1524*, in *Scienze, credenze occulte, livelli di cultura* [v.], pp. 291-368.

Zambelli, Paola, *Profezie, intolleranze e incoerenze nell'"Astrologia di terra e di cielo" alla vigilia della congiunzione del 1524*, in *La formazione storica dell'alterità. Studi di storia della tolleranza nell'età moderna offerti a Antonio Rotondò*, I, Firenze, Olschki, 2001, pp. 25-50.

Zarri, Gabriella, *Il carteggio tra don Leone Bartolini e un gruppo di gentildonne bolognesi negli anni del concilio di Trento (1545-1563)*, in «Archivio italiano per la storia della pietà», 7 (1976), pp. 337-885.

Zarri, Gabriella, *Uomini e donne nella direzione spirituale (secc. XIII-XVI)*, Spoleto, Fondazione Centro italiano di studi sull'Alto Medioevo, 2016.

Zarri, Gabriella, *Figure di donne in età moderna. Modelli e storie*, Roma, Edizioni di Storia e Letteratura, 2017.

Zemon Davis, Natalie, *Le donne comandano*, in Ead., *Le culture del popolo. Sapere, rituali e resistenze nella Francia del Cinquecento*, Torino, Einaudi, 1980, pp. 175-209.

Zupanov, Ines G., *Between Mogor and Salsete. Rodolfo Acquaviva's Error*, in *Catholic Missionaries* [v.], pp. 50-62.

Indice dei nomi

Finito di stampare
nel mese di ottobre 2021
da The Factory s.r.l.
Roma